Not und Hoffnung

Deutsche Kinder und die Schweiz
1946 – 1956

*Vergessen Sie nicht
die verschiedenen Hilfsaktionen
des Schweizerischen Roten Kreuzes
zugunsten der Flüchtlingskinder!*

Bernd Haunfelder

Not und Hoffnung

Deutsche Kinder und die Schweiz
1946–1956

Aschendorff Verlag Münster

Zu den Abbildungen

Einband vorne: Abfahrt von Wuppertaler Kindern, 1948 (siehe Seite 131)

Einband hinten: Präsentation eines Patenschaftspakets in Zeven, 1950 (siehe Seite 97)

Abbildung Seite 2: Anzeige des Schweizerischen Roten Kreuzes, November 1950

Abbildung Seite 6: Heimkehr nach dem Erholungsaufenthalt in der Schweiz

Bildbearbeitung
Jürgen Christ / Dieter Kiehn

Gedruckt mit finanzieller Unterstützung des
Deutschen Honorarkonsuls in Basel, der SDG-Bonn sowie der
Deutsch-Schweizerischen Wirtschaftsvereinigung zu Düsseldorf

ISBN 978-3-402-12776-6

Inhalt

Vorwort

„... *Mein Dank gilt dem Schweizerischen Roten Kreuz und meine Bewunderung den Schweizer Familien, die in den schweren Nachkriegsjahren so viele deutsche Kinder glücklich gemacht haben*", schreibt Brigitte Lindner in ihrem hier veröffentlichten Bericht über die Erholungszeit (siehe Seite 46 bis 49) in Dettighofen im Kanton Thurgau. Ein Kinderzug des Schweizerischen Roten Kreuzes hatte sie, wie rund 44.000 andere Jungen und Mädchen, 1947 in die Schweiz gebracht – eine große, eine beeindruckende Zahl und ein vorbildhaftes Beispiel an Mitmenschlichkeit dazu. Insgesamt dürften es fast 60.000 unterernährte und kranke deutsche Kinder gewesen sein – tausende auch auf Einladung anderer karitativer Organisationen oder von Privatleuten, die von 1946 bis 1956 zur Genesung in die Schweiz reisten.

Dagegen scheint der gleichfalls Anfang 1946 beginnende Einsatz der anderen großen eidgenössischen Hilfswerke, die einschließlich des Roten Kreuzes sämtlich unter dem Dach der „Schweizer Spende" zusammengefasst waren, zu verblassen. Dabei erhielten weit mehr als zwei Millionen deutsche Kinder in der britischen, der französischen, in der sowjetischen Zone sowie in Berlin großzügige Unterstützung, sei es in Form von Speisungen, von Paket- und Patenschaftsaktionen, von Kleidung oder von Medikamenten. Aber im Gegensatz zu den Kinderzügen des Roten Kreuzes, die sich bei Abfahrt und Rückkehr stets eines Presseechos sicher sein konnten, verlief die Arbeit der anderen großen Organisationen, des Schweizerischen Caritas-Verbands, des Hilfswerks der Evangelischen Kirchen Schweiz und des Schweizerischen Arbeiter-Hilfswerks, weitgehend unspektakulär. Ohne sie hätten aber viele Städte zweifelsohne vor einer noch größeren Katastrophe gestanden, zumal in der französischen Zone, wo die Schweiz viele Monate als einziges Land humanitäre Aktionen durchführte.

Die Solidarität vieler Eidgenossen, die traditionell an der Seite der Schwachen stehen, wirkte lange nach. Sie sollte nach 1945 den unschuldigsten Opfern des Kriegs, auch vielen deutschen Jungen und Mädchen, gelten. „... *Den Schweizern verdanke ich mein Leben* ...", bekannte Ingo von Knobelsdorff, ein Junge aus Norddeutschland, der nach einjährigem Sanatoriumsaufenthalt langsam wieder zu Kräften kam. Auch der aus Dresden stammende Gerhard A. Ulrich, der in diesem Buch mit seinem Erinnerungsbericht zu Wort kommt, äußert sich in gleicher Weise (siehe Seite 61 bis 64). Aber selbst nach Überwindung der schlimmsten Not sollte die Unterstützung aus der Schweiz nicht versiegen. Das Rote Kreuz nahm sich bis 1956 besonders des harten Schicksals tausender Flüchtlings- und Vertriebenenkindern an und half ihnen bei der Bewältigung des Alltags. Ist es wirklich vorstellbar, dass noch 1956 viele dieser Betroffenen kein eigenes Bett besaßen? *„Wir danken den Schweizer Spendern"* hatten Kinder in Niederbayern bei der Verteilung von Bettgarnituren auf die Tafel geschrieben. Der Appell an die eigene Bevölkerung *„Lindern Sie die schlimmste Not ..."* sollte noch bis in die 1950er-Jahre nicht ungehört verhallen.

Dieser Bildband hat, begleitet von anrührenden Kindererinnerungen und beredten Zeitdokumenten, die Nachkriegshilfe der Schweiz für Deutschland zum Thema. Noch nie veröffentlichte Aufnahmen lassen dabei ein in Vergessenheit geratenes Kapitel der Nachkriegsgeschichte beider Länder wieder lebendig werden, nicht weniger die Vielfältigkeit und das Ausmaß eidgenössischer Hilfe. Allgemein sind die großen humanitären Bemühungen der Schweiz nach 1945 wenig präsent – ein vergessenes Kapitel. Kaum eine andere Epoche ist aber derart gut dokumentiert wie die Kriegs- und Nachkriegszeit. Doch damalige Wochenschauberichte über die Hilfe aus der Schweiz werden fast nie gezeigt, aussagefähige Kinderbilder nur sehr selten veröffentlicht und Zeitzeugen, die zum Teil sehr bewegt über den Aufenthalt in der Schweiz, über Kinderspeisungen und über Patenschaftspakete hätten berichten können, besaßen kein Podium. Die Geschichte der humanitären Geste unseres Nachbarlandes wäre in einigen Jahren in Vergessenheit geraten.

Im Mai 2007 war der Vorgängerband dieser Darstellung, „Kinderzüge in die Schweiz", in Bern vorgestellt worden. Das ungewöhnliche Thema rief in der Presse sogleich Interesse hervor. Dank ausführlicher Berichterstattung in diversen deutschen Tageszeitungen lebte dann aber bei vielen „Schweizerkindern" die Erinnerung an die Erholungszeit wieder auf. Es habe sie sehr bewegt, viele Parallelen zum eigenen Erleben in dem Buch über die „Kinderzüge" entdeckt zu haben, war hierauf immer wieder zu hören. In besonderer Weise hatte sich das „Hamburger Abendblatt" dem Thema gewidmet und berichtete am 4. September 2007 in großer Aufmachung über den ersten Kinderzug aus der Hansestadt von Juli 1946. Der Bitte, über die Zeit bei den Schweizer Gasteltern zu schreiben, kamen gleich mehr als einhundert Leser nach und sandten zum Teil mehrseitige, oft sehr anrührende Berichte zu. Dies bewog die Redaktion, die von der positiven Resonanz überrascht war, am 27. Oktober eine weitere Seite mit Auszügen hieraus abzudrucken. Auch in diesen kamen das überaus herzliche und anhängliche Verhältnis der Kinder zu ihren Gasteltern zum Ausdruck und immer wieder jene besonderen Beziehungen, aus denen lebenslange Freundschaften erwuchsen.

Wie hat dieses Kindheitserlebnis doch den Einzelnen geprägt! Die freundliche Aufnahme in einer heilen, mit den heimischen Verhältnissen nicht zu vergleichenden Welt, das allseitige Umsorgtsein und die wie selbstverständliche Einbindung in die Familien, das alles hat vor dem Hintergrund dramatischer wie trostloser Verhältnisse in der bisherigen Kindheit lange nachgewirkt. Diese Generation kannte ja zunächst nur Krieg, Zerstörung, Flucht, aber: Frieden, Geborgenheit, Mitmenschlichkeit?

Im Gegensatz zu Millionen anderer Kinder, die von ihren Schreckenserlebnissen jahrzehntelang immer wieder eingeholt wurden, sollte sich den „Schweizerkindern" schon früh eine andere Erfahrungswelt öffnen. Mit der äußeren Genesung ging, seinerzeit nicht groß beachtet, auch eine erste seelische Stabilisierung einher. Dabei dürfte nicht nur die Erinnerung an den Aufenthalt wohltuend nachgewirkt haben, auch das Eintreffen unzähliger Pakete der Gasteltern aus der Schweiz symbolisierte, abgesehen vom rein materiellen Wert, stets das sichere Gefühl des Nichtverlassenseins, des Wissens um eine heile und bessere Welt. In dieser Weise sind viele der hier geäußerten Ansichten zu verstehen. In den Berichten der „Schweizerkinder" tritt die Verankerung der damaligen Gefühlswelt markant hervor, und viele empfinden, dass der Aufenthalt in unserem Nachbarland eines der wichtigsten Ereignisse ihres Lebens gewesen sei. Das mag überraschend klingen, wurde aber auch in zahlreichen Gesprächen eindrucksvoll bestätigt. *„Was immer das Leben meinem Kind auch bringen möge"*, so hatte schon im Frühjahr 1949 eine Mutter in einem Dankesbrief an das Schweizerische Rote Kreuz vorhergesagt, *„die Schweizer Zeit werde ihm als eine lichte in Erinnerung bleiben."*

Viele Kinder haben, anfänglich von ihren Eltern unterstützt, den Kontakt zur Schweiz aufrechterhalten. Es kam indes auch vor, dass dieser abriss und erst Jahrzehnte später wieder bewusst gesucht wurde. Davon erzählt Detlef Rosenbach, der seine Pflegemutter Frieda Freund durch Zufall wiederfand und dort nach fast sechzig Jahren abermals so aufgenommen wurde, als habe es diese Zeitspanne dazwischen nicht gegeben. Wie selbstverständlich sprach er, der seine eigene Mutter kurz nach Kriegsende durch Krankheit verloren hatte, seine einstige Pflegemutter wieder mit „Mutti" an, und sie sah im Wiedersehen fast die Heimkehr eines eigenen Sohnes. Oft habe die Familie über den Jungen aus Essen gesprochen, vergessen war er nie – gewiss ein Beispiel von vielen (siehe Seite 64 bis 65).

Dass die kleinen deutschen Gäste in den leidvollen Nachkriegsjahren etwas wirklich Außerordentliches erlebt hatten, kam den meisten aber erst später zu Bewusstsein. Im Jahr 2009 nähern sich viele dem 70. Lebensjahr oder sind schon älter, und rückblickend hat vielleicht einiges, weil gerade diese Erinnerung so nachhaltig wirkt, Züge unkritischer Verehrung an sich. Aber wohl selten vernimmt man so viel spontan Gutes über die humanitären Bemühungen der Schweiz und ihrer Bürger wie in den hier veröffentlichten Berichten. *„... Ich war nun wieder kerngesund – ich war wirklich zum zweitenmal geboren worden ..."*, bringt es die zuvor ernsthaft erkrankte Ursula Heilig aus Dresden, die hier über ihre Zeit im Kinderheim „Miralago" am Lago Maggiore schreibt, sehr treffend auf den Punkt. Ihr Schicksal als Halbwaise und Flüchtlingskind mag stellvertretend für das Los vieler deutscher Kinder stehen, und doch unterscheidet es sich wesentlich von dem anderer Mädchen und Jungen. Sie klammerte sich als Bürgerin der früheren DDR immer an die Hoffnung, noch einmal an den Lago Maggiore, in das ehemalige Kinderheim „Miralago", fahren zu können (siehe Seite 49 bis 51). Auch Dieter Seifert (siehe Seite 44 bis 46) aus Dresden hatte stets daran geglaubt, seine zweite Heimat im Rheintal einst wieder zu sehen. 1990, im Jahr der deutschen Wiedervereinigung, konnten beide endlich in ihre „Kindheit zurückreisen" – unglaubliche Geschichten.

Viele „Schweizerkinder" haben immer wieder den Wunsch geäußert, sich für die so prägende Zeit noch einmal zu bedanken, sei es beim Roten Kreuz oder, weil ihre Gasteltern nicht mehr leben und es auch sonst keine Ansprechpartner mehr gibt, bei der Schweiz allgemein. In den in diesem Buch vorgestellten Berichten kommt dieser Dank in reichem Maße zum Ausdruck. Und noch etwas: Die der damaligen großen humanitären Hilfe der Schweiz zugrunde liegende Maxime, stets allen Opfern von Krieg und Gewalt zur Seite zu stehen, möge zeitlos sein.

Danksagung

Mein Dank gilt dem Schweizerischen Roten Kreuz in Bern, seinem Pressesprecher Beat Wagner und seinem Archivar Roland Böhlen für ihre stete Förderung dieses Buchs und für die großzügige Überlassung der hier gezeigten Fotos aus dem im Schweizerischen Bundesarchiv in Bern deponierten Archivbestand der Organisation, natürlich auch dem Bundesarchiv selbst für seine wohlwollende organisatorische Unterstützung, besonders Christina Moser und Ruben Kopp. Er gilt ferner dem Staatsarchiv Basel-Stadt, dem Staatsarchiv der Freien Hansestadt Bremen sowie den Stadtarchiven Recklinghausen und Wuppertal für Hinweise zu Hilfsleistungen aus der Schweiz, außerdem Dr. Urs Kälin vom Schweizerischen Sozialarchiv in Zürich, der mir Einsicht in die Unterlagen der „Kinderhilfe" (Nachlass Fritz Baumann) gewährte, Barbara Gut, Basel, die mir die sehr seltene, ihrer Großmutter verliehene Dankmedaille an die Schweizer Convoyeusen, die Zugbegleiterinnen, zur Verfügung gestellt hat, Jacob Baumann, Mannheim, der mir den Briefwechsel der Schweizer Pflegefamilie mit seinen Eltern übergab, Detlef Rosenbach, Warendorf, für die Überlassung der Briefe seiner Pflegemutter, Elsi Aellig, Bern, die mir Einzelheiten der Nachkriegsarbeit des Schweizerischen Roten Kreuzes vermittelte, Dr. Markus Schmitz, Nürnberg, für Ergänzungen zur Arbeitsweise der „Schweizer Spende", und ich danke besonders Dr. Robert Urs Vogler, Baden, für seine langjährige Beratung und wissenschaftliche Begleitung. Großen Dank schulde ich natürlich allen „Schweizerkindern", die durch ihre wertvollen Beiträge zum Gelingen dieses Bandes beigetragen haben, besonders Ursula Heilig, Dresden, die mir Details über ihren Aufenthalt in „Miralago" mitteilte, Jürgen Christ und Dieter Kiehn, Münster, für die aufwändige Bildbearbeitung, Rosemarie Knüvener, Gronau, für Übersetzungen aus dem Französischen sowie Dr. Edda Baußmann, Münster, und Inge Bäuerle, Goch, für Textarbeiten. Nicht zuletzt danke ich meiner Frau Silke, die auch zur Herausgabe dieses Buches wesentlich beigetragen hat.

Ohne großzügige finanzielle Unterstützung hätte sich dieses Buch nicht realisieren lassen. Ich sage deshalb dem Deutschen Honorarkonsul in Basel, Thomas E. Preiswerk, der Deutsch-Schweizerischen Wirtschaftsvereinigung zu Düsseldorf und ihrem Vorstandsvorsitzenden Dr. Thomas Schmitz sowie der Schweizerisch-Deutschen Gesellschaft Bonn meinen herzlichen Dank.

Münster, im August 2008   *Bernd Haunfelder*

Die „Schweizer Spende" hilft: Speisung in einem Kölner Kindergarten, 1947

*„… Vielleicht war gerade das Verhalten des Schweizer Volkes,
dass man in Notzeiten seinen Mitmenschen hilft, ohne nach
Grenzen und Vergangenheit zu fragen, sondern einfach aus
dem menschlichen Gefühl heraus, ein Beispiel, das seine
Wirkung sicher nicht verfehlt hat. Diese Seite unserer Hilfe
wird nachwirkender sein, als alle materiellen Werte.
Und darin liegt der Sinn unserer Arbeit …"*

Iris Vuilleumier, Leiterin des Schweizer Dorfs in Köln, 1948

Die „Schweizer Spende"

In Deutschland ist mehr als sechzig Jahre nach Kriegsende die Erinnerung an die internationale Hilfe zur Linderung der Not weitgehend in den Hintergrund gerückt. Lediglich die Care Pakete sind deshalb noch ein Begriff, weil sie zugleich die Wende der amerikanischen Politik gegenüber dem besiegten Deutschland symbolisieren. Aber der große Warenfluss aus Amerika setzte erst Ende 1946 ein, nachdem sich namhafte US-Persönlichkeiten ein Bild von den katastrophalen Verhältnissen in Deutschland gemacht hatten. Prominentester Fürsprecher einer raschen und umfassenden Unterstützung war vor allem der frühere US-Präsident Herbert Hoover.

Kinder, Frauen und Alte auf der Flucht: Unter den Folgen des Kriegs litt besonders die Zivilbevölkerung.

Die Hilfe aus Irland, Schweden sowie aus Kreisen internationaler kirchlicher Einrichtungen einschließlich der Quäker hatte dagegen im öffentlichen Bewusstsein nie eine derart große Rolle gespielt. Nahezu vergessen ist auch die Unterstützung aus der Schweiz, die Deutschland, zusammen mit schwedischer Hilfe, Anfang 1946 als erste erreichte. *„Selbst wenn sich das eidgenössische Engagement natürlich nicht mit jenem der Vereinigten Staaten von Amerika vergleichen lässt, so hat doch die Schweiz – gemessen am Spendenaufkommen pro Kopf der Bevölkerung – mehr zur Linderung der Not in Deutschland beigetragen als alle anderen Länder, den persönlichen Einsatz vieler Schweizer nicht eingerechnet"*, schrieb der Historiker Markus Schmitz in seiner 2003 erschienenen umfangreichen Darstellung über Westdeutschland und die Schweiz nach dem Krieg.

Die Idee eines offiziellen Nachkriegshilfswerks der Schweiz entstand 1943. Die Motive hierzu waren vielschichtig und vor allem moralischer Art. Das von den Kriegsauswirkungen verschont gebliebene Land war sichtlich bemüht, den europäischen Völkern in ihrer Notlage beizustehen. Der Anschluss an eine alliierte Hilfsorganisation, etwa an die „United Nations Relief and Rehabilitation Administration" (UNRRA), hätte indes dem Neutralitätsprinzip widersprochen. Da jedoch Anspruch und Wirklichkeit der Neutralität während des Kriegs auf alliierte Kritik gestoßen waren und mit einer zunehmenden

11

internationalen Isolation der Eidgenossenschaft einhergingen, hoffte man, verlorengegangenen Kredit mit einem eigenständigen Hilfswerk zurückzugewinnen. Es ging gleichwohl auch darum, im Land selbst wie nach außen hin Verständnis für die Haltung während des Kriegs zu wecken.

Ständerat und Nationalrat votierten im Dezember 1944 einstimmig für die Schaffung der „Schweizer Spende an die Kriegsgeschädigten". Ihr flossen zunächst 100 Millionen Franken aus Bundesmitteln zu. Insgesamt standen etwa 150 Millionen staatlicher Gelder sowie etwas mehr als 50 Millionen Franken aus privaten Spenden zur Verfügung. Jeder Schweizer konnte seinen Teil dazu beitragen. Neben dem Verkauf von Abzeichen und Sonderbriefmarken wurden konventionelle Haussammlungen, öffentliche Sammlungen und andere karitative Aktionen durchgeführt. Außerdem wurden besonders vermögende Landsleute um Hilfe gebeten. Ferner gab es Spenden der Wirtschaft, der Werktätigen, der Vereine, der Jugend, der Auslandsschweizer, der Künste, der Landwirtschaft, der Bauern und des Gewerbes. Kantone und Gemeinden gaben weitere beachtliche Beträge. Wie kaum ein anderes Land sollte sich die Schweiz für das darniederliegende Europa einsetzen: Gemessen am heutigen (2009) Geldwert verfügte die „Schweizer Spende" über etwas mehr als eine Milliarde Franken.

Das unter dem Patronat des Bundesrats stehende Hilfswerk sollte fortan – einem Dachverband gleichend – sämtliche Aktionen des Landes koordinieren. Die „Schweizer Spende" konkurrierte nicht mit bereits bestehenden Einrichtungen, etwa dem Schweizerischen Roten Kreuz, dem Schweizerischen Caritas-Verband, dem Hilfswerk der Evangelischen Kirchen Schweiz oder dem Schweizerischen Arbeiter-Hilfswerk. Nebenbei ging es auch darum, in den europäischen Einsatzgebieten deutlich zu zeigen, dass es sich um eine Anstrengung aller Schweizer handelte. Die angestammten Organisationen traten in den Zielländern daher nicht eigenständig, sondern ausschließlich als Aktionsträger der „Schweizer Spende" auf.

Die Einrichtung baute in Bern zunächst eine Verwaltung auf. Zu ihrem Präsidenten wurde der ehemalige Bundesrat Ernst Wetter ernannt. Er stand einem Nationalen Komitee vor, dem Vertreter der Landesteile, der Bundesbehörden, der wichtigsten Parteien, der bedeutendsten Interessenverbände und der karitativen Organisationen angehörten. In den folgenden Jahren sollte allerdings aus Gründen einer effizienteren Verwaltung der Arbeitsausschuss die Aufgabe der Beschlussfassung übernehmen, der wiederum eng mit dem ausführenden Organ der „Schweizer Spende" zusammenarbeitete, der gleichfalls in Bern beheimateten „Zentralstelle".

Zu deren Leiter ernannte der Bundesrat den Tessiner Rodolfo Olgiati. Auf der Basis seiner während des spanischen Bürgerkriegs gesammelten Erfahrungen hatte er bereits im Januar 1940 ein von verschiedenen karitativen Verbänden getragenes Hilfswerk unter dem Namen „Arbeitsgemeinschaft für kriegsgeschädigte Kinder" aufgebaut. Ende 1941 wurde dieses von der Kinderhilfe des Schweizerischen Roten Kreuzes übernommen. Olgiati blieb dort noch bis Ende 1943 in leitender Funktion. Danach beschäftigte er sich mit Plänen einer Nachkriegshilfe seines Landes. Zufällig erreichte ihn zu dieser Zeit die Berufung zum Leiter der „Zentralstelle der Schweizer Spende". Diese legte dem erwähnten Arbeitsausschuss nach eingehender Prüfung sämtliche Projekte vor und gewährleistete nach dessen Zustimmung die rasche Umsetzung. Olgiati beaufsichtigte daher nicht nur zahlreiche Länderbüros, in denen sich Spezialisten mit den Hilfsaktionen befassten, sondern auch die vielen Delegierten, die in den Zielländern deren Vorbereitung und Durchführung sicher stellten. In Zürich gab es zudem einen Informationsdienst. Dieser sorgte sich aber nicht allein um die Vermittlung und Erläuterung seiner Ziele und seiner Arbeit in der Öffentlichkeit, sondern bemühte sich darum, die Spendenbereitschaft der Schweizer durch gezielte Werbemaßnahmen zu erhöhen.

Schon im Herbst 1945 liefen in der „Zentralstelle der Schweizer Spende" zahlreiche Berichte über das Ausmaß der Not in Deutschland ein. Vor allem aus dem Ruhrgebiet erreichten die Schweiz viele Bitten um Hilfe für hungernde Kinder. Zuvor mussten aber in der Schweiz nicht unerhebliche Widerstände gegen eine solche Hilfe überwunden werden, hatte der Nachbar doch nicht nur das eigene Land bedroht, sondern als Folge seiner Eroberungspolitik fast ganz Europa zerstört. Zudem wirkte der Schock über die nach Kriegsende bekannt gewordenen ungeheuerlichen Verbrechen des „Dritten Reichs" lange nach. Die vielen Meldungen über die große Not und die Bilder aus den Trümmerstädten sollten aber bald einen Stimmungsumschwung einleiten. Daran hatte nicht zuletzt die kontinuierliche Berichterstattung der bürgerlichen Presse wesentlichen Anteil, zu einem großen Teil aber auch das Werben vieler karitativer Einrichtungen um Unterstützung ihrer Arbeit.

„... Im Prinzip wurde kein Land von der Hilfe ausgeschlossen. Deshalb war es eine Selbstverständlichkeit, dass die Schweizer Spende neben Hilfsaktionen in 17 anderen europäischen Staaten sich auch der Not in Deutschland annahm", hieß es in dem 1949 von der „Zentralstelle" verfassten Bericht über die Tätigkeit der „Schweizer Spende" in Deutschland. „Abgesehen von der Grösse des Elends waren es grundsätzliche Überlegungen, welche die Bekämpfung der deutschen Not als unsere Aufgabe erscheinen ließen. Die Demokratie setzt sich für die Achtung und Freiheit des Individuums ein; es wäre deshalb einer Verleugnung der demokratischen Grundsätze der Eidgenossenschaft gleichgekommen, hätte die Schweizer Spende die Leiden der Bevölkerung Deutschlands nicht bekämpft. Die Schuld des Nationalsozialismus an den furchtbaren Zuständen in Deutschland durfte für eine Demokratie kein Grund sein, deswegen ihre Grundsätze zu verleugnen und in Missachtung der Menschenrechte der Not unseres nördlichen Nachbarn tatenlos zuzusehen. Es ging im Gegenteil darum zu beweisen, dass die Ideale der Demokratie nicht leere Worte sind. Die Schweizer Spende wollte durch die Deutschlandhilfe den Willen des Schweizervolkes zur Verwirklichung der Ideale der Demokratie bekunden ..."

Ohne die Zustimmung der Alliierten war aber keine Hilfe möglich. Dass diese gegenüber der neutralen und außenpolitisch isolierten Eidgenossenschaft reichlich Vorbehalte besaßen, war in Bern hinreichend bekannt. Die politische Schweiz wollte aber auch nicht unbedingt denjenigen als erste zur Hilfe zu kommen, die für die Weltkatastrophe verantwortlich waren. Einzelgespräche der Hilfsorganisationen mit den Alliierten führten schließlich zum Erfolg. Während Briten und Franzosen recht bald gewonnen werden konnten, zeigten sich Amerikaner und Russen reservierter. Erst mit einer gewissen Verzögerung ließen auch diese unter Auflagen einzelne Aktionen in ihren Einflusssphären zu, bei denen die „Schweizer Spende" und ihre Aktionsträger jedoch nicht selbstständig auftreten durften. Die Amerikaner hatten den Hilfwerken bedeutet, dass sie für die Bevölkerung in ihrer Zone, in Groß-Hessen, Bayern, Württemberg-Baden und in Bremen, selbst aufkommen könnten.

Basierend auf den Berichten über die Not in Deutschland hatte Olgiati Ende 1945 ein umfassendes Exposé vorgelegt, in dem er die Durchführung von zehn Aktionen in Großstädten beantragte. „... Der ungeheure Umfang der deutschen Notlage und die Beschränktheit der Disponibilitäten der Schweizer Spende", so Olgiati, „zwingt die Zentralstelle zu schärfster Zusammenfassung der Kräfte in den eigentlichen Notgebieten und gleichzeitig zu einer extensiven Gestaltung der Hilfsaktionen, die möglichst weite Kreise erfassen muss. ... Von den Lebensmittel- und Textilien-Disponibilitäten der Schweizer Spende aus betrachtet, ist es möglich, vor Jahresende Zusatzspeisungen für etwa 10.000 deutsche Kinder im Werte von täglich 1000 Kalorien einzuleiten und für 100 Tage sicherzustellen. Die bis Jahresende für Deutschland zur Verfügung stehenden hochwertigen Milchpräparate gestatten ausserdem, 5.000 Säuglingen – ebenfalls für 100 Tage sichergestellt – eine Tagesration zu verabfolgen. Die angesprochene Knappheit an Kinderkleidern bzw. Kinderwäsche gestattet vor Jahresende überhaupt keine grössere Bekleidungsaktion. Diese Mangellage rührt weniger vom Fehlen der Textilien als vielmehr von der Unmöglichkeit der Konfektionierung in der Schweiz her. Um sowohl materiell wie moralisch auch in dieser Hinsicht zu helfen, müssen in Deutschland selbst Nähstuben eingerichtet werden, die mit den nötigen Textilien und dem dringendsten Arbeitsgerät auszustatten sind. Ein dringendes Erfordernis ist nach zahlreichen eingehenden Berichten eine Hygieneaktion für deutsche Kinder. Das Fehlen aller Reinigungsmittel und Toilettenartikel wirkt sich katastrophal *aus. Vorerst muss eine solche Aktion auf die zunächst durch die übrigen Zweige der Kinderhilfaktion erfassten 10.000 Kinder beschränkt bleiben. Diese Möglichkeiten sollten unseres Erachtens auf 10 zerstörte Grossstädte aufgeteilt werden, in der Weise, dass in jeder Stadt ca. 1000 Kinder bzw. ca. 500 Säuglinge erfasst würden. Je nach den örtlichen Verhältnissen, d. h. nach dem Grad der Zerstörungen, müssten, um die Stützpunkte dieser Organisationen unterzubringen, Baracken mitgeliefert werden, von denen für Deutschland bis Jahresende ca. 25 zur Verfügung stehen. Diese Aktionen stellen insgesamt nur ein Dringlichkeitsprogramm dar. Im Verlauf der 100 Tage, für die diese Aktionen anfänglich sichergestellt werden, müssen die reellen Mittel (Lebensmittel und sonstige Disponibilitäten) beschafft werden, um einerseits diese bereits begonnenen Aktionen auf weitere 100 Tage sicherzustellen bzw. den Kreis der erfassten Kinder, sei es durch Vergrösserung der örtlichen Aktionen, sei es durch Ausdehnung auf andere Städte, auszuweiten ...*"

Am 21. November 1945 gab der Arbeitsausschuss der „Schweizer Spende" grünes Licht für die Deutschlandhilfe: „*... Vorschlag: Der Zentralstelle wird ein Kredit von 2.250.000 zur Durchführung von 10 einheitlich geplanten Kinderhilfaktionen in deutschen Großstädten bewilligt. Die einzelnen Aktionen werden je nach örtlichen Möglichkeiten raschestens in Gang gesetzt ...*"

Angesichts der desolaten Verhältnisse befürchtete die „Schweizer Spende", ihre Maßnahmen nicht gezielt einsetzen zu können. Überlegungen führten schließlich dazu, besonders hart betroffene Städte und Regionen sowie vor allem Säuglinge, Kinder, schwangere Frauen, junge Mütter und Kranke zu unterstützen, also ohnehin politisch Unverdächtige, ferner Vertriebene und sogenannte Displaced Persons, vom NS-Regime verschleppte Zwangsarbeiter. Außerdem war eine gewisse Abgrenzung des Wirkungsgebiets vorzunehmen, denn eine Ausdehnung der Hilfsaktionen auf ganz Deutschland verbot sich nicht nur aus materiellen Gründen.

Bei der Auswahl der in Frage kommenden Städte und Regionen halfen britische und französische Stellen, aber auch kirchliche Einrichtungen. Aus Kreisen der evangelischen Kirche erfuhr beispielsweise das Rote Kreuz in Bern, dass in Kiel eine unvorstellbare Not herrsche, worauf sich Pfarrer Heinrich Hellstern, Mitglied der Geschäftsleitung der „Kinderhilfe" sowie Gründer und Zentralsekretär des Hilfswerks der Evangelischen Kirchen Schweiz, für die Aufnahme der dortigen Jungen und Mädchen in die Schweiz einsetzte.

Die „Schweizer Spende" führte Unterstützungsmaßnahmen durch in Baden mit Ausnahme seines zur amerikanischen Zone gehörenden nördlichen Teils, in Württemberg-Hohenzollern, in der vormals bayerischen Pfalz, in Teilen von Rheinhessen, im Saargebiet, im zur amerikanischen Zone gehörenden Nordhessen, in der früheren preußischen Rheinprovinz, im westfälischen Teil des Ruhrgebiets, in Niedersachsen, in Schleswig-Holstein, in der sowjetischen Besatzungszone, hier vor allem in Sachsen, sowie in allen vier Sektoren Berlins.

Gezielte und langfristige Hilfsaktionen in der französischen Zone gab es in Freiburg/Breisgau (Aktionsträger: Schweizerischer Caritas-Verband), Koblenz (Aktionsträger: Berner Komitee für Deutschlandhilfe), Mainz (Aktionsträger: Schweizerischer Caritas-Verband), Saarbrücken (Aktionsträger: Schweizerische Vereinigung für internationalen Zivildienst) und in Trier (Aktionsträger allgemein: „Schweizer Spende"), in der britischen Zone in Aachen (Aktionsträger: Schweizerischer Caritas-Verband), Bochum (Aktionsträger: Schweizerisches Arbeiter-Hilfswerk), Kleve/Goch (Aktionsträger: Hilfswerk der Evangelischen Kirchen Schweiz, später: Schweizerischer Caritas-Verband), Dortmund (Aktionsträger: Zürcher Komitee für Deutschlandhilfe), Düren/Jülich (Aktionsträger: Schweizerischer Caritas-Verband), Gelsenkirchen (Aktionsträger: Hilfskomitee der evangelischen Baslerkirche), Köln (Aktionsträger: Schweizerisches Arbeiter-Hilfswerk Zürich), dazu in der schleswig-holsteinischen Landeshauptstadt Kiel (Aktionsträger: Hilfswerk der Evangelischen Kirchen Schweiz), jeweils mit eigenen „Schweizer Dörfern". Mit diesen sozialen Zentren hatten die Schweizer in anderen Ländern stets sehr gute Erfahrungen gemacht.

Die Aktionsträger hatten jedoch mit der eigentlichen Durchführung der Hilfsmaßnahmen, abgesehen von Ausnahmen, nichts zu tun, sondern sie beauftragten damit eine karitative Einrichtung, etwa das Rote Kreuz. Organisatorisch betrat die „Schweizer Spende" seit Anfang 1946 in vielerlei Hinsicht Neuland. Nachdem sie zunächst in der britischen und französischen Zone mit eigenen Delegierten vertreten war, erkannte die Zentralstelle in Bern am Jahresende, dass die Arbeit am besten von einer einzigen Stelle aus organisiert werden sollte. Diese Aufgabe wurde der seit Mai 1946 bestehenden und zentral gelegenen Delegation in Koblenz am Rhein übertragen. Auch in der Verteilung der Vielzahl an unterschiedlichen Hilfsgütern beschritt man neue Wege und richtete anstelle der direkten Belieferung der einzelnen sozialen Zentren große Hauptlager in Freiburg/Breisgau, in Neustadt/Weinstraße, in Koblenz und in Duisburg ein.

Die beiden deutschen Westzonen, dazu Berlin und vereinzelt die amerikanische und sowjetische Zone sollten als einzige europäische Regionen aufgrund der großen Notlage kontinuierliche Hilfe bis zur Auflösung der „Schweizer Spende" im Sommer 1948 und mit rund 34,7 Millionen Franken den größten Teil des gesamten Budgets erhalten, darunter 20,5 Millionen für Lebensmittel aller Art, 4,8 Millionen für Textilien und Schuhe, 3,5 Millionen für Sanitätsmaterial und Medikamente sowie 3,7 Millionen für Bau- und Ausrüstungsmaterialien, um nur die wichtigsten Posten zu nennen. Österreich wurde mit 25 Millionen Franken, Italien mit 18,9 und Frankreich ebenfalls mit 18,9 Millionen Franken unterstützt.

Am 1. Juli 1948 trat die „Schweizer Europahilfe" das Erbe der „Schweizer Spende" an und übernahm zahlreiche von der Vorgängerorganisation schon begonnene Aktionen, darunter die Arbeit in den Schweizer Dörfern. Die Kinderhilfsstationen hatten sich inzwischen zu kleinen Mustersiedlungen entwickelt. Wiederum erhielt Deutschland die größte Unterstützung und nach Ansicht des Schweizerischen Roten Kreuzes sollten die dortigen Aktionen auch zu den erfreulichsten gehören.

Kinderspeisungen

Innerhalb der „Schweizer Spende" widmete sich das Rote Kreuz nicht nur der Erholung deutscher Jungen und Mädchen in der Schweiz, wovon noch die Rede sein wird, sondern es ernährte auch viele Kinder, die nicht für eine Genesungsreise in Frage kamen, in seinen sozialen Zentren, den Schweizer Dörfern. Die Organisation trug dabei für verschiedene Aktionsträger schwerpunktmäßig die Verantwortung für Bochum, Gelsenkirchen, Dortmund und für Koblenz sowie in eigener Regie für Hannover und Ludwigshafen/Rhein. In der niedersächsischen Landeshauptstadt, Sitz der Delegation der Kinderhilfe des Schweizerischen Roten Kreuz in der britischen Zone, gab es allerdings kein eigenes Schweizer Dorf, auch nicht in Ludwigshafen/Rhein, Zentrale der Delegation für die französische Zone. Frankfurt, Stützpunkt der „Kinderhilfe" in der amerikanischen Zone, spielte indes im Reigen der anderen beiden Städte nur eine untergeordnete Rolle. Weil die amerikanische Militärregierung Hilfsaktionen untersagt hatte, beschränkten sich die Schweizer auf die materielle Unterstützung verschiedener Kinderheime in Bayern und Hessen. Außerdem existierte noch in

Verteilung von Zusatznahrung in einem Kölner Kindergarten durch die „Schweizer Spende", 1947.

Freiburg/Breisgau in der französischen Zone eine Versorgungsstelle für etwa 30 zumeist während des Sommers betriebene Erholungsheime im Schwarzwald, unter ihnen ehemalige Jugendherbergen.

Zu den wichtigsten bis Ende März 1949 durchgeführten Maßnahmen des Roten Kreuzes in den genannten Städten zählten monatelange umfangreiche Speisungen. Viele Jungen und Mädchen erinnerten sich noch Jahrzehnte später an Kakao und Ovomaltine, an kräftige Suppen und natürlich an Schokolade. Auf welche Weise die Essensausgabe der nichtschulpflichtigen Kinder durchgeführt wurde, beschrieb einmal die Leiterin des vom Zürcher Arbeiter-Hilfswerk getragenen Schweizer Dorfs in Köln, Iris Vuilleumier 1948: „... *Durch die Speisungen hatten die Kindergärtnerinnen und Schwestern sehr viel Mehrarbeit, besonders da die externen Kinder erst gespeist wurden, wenn die Kindergartenkinder weg waren. Auch mit viel Liebe und Selbstverständlichkeit wurde dies von den Betreuerinnen der Kindergärten besorgt. Auch die Wohlfahrtsverbände stellten für die Speisungsstellen freiwillige Helferinnen zur Verfügung. Mit grossem Jubel wurden unsere Helfer von den Kindern empfangen, wenn sie das Essen anlieferten. Ungeduldig wartete die hungrige Kinderschar, bis die ‚leckere' Suppe ausgeteilt wurde. Vor allem der Kakao war sehr beliebt, viele Kinder kannten ihn noch gar nicht. Die Speisungen wurden im allgemeinen gut besucht. Durchschnittlich kamen 97 % der Kinder regelmässig. Nur der Winter 1946/47 war auch in dieser Beziehung schwierig, da oft die Schuhe bei Müttern und Kindern fehlten oder nicht genügend warme Bekleidung da war. Unser Essen bot viel mehr Abwechslung als dasjenige der anderen Spenden. Besonders auch unsere Zugaben wie Käse, Sardinen, Knäckebrot, Brötchen, Dörrobst und vor allem die Schokolade waren bei den Kindern sehr beliebt. Sehr oft kamen von Kindergärten die Anfragen, wann sie wieder in unsere Speisung einbezogen würden. Die Kindergärten und Mütter zeigten sich sehr dankbar über die Hilfe in Form von Dankschreiben, Blumen und Kleinigkeiten, die die Kinder bastelten. Die Zusammenarbeit mit den Kindergärten war eine unserer schönsten Aufgaben.*"

In Köln wie in den anderen Städten stellte anfangs die allseitige Erfassung der Jungen und Mädchen das größte Problem dar. Mit zunehmender Routine in der organisatorischen Durchführung der Speisungen, wobei die Schweizer oftmals mit anderen Rot-Kreuz-Gesellschaften zusammenarbeiteten, konnten jedoch mehr und mehr Kinder einbezogen werden. „*Als die Schweizer Spende mit der Arbeit anfing*", hieß es beispielsweise über die Verhältnisse in Gelsenkirchen, „*zeigte sich folgendes Bild: Von den rund 28000 Kindern in Gelsenkirchen wurden von der Schulspeisung rund 14000 erfasst. Nicht erfasst und von keiner Seite betreut blieben die Kinder im Alter von 0 bis 6 Jahren. Die Schweizer Spende versuchte zu helfen und richtete eine Speisung von 1000 ärztlich ausgesuchten Kindern ein. Der Lebensmittelnachschub aus der Schweiz machte es möglich, diese Zahlen zu steigern, so dass im Juli 1946 2000 Kinder zur Speisung angenommen werden konnten. Diese Zahl konnte noch weiter erhöht werden, so dass im August 1946 3000 Schützlinge eine von der Schweiz gespendete Zusatznahrung von ungefähr 250 bis 350 Kalorien erhielten. Dank der weiteren bewilligten Mittel der Schweizer Spende konnte ab September 1946 allen Kindern von 3 bis 6 Jahren in 27 Kindergärten und 21 Speisungsstellen eine Zusatznahrung verabreicht werden. Der Wert dieser zusätzlichen Speisung zeigte sich besonders in der Zeit, als oft die Schweizersuppe die einzige warme Mahlzeit war und die meisten Kinder sich dennoch zur Schulreife entwickeln konnten. Mit Ausnahme der Ferienzeit erhielten beispielsweise in den letzten sechs Monaten täglich 6500 Kinder Suppe. Allein in dem ersten halben Jahr 1948 wurden 303931 Liter Suppe ausgegeben.*"

Über die Speisungen hatten die Schweizer genau Buch geführt. Insgesamt erhielten zwischen Februar 1946 und Juni 1948 während verschiedener Zeiträume genau 2.054.385 Kinder 47.250.855 Zusatzmahlzeiten im Gesamtgewicht von 4.207 Tonnen, etwa die Zahl von 250 Güterwagen umfassend. Dazu ist noch die 78-tägige Versorgung von etwas mehr als 400.000 Kindern in der sowjetischen Besatzungszone und in Groß-Berlin durch das Internationale Komitee vom Roten Kreuz hinzuzuzählen, wobei hier auch Hilfslieferungen anderer Länder, so aus Irland, Kanada und Südafrika sowie solche der Quäker und Mormonen, verwandt wurden. Darüber hinaus wurden auch kranke, vor allem an Tuberkulose leidende Kinder und Jugendliche in Heimen, Waisenhäusern und Krankenhäusern unterstützt, wie sich beispielsweise Günter Koch aus Dresden erinnert. Bei dem Sechsjährigen war im Frühjahr 1947 eine solche Erkrankung, worunter im Übrigen viele Jungen und Mädchen in der sächsischen Hauptstadt litten, festgestellt worden. Die Behandlung fand in Dresden und später in einem Krankenhaus in Reinhardtsgrimma im Erzgebirge statt. Nach Berichten seiner Mutter seien die dort etwa einhundert eingewiesenen Kinder und Jugendlichen überwiegend mit Lebensmittellieferungen aus der Schweiz versorgt worden. Diese hätten wesentlich zur Genesung beigetragen, da vor allem Milchprodukte und Fette in der allgemeinen Versorgung fehlten. Das Schweizerische Rote Kreuz hatte über die „Deutsche Volkssolidarität" mehr als einhundert Tonnen besonders fetthaltiger Nahrungsmittel verteilen lassen. Insgesamt bezifferte die „Schweizer Spende" alle nach Deutschland gelieferten Lebensmittel auf 17.000 Tonnen, darunter 52 Tonnen Schokolade.

Die Betreuung so vieler Kinder war, da in dem zerstörten Land nicht von normalen Verwaltungsverhältnissen auszugehen war, nur mit Hilfe zahlreicher Schweizer Freiwilliger möglich. Ihr mutiger Einsatz zugunsten der unschuldigen Opfer des Kriegs verdient daher besondere Hochachtung. Und noch etwas unterschied alle Hilfsorganisationen aus der Schweiz und diejenigen Schwedens von denen anderer Staaten: Die Freiwilligen der „Schweizer Spende" waren stets sichtbar Helfende. Das sicherte ihnen von Anfang an eine besondere Vertrauensstellung in der Bevölkerung. „... *Erwähnt werden muß auch*", so formulierte es treffenderweise der Bürgermeister der Stadt Völklingen im Saargebiet in seinem Dankesschreiben an die „Schweizer Spende", „*daß auch in den Erwachsenen das Gefühl einer gewissen Sicherheit, das Gefühl des Nichtverlassenseins und der Hoffnung wach wurde ...*"

Patenschaftsaktionen

Zu seinen wichtigen Aufgaben zählte das Schweizerische Rote Kreuz die Anbahnung von Patenschaften in vielen Ländern Europas. In zahlreichen Aufrufen wurden Schweizerinnen und Schweizer aufgefordert, individuelle oder symbolische Patenschaften zu übernehmen. Dafür hatte die Organisation im Verlauf der Aktion etwa 70.000 Paten gewinnen können, darunter 27.500 bereits kurz nach Kriegsbeginn. „... *Der gütige Spender, der jeden Monat der Patenschaftshilfe des Schweizerischen Roten Kreuzes die Mindestsumme von Fr. 10,– einzahlt, weiss, dass er auf diese Weise die regelmäßige Sendung eines Liebesgabenpaketes im Wert von mindestens Fr. 15,– für ein Kind sichert. Dessen Name wird ihm mitgeteilt, und gegebenenfalls kann ein freundlicher Dankbrief der Beginn einer herzlichen Korrespondenz werden ...*", hieß es in der Zeitschrift des Schweizerischen Roten Kreuzes 1950. Solche Briefe sind aber kaum überliefert. Dass aus ihnen tiefe Dankbarkeit sprach, wird indes wiederholt erwähnt. Erhalten haben sich jedoch viele Schreiben der Eltern. „... *Ich danke dem Schweizer Roten Kreuz für die gespendeten Nähr- und Kräftigungsmittel für meine Stieftochter G. L. Meine finanzielle Lage erlaubt es mir nicht, dem Kind diese Kräftigungsmittel zu kaufen, da das Geld für meine neunköpfige Familie kaum für den Lebensunterhalt reicht. Bin Kriegsinvalide, Flüchtling und 80 % arbeitsunfähig. Ich spreche hiermit nochmals dem Schweizer Roten Kreuz meinen Dank aus ...*", schrieb beispielsweise ein Mann aus der Nähe Aschaffenburgs im Oktober 1949.

Mit diesem Foto warb das „Schweizerische Rote Kreuz" viele Jahre um finanzielle Unterstützung für Patenschaften.

„... Die feierliche Handlung des Auspackens des Pakets vollzog sich ähnlich wie bei den Weihnachtspaketen. Karin packte aus und überbrachte der Mutter, die sich am Tisch ihr gegenüber hinsetzen musste, eines nach dem anderen. Jede Tüte und Büchse wurde mit lauter Freude und stiller Dankbarkeit begrüsst, und zwischendurch fielen wir uns um den Hals ...", berichtete die Zeitschrift des Schweizerischen Roten Kreuzes über den Erhalt eines Pakets. Das freudige Ereignis sollte sich dank mehrfacher Zusendung wiederholen. Dessen Inhalt variierte, es gab solche für Säuglinge, Mädchen und Knaben sowie allgemein Bettwäsche, daneben individuelle, etwa für Kleidung und Stoffe oder für Lebensmittel der unterschiedlichsten Art. Weil die Finanzierung durch ein Einzugsverfahren geregelt wurde, war die vom Paten eingegangene Verpflichtung stets im Voraus für mindestens sechs Monate gesichert. 1949 zählte das Rote Kreuz in der Umgebung von Hannover und Ludwigshafen 4.000 Patenschaften. In jenem Jahr erreichten allein 46.000 Pakete deutsche Kinder. Mit deren inhaltlicher Zusammenstellung und Versendung hatte das Schweizerische Rote Kreuz Spezialfirmen betraut.

Daneben gab es symbolische oder kollektive Patenschaften, die allgemein für notleidende Kinder eingerichtet wurden. Hier führten oftmals die nach Deutschland gesandten Mitarbeiter des Roten Kreuzes Regie und teilten ihrer Zentrale mit, wo die Not augenblicklich am größten sei. Im ersten Halbjahr 1950 wurden unter anderem 250 Flüchtlingskinder im Bereich des Regierungsbezirks Koblenz mit solchen Paketen bedacht. Die Kinder, die bisher schon so unendliches Leid gesehen und miterlebt sowie Entsagungen aller Art seit Verlassen ihrer Heimat erduldet hätten, seien von einer unbeschreiblichen Dankbarkeit gewesen, wurde nach Bern berichtet.

Ein Pate musste aber nicht immer eine Einzelperson sein. Auch ganze Schulklassen oder Jugendgruppen traten als solcher in Erscheinung und konnten sich ein Kind aus einem Land ihrer Wahl aussuchen oder eine symbolische Patenschaft übernehmen. Auf diese Weise wurden 1949 in Deutschland etwa mehrere tausend Flüchtlings- und Vertriebenenkinder mit Textilpaketen versorgt. Dazu konnten für 240.000 Franken Bettwäsche und Bettgestelle angeschafft werden.

Wiederholt hatte Marguerite Reinhard, die Redaktionsleiterin der Zeitschrift „Das Schweizerische Rote Kreuz" das Schicksal verschiedener Kinder vorgestellt. Sie zitierte dabei aus den ihrer Organisation vorliegenden Sozialkarten aus Deutschland. „... Über Ingeborg ist das Schicksal in seiner ganzen Härte hereingebrochen. Der Vater ist 1945 in der Sowjetunion gefallen. Kurz nachher hat ihr eine explodierende Mine das linke Bein zerfetzt, so dass dieses amputiert werden musste. Kaum war die Wunde geheilt, wurde Ingeborg mit ihrer Mutter und der Schwester aus dem elterlichen Haus in Schlesien vertrieben. Heute lebt die Familie in einer Baracke eines Flüchtlingslagers in Bayern. Die Mutter verdient durch gelegentliche Arbeit ein wenig und unterhält nicht nur die beiden Kinder, sondern ihre ebenfalls heimatvertriebenen, sehr betagten Eltern. Inge und ihre Schwester bedürfen dringend der Winterbekleidung ...", hieß es dort.

In gleicher Weise wurden Paten vorgestellt und zu den Gründen ihrer Hilfe befragt. „... Ich habe es dem Schweizer Roten Kreuz stets überlassen", schrieb eine Witwe, „mir ein Patenkind aus jenen Ländern zuzuteilen, in denen die Not gerade am größten war. Deutsch ist zwar nicht meine Muttersprache, aber ich stehe nun doch mit der Flüchtlingsfrau in Hannover beinahe in freundschaftlichem Verhältnis. Diese arme Frau! Sie hat auf der Flucht nicht nur ihre Schwester verloren, sondern musste noch ihr neugeborenes Kind selbst begraben. Nur eines blieb ihr – mein Patenkind. Das betreuen wir nun zusammen, sie aus der Nähe, ich aus der Ferne. Soeben schreibt sie mir, wie glücklich sie sei, dank den Lebensmitteln, die sie in meinem Patenschaftspaket erhalten habe, selbstgemachtes Gebäck auf den Weihnachtstisch stellen zu können. Nach vielen Jahren zum ersten Mal!"

Der Name des Mannes, der unzählige deutsche Kinder mit der Patenschaftsaktion glücklich gemacht hat, blieb unbekannt. Es war der langjährige Mitarbeiter des Roten Kreuzes René Steiner, ein Westschweizer, gebürtig aus Le Locle. Steiner, der auch die organisatorische Abwicklung der Kinderzüge leitete, starb am 27. Dezember 2007 im Alter von 92 Jahren.

Hilfe für Vertriebenen- und Flüchtlingskinder

Weil viele Deutsche erst 1946 und später aus den Gebieten jenseits der Oder-Neiße-Linie vertrieben wurden, war deren Schicksal wie auch das der Flüchtlinge in dem allgemeinen Chaos nach 1945 nicht in der Weise beachtet worden wie später. Hinweise von Behörden auf den zum Teil schlechten Gesundheitszustand der Kinder in den Massenunterkünften veranlassten das Schweizerische Rote Kreuz dann zu verstärkter Hilfeleistung. „… *Zur allgemeinen Vergrößerung der Not trugen die gewaltigen Flüchtlingsmassen bei,*" hieß es in einem Rechenschaftsbericht aus dem Jahre 1947 zur Gewährung weiterer Hilfe für Deutschland, „*unter denen sich eine große Anzahl von Kindern befand. Dieses Problem überwog eigentlich alle anderen, denn die Ostflüchtlinge bedeuteten eine fast untragbare Belastung der ohnehin darbenden Volksteile im Westen …*"

Deutsche Flüchtlingskinder nach der Ankunft in Schaffhausen.

Das Schicksal dieser Menschen blieb der Schweiz nicht gleichgültig. Das September-/Oktoberheft 1949 der Zeitschrift „Das Schweizerische Rote Kreuz" beschäftigte sich ausschließlich mit ihrer Notlage. Noch Anfang 1949 zählte man in Bayern, Niedersachsen und Schleswig-Holstein, also in jenen Ländern, in denen die meisten Flüchtlinge und Vertriebenen lebten, rund 357.000 Menschen in Massenquartieren, darunter allein in Bayern etwa 22.000 Kinder unter 14 Jahren. Dazu wurde immer wieder auf die unhaltbaren Zustände in Berlin verwiesen. Die sechzig Auffanglager könnten den Ansturm weiterer Hilfesuchender kaum noch verkraften. Die Stadt habe viele Krisen gemeistert, aber der Flüchtlingsstrom drohe ihr über den Kopf zu wachsen, schrieb die Zeitschrift des Schweizerischen Roten Kreuzes.

Das Leben in den zahlreichen Sammellagern, Barackenunterkünften, ehemaligen Arbeitsdienstlagern, Kasernen und oft in Luftschutzbunkern hatte viele Menschen seelisch gezeichnet. Um ihnen helfen zu können, war der Kinderhilfe des Roten Kreuzes aus dem letzten großen Kredit des Bundes ein beträchtlicher Anteil zugewiesen worden. Daneben erhielten kinderreiche Familien umfangreiche Unterstützung in Form von Nahrungsmitteln, Hygienebedarf und vor allem von Kleidung und Schuhen. Außerdem wurde, wie erwähnt, vermehrt um Patenschaften zugunsten von Flüchtlings- und Vertriebenenkindern geworben.

Zu Beginn der 1950er-Jahre kümmerten sich vor allem evangelische und katholische Organisationen, dazu Landesverbände des Deutschen Roten Kreuzes, zusammen mit der „Kinderhilfe" um den Aufenthalt solcher Jungen und Mädchen in der Schweiz. Von Winterbeginn 1949/50 bis Winterende 1951/52 nahmen Schweizer Familien 8.299 Flüchtlingskinder auf, die meisten von ihnen, 3.624, kamen aus Bayern. 1949 waren 1.083 Kinder in die Schweiz eingereist, im Jahr darauf 3.533 und 130 Displaced-Persons-Kinder, 1951 waren es 2.609, 1952 genau 3.164, ein Jahr später 2.473, 1954 kamen 1.197, 1955 und 1956 zusammen 625, insgesamt 14.814 Jungen und Mädchen.

Im Schweizerischen Roten Kreuz besaßen die Millionen Flüchtlinge und Vertriebenen einen engagierten Sachwalter. Das spiegelte sich auch in der Berichterstattung der eigenen Zeitschrift wider und rückte einmal mehr den internationalen Auftrag des Hilfswerks in den Vordergrund. Vor allem Marguerite Reinhard widmete den Vertriebenen ungewöhnlich viel Platz. Ihre Reportagen hatten dabei ausschließlich die Not und das Elend dieser Menschen im Blick. Dabei verlor sie nicht ein einziges Mal ein Wort über die Verursacher des Unglücks und über das von Hitler anderen europäischen Ländern

19

zugefügte Leid. Nur einmal erwähnte Reinhard das bittere Schicksal eines Überlebenden aus einer oberpfälzischen Kleinstadt, eines dazu noch von Menschenversuchen schwer gezeichneten Juden und stellte dieses – das Urteil dem Leser selbst überlassend – dem Protest eines aus dem Sudetenland vertriebenen Arztes gegen die Lebensbedingungen in einem dortigen Lager gegenüber.

Ansonsten wurde immer wieder das Einzelschicksal thematisiert und in der Rubrik „Mitmenschen bitten ... wer antwortet?" um individuelle Hilfe gebeten. Oft ging es um die Not älterer Menschen, die sich über kleinste Dinge des Alltags freuen würden, über die verzweifelte Lage vieler Kriegerwitwen, die um Kleidung und Medikamente für ihre Kinder baten, und um anderes mehr. Appelle an die eigene Bevölkerung, die Hunger und Not leidenden Menschen in Europa nicht im Stich zu lassen, blieben nie unerwidert. Solche Bitten, etwa für deutsche Flüchtlinge und Vertriebene, waren aber nicht jederzeit problemlos.

Eine Schweizer Journalistin, die Anfang 1950 Deutschland besuchte und in ihrer Zeitschrift von gut gefüllten Läden, namentlich Lebensmittelgeschäften, berichtete und daraus ableitete, dass in dem Land keine Not herrsche, brachte das Rote Kreuz vorübergehend in Misskredit, so dass es sich in seiner Zeitschrift zur Wehr setzte: „... *Gibt es in Deutschland noch Not ohne Hilfe? Hätte sich unsere Journalistin von den Kaffeehäusern, Festen, Konzerten und Opernhäusern weggegeben, hätte sie zum Beispiel das Flüchtlingslager in Uelzen besucht, wo täglich hundert neue Flüchtlinge aus der Ostzone eintreffen, dann wäre ihr Lagebericht auf einen anderen Grundton abgestimmt worden. Sie hätte eine Ahnung von der gewaltigen Not der Flüchtlingsmassen in Deutschland erhalten und sicher auch menschliche Teilnahme und eine Verpflichtung zur Hilfe, gerade als Schweizerin, gespürt. Sie hätte die Abendkleider der Hamburger Oper vergessen und in Deutschland und bei uns zu Hause für die Hilfe an die Flüchtlinge ein Wort, vielleicht sogar ein aufweckendes Wort eingelegt ...*" stand in der Ausgabe von April 1950. Die Organisation hatte in den Ausführungen der Journalistin eine Herabwürdigung ihrer Arbeit erblickt.

So oberflächlich deren Sichtweise gewesen sein mag, in der Tendenz sprach sie eine Entwicklung an, die auch andere Schweizer Kenner der deutschen Verhältnisse, etwa die Leiterin des Schweizer Dorfs in Köln, Iris Vuilleumier, schon 1948 deutlich beobachtet hatten, nämlich ein sich unter den Deutschen in erschreckender Weise breit machender Egoismus. Die frühen Profiteure der Nachkriegswirtschaft, die nahtlos an beste Zeiten vor Kriegsbeginn anknüpfen konnten, standen den Problemen ihrer notleidenden Landsleute aus Ost und West teilnahmslos gegenüber. Nachdenklich stimmt auch der Satz, dass deutsche Familien – gemeint waren jene, die zur damaligen Zeit in der Schweiz lebten – oft keine deutschen Kinder aufnehmen wollten, wie es im Protokoll der Geschäftsleitungssitzung der Kinderhilfe am 12. Dezember 1946 hieß.

Natürlich stellten die deutschen Probleme, über die in den beiden Kapiteln „Briefe und Dokumente" (siehe Seite 66 bis 77) sowie „Notizen des Schweizerischen Roten Kreuzes" (siehe Seite 78 bis 82) berichtet wird, nur einen Aspekt vielfältiger Bemühungen der Organisation um globale Linderung von Not und Elend dar. Als beispielsweise 1953 weite Teile Belgiens, der Niederlande und Englands von einer furchtbaren Sturmflut heimgesucht wurden, kamen schon binnen weniger Monate 2,7 Millionen Franken und 250 Tonnen an Sachspenden zusammen, und als 1956 das Scheitern des Volksaufstands in Ungarn rund 200.000 Einwohner zur Flucht trieb, wurden gleich je sieben Millionen Franken an Sach- und Geldspenden gesammelt. Außerdem gewährte die Schweiz tausenden Ungarn bereitwillig Asyl. Nicht vergessen werden sollte auch der Einsatz des Schweizerischen Roten Kreuzes zugunsten der leidenden Kinder während des Koreakriegs.

Spezielle Themen der Schweiz, auch Berichte über Naturkatastrophen im eigenen Land, dazu aktuelle medizinische Sachverhalte, vorwiegend über Belange der Volksgesundheit und des Blutspendedienstes, eines der Kernthemen, rückten dagegen in der Zeitschrift des Roten Kreuzes bis 1951 in den Hintergrund.

Kinderzüge: Die Reise ins „Schokoladenland"

Was sagen die Schweizer?

Schon während des Ersten Weltkriegs und in den ersten Jahren danach hatte das Rote Kreuz fast 125.000 notleidenden Jungen und Mädchen aus Europa, auch aus Deutschland, zu einer Genesung in der Schweiz verholfen. Mit der Gründung der Kinderhilfe am 1. Januar 1942 sollte dann ein weiteres wichtiges Kapitel des Roten Kreuzes beginnen, vielleicht das im 20. Jahrhundert alle anderen Aktionen überragende: Von 1940 bis 1956 fanden fast 182.000 Kinder aus Europa Aufnahme und Erholung in der Schweiz, vor allem während des Kriegs viele Flüchtlinge aus Frankreich, und wie erwähnt rund 44.000 Jungen und Mädchen aus Deutschland.

Kurz vor der Abfahrt des Bremer Kinderzugs im Oktober 1947 in die Schweiz: Zu diesem Anlass spielte eine Musikkapelle auf.

Zur Aufnahme ausländischer Kinder hatten sich seit 1942 mehr als 100.000 Familien bereit gefunden, darunter, wie deutsche Jungen und Mädchen berichteten, viele Angestellte, Arbeiter, Handwerker, Selbstständige mit einem kleinen Betrieb, sehr oft Bauern, wiederholt vermögende Kaufleute oder Fabrikanten, Lehrer, evangelische Pfarrer und andere mehr. Viele handelten nach dem Grundsatz, dass dort, wo viele satt würden, noch Platz für ein weiteres Kind sei. Familien, die ein Kind pflegen wollten, hatten sich entweder bei lokalen Rotkreuzstellen gemeldet oder über kirchliche Einrichtungen Kontakte hergestellt.

Nicht selten appellierten auch Geistliche beider Konfessionen an die Gläubigen, sich zugunsten dieser Kinder zu engagieren, und gaben über deren Lebensumstände selbst während des Gottesdiensts Auskunft. Ein junges Ehepaar aus dem Kanton Solothurn, das mit einem deutschen Mädchen Probleme gehabt hatte und sich deshalb nicht noch einmal in der Kinderhilfe engagieren wollte, ließ seinen Entschluss aber angesichts eines sie besonders berührenden Schicksals rasch fallen. Das Kind verstand sich mit seinen Gasteltern dann ausgezeichnet, und beide Familien verbindet noch sechzig Jahre später eine enge und herzliche Freundschaft.

„... Es ist nicht so, dass wir zum Vergnügen ein Kind bei uns aufnehmen wollten", bemerkte eine Familie aus der Nähe Zürichs, „nein, aus lauter Dankbarkeit für Gottes große Güte, die er in unserer Familie und an unserem ganzen Vaterland getan hat. Er hat uns ja so gnädig bewahrt vor allem Elend und wir nehmen es oft so selbstverständlich hin ... Bewundern Sie die Schweizer nicht zu sehr, sind wir doch sehr reich mit Ihnen gemessen", hieß es weiter, „und dafür können wir ja Gott nicht genug danken und hoffen auf seine Gnade um Christi willen, darum weil wir Satten das Schreien der Hungrigen so oft überhören ..."

Solche Gründe, hier gegenüber der Mutter eines Flüchtlingskinds aus Ostpreußen vorgebracht, sind kennzeichnend für Denken und Handeln vieler Schweizer. „Wir hatten nicht viel, aber zum Leben reichte es", bemerkte etwa Max von Burg aus Bettlach, „trotzdem wollte meine Verwandtschaft einfach helfen." Die Familien agierten aus Erbarmen, aus christlicher Nächstenliebe heraus und wollten, als sie von der großen Not hörten, nicht abseits stehen, sondern nur etwas Gutes tun, wie auch die Kinder der Gasteltern wiederholt bestätigten. Man habe diesen Kindern helfen müssen, weil gerade sie eine Zeit der Ruhe nötig gehabt hätten, meinte beispielsweise die aus Bever im Engadin gebürtige Paula Biveroni. Ihre Eltern hatten den kleinen Jacob Baumann aus Mannheim bei sich aufgenommen. Der Briefwechsel (siehe Seite 66 bis 67) mit seinen Eltern ist zugleich ein schönes Beispiel der Fürsorglichkeit der Pflegefamilien. Die Bevölkerung engagierte sich aber auch deshalb, weil ihr bewusst war, welches Glück das eigene Land gehabt hatte, nicht in den Krieg verwickelt worden zu sein. Aus diesem Gefühl heraus wollten viele Schweizer etwas zurückgeben, und außerdem war oft zu hören, dass die deutschen Kinder ja nichts für die Verbrechen des „Dritten Reichs" könnten. Unter solchen Vorzeichen gewann gerade die in der Geschäftsleitungssitzung der Kinderhilfe des Schweizerischen Roten Kreuzes am 12. Dezember 1946 sinngemäß gefallene Äußerung eine besondere Bedeutung, dass „wider Erwarten" in regelmäßigen Abständen Kinder aus Deutschland in der Schweiz aufgenommen würden.

Es hat indes noch ganz andere Beweggründe hierfür gegeben: „Schweizerkinder" berichteten, dass nach der Rückkehr wiederholt Adoptionswünsche an ihre leiblichen Eltern herangetragen worden seien, teils von kinderlosen Ehepaaren, teils auch von solchen, die ein Kind früh verloren hatten. Solcherlei Ansinnen seien dem Roten Kreuz bekannt gewesen, aber angesichts der politischen Zeitumstände hätte sich ein derartiges Verfahren kaum verwirklichen lassen, berichtete eine damalige Mitarbeiterin der Kinderhilfe. Deutsche Eltern waren dem Wunsch, soweit bekannt, aber nicht nachgekommen. Gerade die Not in vielen Familien, vor allem, wenn der Vater gefallen war oder sich noch in Kriegsgefangenschaft befand, hatte ein besonderes Gefühl der Zusammengehörigkeit hervorgebracht. Das mögen Schweizer Ehepaare, die die Eltern ihrer kleinen deutschen Gäste ja in den seltensten Fällen kennen gelernt haben, leichterdings übersehen haben. Selbst wenn sich solche Wünsche nicht verwirklichen ließen, so sollen doch nicht wenige Schweizer Familien darunter gelitten haben, dass der Kontakt zu einem lieb gewonnenen Kind allzu rasch abriss und man nie mehr etwas von ihm hörte – wohl auch sehr typische Begleiterscheinungen der durch die Kriegszeit entwurzelten Gesellschaft in Deutschland. Daneben erzählten Jungen und Mädchen wiederholt, dass sie von Familien mit deutschen Wurzeln aufgenommen worden seien. Solche Hintergründe mögen das Engagement zugunsten der Kinderhilfe auch beeinflusst haben.

Für die Gastfamilien war der Umgang mit den Kindern aber trotz großen Einfühlungsvermögens nicht immer einfach. Manche hatten sich das einfacher vorgestellt und wirkten überfordert. Traumatisierte, unerkannt kranke oder von großem Heimweh geplagte Jungen und Mädchen wollten besonders betreut sein. Während ihres Aufenthalts erkundigten sich Ortsvertreterinnen des Roten Kreuzes regelmäßig nach deren Wohlergehen und ergriffen die Initiative, wenn es die Umstände erforderten. Wiederholt hatten sie beanstandet, dass Kinder zu regelmäßiger, oftmals nicht einfacher und auch harter Arbeit, vor allem in der Landwirtschaft, herangezogen würden. Dabei handelte es sich nicht um Einzelfälle. Und trotzdem empfanden die Kinder das mitunter harte und wenig komfortable Leben auf dem Bauernhof unterschiedlich. Einige litten darunter, andere fanden es spannend und freuten sich, dass man ihre Mitarbeit schätzte.

Allerdings durfte kein Kind ohne Genehmigung des Roten Kreuzes zu einer anderen Familie wechseln. Die Gasteltern wurden zudem ermahnt, politische Beeinflussung ihrer Gäste zu vermeiden und Kritik an Einrichtungen ihrer Heimatländer zu unterlassen. Trotzdem ließen sich Not und Elend während der Kriegs- und Nachkriegszeit nicht ausblenden. Ungläubiges Staunen hatten wiederholt schon beiläufige Erzählungen der Kinder von Luftangriffen und deren Folgen ausgelöst: „... *Manchmal wurde ich von einigen Stammgästen über die Verhältnisse in Berlin befragt, und wenn ich alles wahrheitsgemäß berichtete, wollten sie es mir oft nicht glauben* ...", berichtete ein Kind. Der wohl bemerkenswerteste Satz in den Richtlinien an die Gasteltern betraf ihr eigenes Verhalten: „... *Erwarten Sie nicht in erster Linie*

Dankbarkeit, die Nachkriegsjahre sind nicht spurlos an dem Kind vorübergegangen ..." Dieses Problem verkehrte die ihnen entgegengebrachte große Sympathie, vor allem aus Deutschland und Österreich, markant ins Gegenteil.

Obwohl deutsche Stellen das Schweizer Engagement grundsätzlich begrüßten, so gab es auch Stimmen, die eine Versorgung in den Heimatstädten einer Erholungsreise vorgezogen hätten. Man befürchtete, dass die Kinder nach ihrer Rückkehr in die desolaten Verhältnisse Schaden nehmen könnten. Diese Ansicht entsprach im Wesentlichen der Auffassung schwedischer Hilfsorganisationen, die deshalb nur sehr selten Verschickungen vornahmen. Der Schweiz waren solche Bedenken bewusst. Aus diesem Grund haben die eidgenössischen Ärztekommissionen nur solche Jungen und Mädchen ausgesucht, die es gesundheitlich wirklich am Nötigsten hatten, also gravierende Symptome von Unterernährung zeigten oder unter Mangelerscheinungen litten. Bei dem geplanten dreimonatigen Aufenthalt blieb es indes nicht immer. Ausbleibender Erfolg der gesundheitlichen Erholung bewog das Rote Kreuz wiederholt, bei den Behörden eine Verlängerung zu beantragen, die wohl immer bewilligt wurde. Manche blieben ein halbes Jahr und länger in der Schweiz.

Auswahlkriterien

Die meisten Kinder, die von eidgenössischen Ärztekommissionen für einen Aufenthalt ausgesucht wurden, entstammten anfänglich, abgesehen von Ausnahmen, den Jahrgängen 1937 bis 1942. Lediglich im Falle Österreichs und Deutschlands hatte die Schweiz strikt auf einer Altersbegrenzung beharrt, um etwaige vom Nationalsozialismus herrührende Anschauungen auszuschließen. Später verhielt man sich in Altersfragen aber sehr flexibel.

Auf welche Weise verlief das Auswahlverfahren? Für einen 500 Personen zählenden Zug sollten deutsche Amtsärzte etwa 700 infrage kommende, ernstlich unterernährte Jungen und Mädchen auswählen und damit die eigentliche Vorarbeit leisten. Dazu zählten auch die Anfertigung einer Radioskopie und die Bestimmung verschiedener medizinischer Werte, fraglos eine beachtliche, dazu noch unter den Zeitumständen, namentlich in den Großstädten, oftmals kaum zu bewältigende Aufgabe. Für jedes Kind wurde eine eigene Akte mit den wichtigsten Gesundheitsdaten angelegt. Darin befand sich auch die Röntgenaufnahme des Lungenbefunds. Den Vorgaben kamen deutsche Amtsärzte aber nicht immer zur Zufriedenheit der Schweizer nach, weil sie sich einfach nicht an deren medizinische Maßstäbe hielten. Soziale Aspekte, etwa die Herkunft aus einer kinderreichen Familie, gestorbene oder kranke Eltern, dazu nachweisbare Armut spielten bei der Auswahl aber nur dann eine Rolle, wenn zwei Kinder, die gesundheitlich in gleichem Maße bedürftig waren, zur Wahl standen. An schwerwiegenden Krankheiten, etwa an aktiver Tuberkulose, an Asthma, an starker Anämie oder an Epilepsie leidende Kinder, ferner Diphtheriebazillenträger oder Kontaktfälle mit Scharlach, Keuchhusten oder Masern wurden bei der Auswahl nicht berücksichtigt. Auch verwahrloste Jungen und Mädchen waren – mit Rücksicht auf die Gastfamilien – von einer Reise ausgeschlossen.

Erst am Ende dieser Vorarbeiten trat die Schweizer Ärztekommission in Erscheinung. Dabei wies sie oftmals die von den deutschen Gesundheitsämtern vorgeschlagenen Kinder zurück. In diesen Fällen mussten dann weitere Untersuchungen vorgenommen werden. Grundsätzlich reiste eine eidgenössische Ärztekommission, etwa im Fall einer Stadt von der Größe Berlins, drei bis vier Wochen vor der Abfahrt eines Zugs an, nahm die abschließenden Untersuchungen der infrage kommenden Kinder vor und kümmerte sich besonders um jene Fälle, bei denen letzte gesundheitliche Zweifel ausgeräumt werden mussten. Dazu wurden noch kurz vor der Abreise alle wiederum einer Reihenuntersuchung unterzogen, die letzte Bedenken hinsichtlich ansteckender Krankheiten ausräumen sollte. Dies sei durchaus sinnvoll gewesen, habe man doch öfters ansteckende Krankheiten entdeckt. Auch am Zielbahnhof aller Transporte aus Deutschland in Basel gab es wiederholt noch Untersuchungen.

Die wichtigsten Angaben, vor allem frühere Krankheiten oder Verletzungen, wurden dann in die für jedes Kind geführte Sozialkarte eingetragen. Darin fand sich neben den später vermerkten Daten der Ein- und Ausreise auch die Adresse der aufnehmenden Schweizer Familie. Dazu gab es Hinweise über die familiären und häuslichen Verhältnisse und eine kurze Charakteristik des Kindes. Sie wurden oftmals als artig, gut lenkbar, willig, lieb, lebhaft, aufgeweckt oder auch als auffallend selbstständig dargestellt. Unter den Bemerkungen aus dem Herkunftsland hieß es oft: *„Vater vermisst, Mutter und Kind wurden aus dem Osten evakuiert, mehrfach fliegergeschädigt, die Mutter des Kindes erhält eine sehr geringe Unterstützung, um mit dem Kind leben zu können."*

Die Organisation der Kinderhilfe

An der Spitze der Kinderhilfe des Schweizerischen Roten Kreuzes standen in der für Deutschland wichtigen Phase als Präsident des Arbeitsausschusses Paul Dinichert, von 1932 bis 1938 Gesandter seines Landes in Berlin, sowie der Aargauer Oberrichter Fritz Baumann als Präsident der Geschäftsleitung der Kinderhilfe. Letzterer, ein bekannter Sozialdemokrat, stand den Hilfsaktionen für Deutschland wohlwollend gegenüber. Die Koordination der Kindertransporte für ganz Europa lag in den Händen eines mehrere Abteilungen umfassenden Zentralsekretariats, das bis April 1947 der Jurist Dr. Hans Rolf Gautschi leitete. Auf ihn folgte bis 1949 Marianne Jöhr. Beiden unterstanden in Bern etwa 60 Mitarbeiter, die sich außerdem um die Patenschaften und die öffentlichen Sammlungen kümmerten. In den verschiedenen Büros der Schweiz, in den zahlreichen Sektionen und den vier Empfangszentren, in den Heimen im In- und Ausland sowie in den Delegationen arbeiteten ferner etwa weitere 800 überwiegend freiwillige Mitarbeiter. Ohne deren Hilfe wäre die durch eine komplizierte Bürokratie gekennzeichnete Aktion kaum zu bewältigen gewesen. Das eigene Handeln und der gute Wille reichten angesichts vieler Probleme oftmals nicht aus.

Von der Berner Zentrale aus wurde auch die Bereitstellung der Züge mit den Schweizer Bundesbahnen geplant. Die angemieteten Wagen sollten dabei möglichst effektiv eingesetzt werden. Die Heimreise nach Deutschland war deshalb derart terminiert, dass sogleich in akzeptabler Reichweite des Zielorts ein neuer Transport zusammengestellt werden konnte. Wenn also Züge in Richtung Norddeutschland fuhren, brachten sie auf dem Rückweg entweder Kinder von dort oder häufig aus Berlin mit. Gleiches galt für das Rheinland und das Ruhrgebiet sowie für die Region beiderseits des Rheins in der amerikanischen und französischen Zone. Oft waren an die Züge noch Waggons mit Nahrungs- und Medikamentenlieferungen gehängt.

Daneben hatte die Zentrale die Versorgung der Jungen und Mädchen während der Reise – manche Züge waren bis zu 48 Stunden unterwegs – sowie die Grenzformalitäten mit der amerikanischen, britischen, französischen und sowjetischen Besatzungsmacht zu regeln. Ferner musste der Einsatz der „Convoyeusen", der Zugbegleiterinnen, geplant werden. Sie standen nicht im Dienst des Roten Kreuzes, sondern waren Freiwillige, meist Hausfrauen. An Personal, das sich geradezu danach drängte, die Züge zu begleiten, soll es nicht gemangelt haben. In Deutschland war das Tragen einer Rotkreuz-Uniform vorgeschrieben. Die Convoyeusen sollten dadurch von den alliierten Truppen sogleich erkannt werden. Die Transportleitung lag aber in den Händen hauptberuflicher Mitarbeiter. Verantwortlich für Deutschland war Claire Hungerbühler. In der frühen Zeit begleiteten zudem zehn Heerespolizisten und ein Hauptmann der Schweizer Armee die Kinderzüge. 1946 fällt dabei wiederholt der Name de Mestral. Die Militärpräsenz erwies sich gerade bei Fahrten nach Berlin als vorteilhaft, zumal während der Blockade der Stadt 1948/49. Eine der wichtigsten Aufgaben nahm die Unterbringungskommission wahr. In Absprache mit Bern organisierten die eigenen, bereits zu Beginn der 1940er-Jahre gegründeten Sekretariate in den Kantonen die Aufnahme der Kinder bei Gasteltern oder in Erholungsheimen.

Eine zentrale Rolle bei der Verteilung der Jungen und Mädchen auf die Kantone spielte schließlich das günstig gelegene Zürich. Hier wurden die über Basel anreisenden Jungen und Mädchen entweder von ihren Gasteltern abgeholt oder von Begleitpersonen zu den nächsten Zielbahnhöfen gebracht. Aber nicht alle Kinder kamen in die deutschsprachige Schweiz. Auch der französisch sprechende Landesteil nahm sie auf; ihre Anzahl ist indes unbekannt. Rosemarie Thiel, ein aus Elbing in Westpreußen stammendes und nunmehr in Pinneberg bei Hamburg wohnendes Waisenkind, kam beispielsweise zu einer Familie nach Lausanne, wo die Neunjährige rasch Französisch lernte. Derartige Kenntnisse verhalfen ihr schon früh zu einiger Aufmerksamkeit. Als ihr Zug im Juni 1950 nach Hamburg-Altona zurückkehrte und sich ein mitreisendes kleines Mädchen nur noch französisch ausdrücken konnte, leistete sie gleich wertvolle Übersetzungshilfe, berichtete das „Pinneberger Tageblatt" amüsiert.

Auf dem Weg in die Schweiz

Zwischen 1946 und 1956 reisten, wie erwähnt, rund 44.000 unterernährte und unter Mangelerscheinungen leidende deutsche Kinder zur Erholung in die Schweiz, darunter von April 1946 bis Mai 1949, also während der planmäßigen Züge, genau 29.230. Dazu zählt die Statistik bis 1956 noch 14.814 Flüchtlings- und Vertriebenenkinder. In den besonders schwierigen Jahren 1946 und 1947 – der erste Kinderzug aus Deutschland machte sich Mitte April 1946 aus dem in der französischen Zone gelegenen Ludwigshafen auf den Weg – belief sich die Zahl auf 19.131, von April bis Dezember 1946 auf 4.045, im gesamten Jahr 1947 auf genau 15.086, 1948 auf 7.666 und 1949 auf 2.433. In den Unterlagen der Organisation sind ebenfalls die Angaben über die Einreise aus den vier Besatzungszonen und aus Berlin zu finden. Vom 17. April 1946 bis zum 30. Mai 1949 kamen aus der französischen Zone 5.585 Kinder, aus der britischen 11.169, aus der amerikanischen 6.768 und aus der sowjetischen Zone 944 Kinder. Aus der Viermächtestadt Berlin reisten 4.750 Jungen und Mädchen an.

Es dürften, wie angedeutet, indes weitaus mehr als 44.000 Kinder gewesen sein. Auch der Schweizerische Caritas-Verband und das Hilfswerk der Evangelischen Kirche Schweiz hatten sich in dieser Sache engagiert. Auf Veranlassung des Caritas-Verbands fuhren von 1946 bis 1949 vermutlich drei- bis viertausend in das Land, 1948 waren es rund 1.800. Vollkommen unbekannt ist, dass es nicht nur Fahrten mit der Bahn gab, sondern auch Transporte mit Bussen.

Wie aus den Rechenschaftsberichten des Schweizerischen Roten Kreuzes nach 1945 hervorgeht, reisten von November 1940 bis Ende 1956 insgesamt 181.545 Kinder zur Erholung in die Schweiz, darunter 67.811 aus Frankreich, 35.672 aus Österreich, 9.794 aus den Niederlanden, 5.641 aus Belgien, 6.030 aus Italien und 6.109 aus Ungarn, um nur die größeren Kontingente zu erwähnen. Mit Ausnahme Frankreichs und Belgiens nahmen die übrigen Länder erst nach ihrer Befreiung 1945 an der Aktion teil.

Die ersten, noch unter dem unmittelbaren Eindruck des Kriegsendes stehenden deutschen Züge kamen zunächst aus der Pfalz und dem Saargebiet, aus Trier, Koblenz und Mainz, aus Hamburg, Dortmund, Düsseldorf und aus Freiburg/Breisgau, im folgenden Jahr dann vor allem aus Berlin. Nach langwierigen Vorbereitungen war am 9. Mai 1947 der erste Berliner Kinderzug im Badischen Bahnhof in Basel eingetroffen. Mit der ausgiebigen Verpflegung und Betreuung nach dem Grenzübertritt verbanden viele Kinder wahrlich einen ersten Schritt ins Paradies. 1947 kamen auch Züge aus der amerikanischen Zone an, der erste am 16. Januar aus Mannheim. Die Amerikaner hatten sich gegenüber der Kinderhilfe der Schweizer zunächst sehr reserviert verhalten, stimmten aber schließlich im September 1946 doch zu.

Am 16. April 1946 fuhr der erste deutsche Zug mit etwa 270 Kindern aus Ludwigshafen, mit 150 aus Saarbrücken und mit 80 aus Trier in die Schweiz. Am 22. Mai 1946 reiste schließlich ein weiterer Transport mit 497 Jungen und Mädchen aus Mainz und aus Koblenz ab. Die Kinderhilfe beschränkte sich aber nicht nur auf solche Regionen Deutschlands, die günstig und rasch von der Schweiz aus zu erreichen waren. Schon am 5. Juli 1946 hatte der erste Zug mit 450 Hamburger Kindern nach 19-stündiger Fahrt – für die zeitbedingten Verhältnisse ungewöhnlich rasch – Basel erreicht. Nach Rückkehr des ersten Kinderzugs nach Hamburg machte sich sogleich ein weiterer Transport am 17. Oktober 1946 auf den Weg. Am 22. Januar 1947 kehrte dieser nach Hamburg zurück. Die 1946 in die Schweiz eingereisten Kinder wurden übrigens nach ihrer Ankunft für eine Woche in einem ehemaligen Militärlager in Schaffhausen untergebracht. Damit sollte garantiert werden, dass die kleinen Gäste keinerlei Krankheiten in das Land einschleppten.

Für die Schweizer ging es aber noch weiter in den Norden Deutschlands. Am 22. Januar 1947 war der Zug, mit dem zuvor die Kinder des zweiten Hamburger Transports in ihre Heimat zurückgebracht wurden, in Richtung Kiel weiter gefahren. Die Stadt liegt 900 Kilometer von Basel entfernt. Am 23. Januar reisten 441 Jungen und Mädchen mit dem Sonderzug aus der schleswig-holsteinischen Landeshauptstadt in die Schweiz; am 5. Mai kehrten sie nach Kiel zurück.

Gemessen an der Bevölkerungszahl der drei Westzonen wurden aus Berlin die meisten Kinder in das Nachbarland geschickt. Um die Gesundheit der Jungen und Mädchen sei es dort sehr schlecht bestellt, meldeten Schweizer Ärzte 1947 nach Bern: „*Die Kinder, die wir (von dort) holen, sind wahre Hungergestalten. Die Jüngeren sind so schwach, dass wir sie tragen und ihnen das Essen langsam mit dem Löffel zum Munde führen müssen. Sie sind lethargisch und schlafen die meiste Zeit*", hieß es in einem Rückblick der Zeitschrift des Schweizerischen Roten Kreuzes im Juli 1949.

Der erwähnte Kieler Zug fuhr am 6. Mai quer durch die sowjetische Zone nach Berlin, um am 9. Mai morgens mit dem ersten Berliner Transport in Basel einzulaufen. Am 21. August ging der nächste Zug auf die Reise. Nach dessen Rückkehr machten sich am 27. November 1947, am 12. März, am 11. Juni und am 20. September 1948 sowie am 12. Februar und am 26. März 1949 Transporte auf den Weg in Richtung Schweiz. Einschließlich 314 prätuberkulöser Kinder, die mit den allgemeinen Zügen, aber in eigenen Waggons reisten, kamen von Mai 1947 bis März 1949 insgesamt 4.750 Berliner Jungen und Mädchen dorthin zur Erholung. Der Fortgang der Verschickung während der von der Sowjetunion betriebenen Abriegelung der Stadt geschah auf Initiative der in Berlin ansässigen Delegation des Internationalen Komitees vom Roten Kreuz. Es dürften wohl die einzigen Züge gewesen sein, die während der Blockade die Stadt erreichen und verlassen konnten. Problemlos stellten sich die Rückfahrten nach Berlin allerdings nicht dar. Verzögerungen gab es häufig beim Übertritt von der amerikanischen in die sowjetische Zone bei Hof in Nordbayern. Kinder und Begleitpersonal sahen sich oftmals gezielten Schikanen ausgesetzt.

Der erste Zug aus Nordrhein-Westfalen fuhr am 22. August 1946 mit 449 Jungen und Mädchen von Dortmund ab und erreichte einen Tag später Basel. Am 3. Oktober 1946 machte sich der nächste Zug auf den Weg mit 469 Kindern aus Wuppertal und Düsseldorf und am 4. Februar 1947 ein weiterer mit 475 Jungen und Mädchen aus Essen, Mülheim und Oberhausen. Am 19. Februar 1947 fuhren schließlich 496 Kinder aus der Stadt und dem Kreis Recklinghausen in die Schweiz. Vom Gesundheitszustand der Kinder an Rhein und Ruhr hatten die Schweizer einen ungünstigen Eindruck gewonnen, dieser sei fast so beängstigend wie in Berlin.

Auf Vermittlung des Internationalen Komitees vom Roten Kreuz wurden im Spätsommer 1948 auch Kinder aus der sowjetischen Besatzungszone für eine Erholungsreise in die Schweiz ausgesucht, allerdings nur 944 Jungen und Mädchen aus Potsdam, Oranienburg, Königswusterhausen und Hennigsdorf sowie aus Chemnitz und Dresden. Am 30. Januar 1948 war der erste und am 10. Mai der zweite Zug aus Berlin abgefahren. Vergleichsweise viele sächsische Kinder, 66, waren aufgrund ihres schlechten Gesundheitszustands in das am Lago Maggiore gelegene Kinderheim „Miralago" gefahren (siehe Seite 49 bis 51 u. Seite 59 bis 61). Das Haus im Besitz des Württembergischen Roten Kreuzes wurde nach dem Krieg vom Schweizerischen Roten Kreuz genutzt. Das Personal bestand auch aus deutschen Schwestern. Die Aufenthaltskosten für die kranken Kinder beglich zum Teil die Stadt Bern.

Von April 1946 bis Ende Mai 1949 zählte die Kinderhilfe 74 Kinderzüge aus Deutschland, darunter 14 mit weniger als 100 Kindern. 18 Transporte kamen aus der französischen Zone, 27 aus der britischen, 18 aus der amerikanischen und zwei aus der sowjetischen Zone. Neun Züge gab es aus der Viermächtestadt Berlin. Ferner wurden noch 28 Einzeltransporte prätuberkulöser Kinder gezählt, die an die allgemeinen Züge angekuppelt wurden.

Wie erwähnt, kümmerte sich das Schweizerische Rote Kreuz nach dem Ende der offiziellen Kinderhilfe verstärkt um bedürftige Kinder aus Flüchtlings- und Vertriebenenfamilien. Zumeist um Weihnachten herum konnte das Rote Kreuz problemlos viele Jungen und Mädchen aus Schleswig-Holstein, Niedersachsen und Bayern an Pflegefamilien vermitteln. Vermutlich wurden auch viele durch die Initiative des Schweizerischen Arbeiter-Hilfswerks, des Schweizerischen Caritas-Verbands und des Hilfswerks der Evangelischen Kirchen Schweiz eingeladen.

Als die Kinder in ihre Heimat zurückkehrten, trugen sie fast immer riesengroße Kartons mit Kleidung und Lebensmitteln mit sich. Viele Mütter waren darüber sehr glücklich, denn Wintersachen, die es ja ohnehin nicht zu kaufen gab, mussten nun nicht „besorgt" werden. Dabei handelte es sich selten um gekaufte Konfektionsware, sondern um von den Pflegemüttern selbst geschneiderte oder gestrickte Bekleidung, oft umgearbeitet aus Beständen der eigenen Kinder. Über große Textilvorräte verfügte die Schweiz ja nicht, aber dem Erfindungsreichtum waren keine Grenzen gesetzt. Das hatte auch den Vorteil, dass sie zollrechtlich unbedenklich waren und von den deutschen Behörden nicht beanstandet werden konnten. Viele Kinder fürchteten aber bei der Rückreise um ihre sorgsam gehüteten Schokoladenschätze, die sie entweder als Geschenk erhalten oder vom Taschengeld erstanden hatten. Die Jungen und Mädchen brachten aber nicht nur Geschenke für sich mit, ihre Gasteltern vergaßen auch andere Familienmitglieder nicht.

Bilder auf allen Bahnhöfen zeigen bei der Rückkehr oftmals Mitarbeiter der Bahn, die eine Vielzahl solcher Kartons auf dem Bahnsteig stapeln. Als beispielsweise am 15. März 1950 jener Zug aus der Schweiz im Nürnberger Bahnhof einlief, der die Mitte Dezember abgereisten Flüchtlingskinder zurückbrachte, verzögerte sich deren Übergabe an die Eltern deshalb, weil das aus der Schweiz mitgebrachte Gepäck den Bahnsteig zu blockieren drohte, berichteten die „Fürther Nachrichten" zwei Tage später. Geradezu rührend hört sich dazu auch die Geschichte von Uwe Schüder aus Kiel an, der bei seiner Rückkehr erst einmal in Tränen ausbrach, weil er nicht wusste, wie er seine Pakete aus dem Zug tragen sollte. Bei der einmaligen Geste beließen es die Pflegeeltern nicht. Viele Kinder wurden weiterhin mit Paketen versorgt.

Die Schließung der Ludwigshafener „Delegation des Schweizerischen Roten Kreuzes" im Juli 1950 beendete die „Kinderhilfe" in Deutschland offiziell. Am 30. Juni 1949 war die bis dahin eigenständige Organisation bereits aus Gründen einer vereinfachten Verwaltungsstruktur in eine dem Generalsekretariat angeschlossene Abteilung umgewandelt worden. An jenem Tag fand in Bern die letzte Arbeitsausschusssitzung der „Kinderhilfe" statt. Der Präsident des Schweizerischen Roten Kreuzes, Dr. Gustav Adolf Bohny, richtete dabei Dankesworte an alle Verantwortlichen.

Kosten und Spenden

Das Rote Kreuz bezifferte die „theoretischen" Kosten eines dreimonatigen Aufenthalts in einer Gastfamilie von 1942 bis 1948 auf 350 bis 450 Franken, einschließlich der zu berücksichtigenden Teuerungsrate, entsprechend 60 Millionen Franken für die damals erst 150.000 eingereisten Kinder. Im ganzen beliefen sich die Kosten der Aktion von 1940 bis 1956 auf 142,5 Millionen Franken, nach heutigem (2009) Wert rund 560 Millionen Franken. 87 Millionen entfielen dabei auf Reisekosten, auf Kleidung und medizinische Versorgung, auf etwaige Kuren oder Krankenhausaufenthalte sowie auf außergewöhnliche Unterstützung der einladenden Familien, fast 12 Millionen auf die Unterbringung und Pflege der insgesamt 7.460 prätuberkulösen Kinder und fast 43 Millionen Franken auf allgemeine Unterstützungsmaßnahmen und vor allem auf die Patenschaftsaktionen.

Aus Mitgliedsbeiträgen und gelegentlichen Spenden allein konnte das Rote Kreuz seine vielfältige Arbeit nicht bestreiten, wenngleich ihm stets Mittel für seine humanitäre Nachkriegshilfe zugewiesen wurden. Auf langfristige staatliche Unterstützung konnte es aber erst recht nicht bauen. Der Bund, der Ende 1951 die Neufassung des Aufgabengebiets und die Anerkennung als einzige nationale Rotkreuz-Gesellschaft des Landes auf den Weg gebracht hatte, beteiligte sich im Jahr 1953 lediglich mit einer Summe von 45.000 Franken sowie mit den Kosten für Krankenpflegeschulen. Etwas mehr, so war zwischen den Zeilen in der eigenen Zeitschrift zu lesen, hätte es schon sein dürfen, aber eben auch nicht zu viel, um die Unabhängigkeit des Roten Kreuzes nicht in Frage zu stellen. Insgesamt belief sich die Bundesunterstützung von 1947 bis 1957 ohne die Zuwendungen der „Schweizer Spende" bzw. der „Schweizer Europahilfe" auf rund 2,7 Millionen Franken.

1953 sollte die Organisation beispielsweise fast eine Million Franken durch Sammlungen, die wichtigste war die so genannte Maisammlung, sowie durch besondere Aktionen einnehmen, zu wenig, um den vielfältigen Aufgaben nachzukommen. Daneben erhielt das Rote Kreuz immer wieder größere Spenden von Privatleuten und der Industrie. Unterstützung kam auch wiederholt aus dem Ausland, vor allem aus Kanada. Das dortige Jugend-Rotkreuz, das wiederholt Spenden in die Schweiz weiterleitete, überwies beispielsweise im Sommer 1951 insgesamt 50.000 Franken für die Betreuung prätuberkulöser Kinder. Aus dem nordamerikanischen Land waren von 1947 bis 1957 immerhin 263.000 Franken zur Verfügung gestellt worden.

Der Landesverband Niedersachsen des Deutschen Roten Kreuzes bedankte sich übrigens bei der Schweiz auf eine besondere Weise: In den 1950er-Jahren wurden immer wieder asthmakranke Kinder aus der Schweiz auf die Nordseeinsel Langeoog eingeladen.

Bremen und die Schweiz

Eher zufällig wurde die Freie Hansestadt Bremen in die Kinderhilfe einbezogen. Ende 1946 hatte der Kanton St. Gallen über das Schweizer Konsulat in Bremen anfragen lassen, ob die 52 Traditionsurkunden aus den Jahren 700 bis 947, die sich seit 1635 im Besitz der Hansestadt befanden, den Krieg schadlos überdauert hätten. Nachdem deren Unversehrtheit bestätigt werden konnte, war Bürgermeister Wilhelm Kaisen geneigt, die wertvollen Schriftstücke zurückzugeben. Seine Stadt empfinde der Schweiz gegenüber, auch aufgrund der schon nach dem Ersten Weltkrieg geleisteten Hilfe, eine tiefe Dankesschuld, ließ er mitteilen. Vielleicht hat dabei auch Kaisens Ehefrau Helene, die für ihr großes soziales Engagement in Bremen weithin bekannt war, eine Rolle gespielt.

Im Juli 1947, noch während der Gespräche über die Rückgabe der Urkunden, war eine Delegation des Kantons St. Gallen nach Bremen gereist und nahm diese in Augenschein. Dabei teilte man den Gastgebern mit, man wolle der Stadt nicht nur eine angemessene Bücherspende zukommen lassen, sondern auch Bremer Persönlichkeiten und Kinder in die Schweiz einladen. Bereits während der Verhandlungen war der Stadtstaat seitens der Schweiz bedacht worden. Edouard de Haller, der Delegierte des Bundesrats für Internationale Hilfswerke, hatte den Vorsitzenden der „Schweizer Bücherhilfe", den Berner Buchhändler Herbert Lang, vom Wunsch des Bundesrats unterrichtet, dass bei der Vergabe von Buchspenden die Stadt Bremen besonders zu berücksichtigen sei.

Am 24. Januar 1948 stimmte die Bremische Bürgerschaft der Schenkung zu. Kaisen legte allerdings Wert darauf, dass diese Geste der Schweizer Bevölkerung nicht vorenthalten werde. Tatsächlich sorgte der ungewöhnliche Vorgang für ein beträchtliches Aufsehen, und selbst der Bundesrat würdigte das Verhalten der Hansestadt: „... *Ganz besonders freuen wir uns über die Motive, die die Stadt Bremen zu diesem freundschaftlichen Schritt bewogen ... haben. Die Anerkennung und Dankbarkeit, die sie der Hilfe zollen, die unser Volk vielen Hilfsbedürftigen in Deutschland schenken konnte, hat uns tief berührt*", hieß es in dem Schreiben vom 8. März 1948. „*Es war für die Schweiz ein Privileg, helfen zu können, um die Wunden, die der Krieg der Menschheit geschlagen hat, zu heilen. Unser sehnlichster Wunsch ist, dass endlich Frieden werde auf Erden und dass alle Menschen frei von Furcht und Not einträchtig an der kulturellen Weiterentwicklung unserer Welt mitarbeiten können. Wir wünschen vor allem Ihrer Stadt und dem schwer geprüften deutschen Volk, dass nun auch über deren Schicksal wieder ein guter Stern leuchten möge.*" Im Laufe des Jahres 1947 sollten dann etwa 560 Jungen und Mädchen aus Bremen und Bremerhaven zu einem dreimonatigen Erholungsaufenthalt in die Schweiz reisen. Zudem wurde der Stadtstaat mit umfangreichen Lebensmittel- und Sachlieferungen bedacht.

Ende März 1948 erhielt Wilhelm Kaisen vollkommen überraschend eine Einladung nach Bern. Es war nach 1945 die erste Auslandsreise eines deutschen Politikers mit einem Regierungsamt. Er selbst sprach allerdings, obwohl ihn nicht der Bundesrat, sondern „nur" der Bundeskanzler eingeladen hatte, von einer Privatreise. Der Präsident des Bremer Senats wollte Konflikten mit der amerikanischen Besatzungsmacht aus dem Weg gehen. Ob die Schweizer Behörden wussten, dass Kaisen zwar Stadtoberhaupt, jedoch zugleich Regierungschef des kleinsten deutschen Landes war, des traditionsreichen Stadtstaates Bremen, ist nicht überliefert. Der immerhin vollständig erschienene Bundesrat, die Regierung der Eidgenossenschaft, empfing den deutschen Gast mit protokollarischen Ehren und gab zudem ein Essen.

Kaisen sollte auch der erste deutsche Politiker von Rang sein – der Übergabe der Urkunden lag ja ein zwischenstaatlicher Vertrag zwischen dem Land Bremen und dem Kanton St. Gallen zugrunde –, der der Schweiz einen persönlichen und sehr von Herzen kommenden Dank für die umfangreiche Hilfe übermittelte. „... *Unsere Gabe soll dazu beitragen, daß sich wieder enge Beziehungen zwischen der Schweiz und Deutschland anbahnen*", so hatte Wilhelm Kaisen bereits am 26. Februar 1948 gegenüber dem Schweizer Bundespräsidenten Enrico Celio betont. „*Darüber hinaus wollen wir eine große Dankesschuld abtragen helfen, die die Schweiz uns Deutschen auferlegt hat. Die Schweiz hat durch ihr großes Hilfswerk vor allem den deutschen Kindern, den Krankenhäusern und Hilfsbedürftigen Beistand geleistet. Die schweizerischen caritativen Organisationen sind die ersten gewesen, die den Wall der Ablehnung durchbrochen haben, den Deutschland durch sein vergangenes Regime und den Krieg selbst um sich aufgerichtet hatte. Dafür der Schweiz zu danken ist uns eine Pflicht des Gewissens ... Möge diese Gabe aufgenommen werden als Ausdruck dankbarer Anerkennung für all das Große und Gute, das die Schweiz für Deutschland getan hat. Sie haben uns mehr gegeben inmitten unseres Trümmerfeldes als nur ihre materielle Hilfe und ihren Helferwillen. Sie gaben vielen von uns den Glauben wieder an die Solidarität der Völker, diese große Quelle der Kraft, die nie versiegen darf um der Menschheit willen.*"

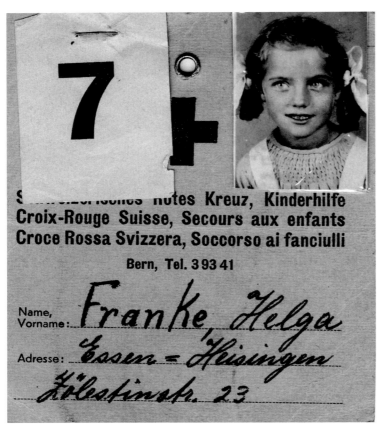

Identifikationskarten der Kinderhilfe des Schweizerischen Roten Kreuzes von Christa und Helga Franke. Die am 14. Februar 1940 in Essen geborenen Zwillinge waren am 17. Oktober 1947 mit dem dritten Schweizer Kinderzug aus ihrer Heimatstadt in Basel angekommen. Die beiden Mädchen hatten Glück, denn gemäß den Vorschriften durfte nur ein Kind aus einer Familie die Reise antreten. Eine Schweizer Ärztin meinte aber, dass man Zwillinge nicht auseinanderrei-

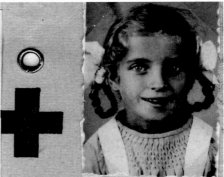

ßen dürfe. So verbrachten beide, wohlumsorgt, ein halbes Jahr bei der Familie Ida Meier in Zürich-Höngg und gingen auch dort zur Schule. Mit den Kindern ihrer 1982 gestorbenen „Schweizer Mama", Verena und Hansjörg, stehen sie seit mehr als einem halben Jahrhundert in Verbindung. Die Essener Zwillinge weilten auch später während der Ferien viele Jahre in Zürich. Um die Kosten mussten sie sich nie sorgen. Ihre Pflegefamilie übernahm sie.

„... Für die Familie Messerli-Brügger war ich das siebte Kind, das sie seit 1939 aufgenommen hatte ...“

Am 21. September 1938 kam ich in Hamburg zur Welt. Im Juli 1943 wurden wir hier ausgebombt und nach Wittenburg/Mecklenburg evakuiert, wo meine Mutter, meine Großmutter und ich das Kriegsende erlebten. Mein Vater kehrte bereits im Mai 1945 nach Hause zurück, kurz vor Weihnachten 1945 dann wir. Es muss Ende Januar oder Anfang Februar 1946 gewesen sein, als in einer Hamburger Zeitung die Nachricht veröffentlicht wurde, dass die Schweiz etwa 400 Kinder für drei Monate zur Erholung aufnehmen wolle.

Meine Mutter sagte spontan, das sei was für Helmut. Mein Vater fand diese Idee aber sehr vermessen. Eine Woche später suchte meine Klassenlehrerin Gertrud Schröder meine Eltern auf, um ihnen mitzuteilen, dass sie mich für diese Aktion vorschlagen möchte. Es gab viele Untersuchungen, und bei jeder war die Zahl der daran teilnehmenden Kinder geringer geworden. Die letzte Untersuchung fand in der Schule Gensslerstraße in Hamburg-Barmbek statt, wo eine Schweizer Ärztin sagte, dass das Kontingent eigentlich schon erschöpft sei, aber ich doch noch mitfahren dürfe.

Am 4. Juli wurde ich von meiner Mutter in die Schule in der Allee in Hamburg-Altona gebracht und dort den Vertretern des Schweizerischen Roten Kreuzes übergeben. In Kolonne sind wir den kurzen Weg zum Bahnhof Altona gegangen, wo der Sonderzug der Schweizer Bundesbahnen bereits auf uns wartete. Am Vormittag des 5. Juli 1946 kamen wir in Basel an. Ich kann mich noch erinnern, wie unsere weiblichen Begleiterinnen sich kurz vor der Grenze noch schminkten und in großer Vorfreude auf die Rückkehr waren. In Basel fuhren wir mit einer Straßenbahn zur Untersuchung und zur Unterkunft. Mir fiel besonders auf, dass es in der Stadt keine zerstörten Häuser gab und alles so sauber und ordentlich aussah. Zu meiner großen Überraschung entdeckte ich Schaufenster, in denen Autos standen – in Hamburg gab es kaum Autos auf den Straßen.

Nach ein oder zwei Tagen fuhren alle Hamburger Kinder nach Schaffhausen und blieben dort ungefähr eine Woche in einem Barackenlager. Es lag in einer schönen Umgebung, und alles war so friedlich und schön. Dort wurde die Einteilung vorgenommen, in welchen Kanton wir anschließend kommen sollten. Ich bekam das Zeichen „BE“ für den Kanton Bern. Mit einem regulären Zug ging die Fahrt dann dorthin. Im Zug gab es Tee mit Zucker und Milch, was ich bisher noch nie getrunken hatte, aber es schmeckte mir sehr gut. In Bern stiegen dann die meisten Kinder aus, und nur eine Gruppe von etwa zehn bis zwölf Jungen und Mädchen fuhr das letzte kurze Stückchen bis Thun weiter. Am Ende des Bahnsteigs hatten sich die Pflegemütter aufgereiht, und jeder von uns überlegte, zu welcher Frau man wohl am liebsten möchte. Ich wurde von Emma Messerli-Brügger aus dem Rosenweg in Steffisburg abgeholt.

Hans Messerli war Bauunternehmer und besaß eine entsprechend schöne Villa mit einem herrlichen großen Garten mit vielen Obstbäumen. Von dort konnte man bei gutem Wetter das großartige Panorama von Eiger, Mönch und Jungfrau sehen. Die Familie hatte drei erwachsene Kinder, die Söhne Hans, er studierte, Jakob, er war im Baugeschäft tätig, und Elisabeth. Sie war verheiratet und hatte bereits eine einjährige Tochter, Suseli mit Namen. In dem Haus wohnten auch noch Rosa Brügger und ihr Bruder Walter.

Am Abend meines Ankunfttags schnitt mir Hans Messerli sogleich eine dicke Scheibe Schinken ab, damit ich gleich was Gutes vorab zu essen hatte. Weil mein Magen aber durch die Mangelernährung keinerlei Fett mehr gewohnt war, ging es mir sehr schlecht, und ich konnte die ganze Nacht vor Übelkeit kaum schlafen. Für die Familie Messerli-Brügger war ich das siebte Kind, das sie seit 1939 aufgenommen hatte. Sie stammten alle aus jenen Ländern, denen es zum damaligen Zeitpunkt besonders schlecht erging.

Rosa Brügger, Tante Rösi, sollte für mich eine der wichtigsten Personen meines Lebens werden. Durch sie fand ich zum Christentum. Sie leitete eine Sonntagsschulklasse, den Kindergottesdienst, und nahm mich jeden Sonntag mit in das schöne mittelalterliche Schloss Thun, wo der Gottesdienst stattfand. Sie hat mich auch beten gelehrt und mir eine wunderbare Kinderbibel geschenkt, dazu ein Neues Testament und eine Bibel, die ich heute noch täglich gebrauche und so jeden Tag erneut an die wunderbare und segensreiche Zeit in der Schweiz erinnert werde.

Es war ein schöner Sommer 1946 und ich genoss die Zeit dort in vollen Zügen und mit großer Dankbarkeit. Meine Pflegeeltern haben mich auf Sonntagsausflüge mit ihrem Mercedes mitgenommen. Wir waren verschiedentlich im Berner Oberland, in Lauterbrunnen, Grindelwald sowie am Thuner und Brienzer See. In Interlaken weilten wir am 1. August – dem Schweizer Nationalfeiertag –, wo ich Alphornbläser gehört und bei traditionellen Ringkämpfen zugeschaut habe. Bei einem Ausflug in Spiez befanden sich am Anleger viele Leute, und da ich noch sehr klein war, hatte ich meine Pflegeeltern verloren. Irgendjemand nahm sich meiner an und ich wurde ausgerufen. Mir fiel ein großer Stein vom Herzen, als ich wieder bei ihnen war. Nach dem Ende der Ferienzeit wurde ich gefragt, ob ich jetzt in die Schule gehen möchte. Das wollte ich gar nicht gern und musste es auch nicht.

Ich hatte mich in den drei Monaten sehr gut erholt, reichlich an Gewicht zugenommen und war richtig verwöhnt worden. Heimweh hatte ich anfangs gar nicht. Aber im Spätsommer, als ich hörte, dass die Mutter eines anderen Kindes, das auch aus Hamburg stammte, gestorben war, da bekam ich Angst, meine Mutter nicht mehr wiederzusehen. Aber bis zum 16. Oktober – dem Tag der Rückreise – war es nicht mehr fern. Der Sommer verging so schnell, und damit ich gut ausgestattet wieder nach Hamburg kommen konnte, wurde bei einem Schneider in Hünibach eigens ein Anzug für mich mit kurzer und langer Hose angefertigt. Es war die erste lange Hose meines Lebens, und der Anzug war wunderschön.

Als ich nach Hamburg zurückkam, haben meine Eltern und meine Tante mich abgeholt. Ich sprach Schwyzerdütsch und sie konnten mich kaum verstehen. Es dauerte auch noch einige Zeit, bis ich wieder Hochdeutsch sprach. Ab Herbst 1946 habe ich dann regelmäßig den Kindergottesdienst in der „St.-Gertrud-Kirche" in Hamburg-Uhlenhorst besucht. Die oben erwähnte Lehrerin Frau Schröder hieß übrigens Gertrud, weil sie der erste Täufling in dieser Kirche war.

Bis zur Währungsreform im Juni 1948 erhielten wir zahlreiche Lebensmittelpakete. Einmal hatte meine Mutter nichts, aber auch gar nichts Essbares im Haus, und es gab auch nichts zu kaufen. Sie saß weinend in der Küche und betete, dass Gott doch helfen möge. Kurz darauf klingelte der Postbote und gab eine Benachrichtigung ab, dass meine Mutter sich in der Johnsallee ein Paket aus der Schweiz abholen dürfte. Welch' eine Freude und welch' ein Festmahl wurde uns mit all den leckeren Dingen, die wir erhalten hatten, bereitet.

Mit Tante Rösi fand ein reger Briefkontakt bis zu ihrem Tod statt. Meine Pflegemutter Emma Messerli-Brügger starb bereits 1948. Meine Eltern hatten Thun und Steffisburg im Sommer 1959 besucht, um sich auch persönlich zu bedanken. Ich war im Herbst 1960 bei Hans Messerli und Tante Rösi und dann im Frühjahr 1962 mit meiner damaligen Verlobten – seit 1963 meine Frau – erneut zu Besuch. Damals habe ich Hans Messerli zum letzten Mal gesehen. Mit unseren beiden Töchtern waren wir dann im Sommer 1970 zu Gast. Es war leider der letzte Besuch, an welchem Tante Rösi, Jahrgang 1890, noch lebte. Im Herbst 1994 besuchte ich zuletzt die Villa, in der inzwischen die Tochter Elisabeth mit ihrer Familie wohnte. Mittlerweile sind auch Elisabeth und ihr Mann gestorben, aber ihre drei Kinder und deren Familien leben noch dort. Im Mai 2008 habe ich diese besucht. Ich war tief beeindruckt über meine liebevolle Aufnahme.

*Helmut Specht * 1938 Hamburg*

„... Ende Februar 1950 reiste ich nach schwerem
Abschied von Wangen nach Hause zurück ..."

Unsere Familie, meine Eltern und wir sechs Geschwister, lebte während des Zweiten Weltkriegs, von Dezember 1940 bis Januar 1945, in der kleinen Stadt Vandsburg, damals Westpreußen, heute Polen. Mein Vater war als Arbeitsdienstführer dorthin versetzt worden. Unmittelbare Kriegseinwirkungen gab es in Vandsburg nicht, vor allem keine Bombenangriffe und bis zum Januar 1945 auch keine sonstigen Kriegshandlungen, keine mangelhafte Ernährung und keinen Schulausfall. Der Krieg griff in dieser Zeit insofern in unsere Familie ein, als unser Vater immer wieder lange Zeit und unser ältester Bruder ab 1943 bis auf kurze Urlaube ständig im Kriegseinsatz waren.

Am 21. Januar 1945 – der Geschützdonner von der Ostfront war deutlich zu hören – ging unsere Mutter mit meiner älteren Schwester, 1928 geboren, und uns vier jüngeren Söhnen der Jahrgänge 1934 bis 1940 bei eisiger Kälte – unter 20 Grad minus – und reichlich Schnee auf die Flucht. Wir mussten uns nicht auf einen gefährlichen und oft tödlichen Flüchtlingstreck begeben, sondern gelangten mit der Eisenbahn in überfüllten Zügen nach Schwerin/Mecklenburg. Hier erlebten wir Tieffliegerangriffe, letzte Gefechte und den Zusammenbruch der Wehrmacht. Kurz vor Kriegsende stieß unser Vater zu uns. Mit ihm ging die Flucht weiter, als Anfang Juli 1945 die Rote Armee das westliche Mecklenburg besetzte. Zu Fuß, auf Pferdefuhrwerken, mit der Bahn und auf Lastwagen, erreichten wir nach Zwischenstationen im Dezember 1945 das Gut „Haus Velmede" in Westfalen, nicht weit von Kamen. Hier wurde mein Vater Landarbeiter, so dass Wohnung und Ernährung und für uns Kinder regelmäßiger Schulbesuch gesichert waren. Unser ältester Bruder kam nach Verwundung und Kriegsgefangenschaft im Oktober 1946 nach Hause.

Nach einer infektiösen Gelbsucht im Sommer 1947 wurde bei mir Anfang Januar 1948 eine schwere offene Lungentuberkulose festgestellt, zu dieser Zeit gerade bei Kindern eine häufig auftretende Krankheit. Bei Ausbruch der Tbc war ich etwa 13 3/4 Jahre alt. Ich kam ins Evangelische Krankenhaus Unna. Dort lag ich drei Monate. Da ich mangels jeglicher Medikamente nicht behandelt und in der überfüllten Kinderstation nicht isoliert werden konnte, wurde ich im April 1948 in die Kinderheilstätte Nordkirchen im damaligen Kreis Lüdinghausen, südwestlich von Münster, verlegt. Außer Frischluftkuren gab es auch hier keine Behandlung. Von meinen Mitpatienten starben mehrere an Tbc. Im Dezember 1948 wurde ich nach Hause entlassen. Ich war aber noch so krank, dass ich nicht zur Schule gehen konnte. In den folgenden Monaten ins Jahr 1949 hinein machte ich zu Hause weiter meine Frischluftkuren, ging aber weiterhin nicht zur Schule, erhielt aber in einigen Fächern Privatunterricht bei Bekannten meiner Eltern.

Da ich nicht mehr richtig krank, aber auch noch nicht richtig gesund war, suchten meine Eltern für mich eine Erholungsmöglichkeit in guter Luft und mit ausreichender Ernährung. Kosten durften dadurch nicht entstehen, denn meine Eltern waren damals so gut wie mittellos. Es klappte mit einer Vermittlung zu einem Ehepaar in der Schweiz, wie ich heute annehme, durch das Deutsche Rote Kreuz, wahrscheinlich in Zusammenarbeit mit dem Schweizerischen Roten Kreuz. In den ersten Jahren nach dem Krieg, bis Anfang der fünfziger Jahre, sind nach gut begründeten Schätzungen etwa 60.000 deutsche Kinder, die durch Hunger, Krankheit, Flucht oder schlechte Wohnverhältnisse gezeichnet waren, von Schweizer Bürgern – Ehepaaren – ohne jede Gegenleistung aufgenommen, mit allem Nötigen versorgt und in jeder Hinsicht aufgepäppelt worden. Diese großherzige Hilfsbereitschaft vieler Schweizer Bürger ist in Deutschland weitgehend unbekannt geblieben.

Anfang September 1949 – die Institutionen der Bundesrepublik Deutschland waren im Entstehen begriffen und ich war etwa 15 1/2 Jahre alt – reiste ich mit der Bahn von Kamen über Dortmund und Darmstadt, wo ich bei Verwandten übernachten konnte, und Basel in die Schweiz. Reisepässe durften zu dieser Zeit an Deutsche nicht erteilt werden. Mein Reisepapier war ein „Vorläufiger Reiseausweis für deutsche Staatsangehörige". Am Bahnhof von Wangen an der Aare im nördlichen Kanton Bern, meinem Reiseziel, holten mich meine Pflegeeltern, das Ehepaar Zielke, ab. Herr Zielke, damals etwa 60 Jahre alt, war seiner Herkunft nach kein Schweizer, sondern Deutscher aus Ostpreußen. Vor dem Ersten Weltkrieg war er als junger Mann und überzeugter Pazifist in die Schweiz geflüchtet, um nicht in Deutschland Soldat werden zu müssen, und hatte die Schweiz seitdem nicht mehr verlassen. Von Beruf war er Schneidermeister, seine Werkstatt, in der er mit einem Gesellen arbeitete, befand sich zusammen mit einem kleinen Textilgeschäft an einer Geschäftsstraße in Wangen. Mit seiner etwa gleichaltrigen Frau, einer Schweizerin, bewohnte er ein Haus ganz in der Nähe des Geschäfts. Frau Zielke arbeitete im Geschäft. Ein erwachsener Sohn lebte in Zürich.

Ich bekam ein eigenes Zimmer. Zielkes versorgten mich vollständig mit neuer Kleidung. Meine mitgebrachte, wohl sehr abgetragene Kleidung wanderte in den Müll. In den ersten Tagen erkundete ich die Stadt Wangen und die nächste Umgebung. Ein Wunder schien sich vor meinen Augen aufzutun und ich konnte kaum glauben, was ich sah. Es gab keine zerstörten oder nur beschädigten Häuser, keine Trümmer. Die Leute auf der Straße waren gut gekleidet, sahen nicht verhungert, bleich oder sorgenvoll aus, niemand hatte sichtbare Verletzungen, zahlreiche, auch jüngere Männer, sah ich, keiner war verkrüppelt oder in zerlumpter Kleidung, keine Flüchtlinge, keine anderen heimatlosen Menschen in abgerissener Kleidung schleppten sich mit Sack und Pack einem unbekannten Ziel zu. Die Schaufenster der Geschäfte waren voller Auslagen, hell und sauber, die Kunden drängten sich nicht hinein und kamen nicht enttäuscht mit leeren Einkaufstaschen heraus.

Wangen ist eine alte Stadt, also sah ich auch schöne alte Häuser. Besonders beeindruckt war ich von der alten, überdachten Holzbrücke über die Aare, über die ich gerne mit Respekt ging. Bald kannte ich die waldreiche, ländliche, bergige Umgebung von Wangen. Schneidermeister Zielke war für die hohe Qualität seiner Maßanzüge weithin bekannt. So hatte er Kunden in der Umgebung von Wangen und weit darüber hinaus. Wenn ein Anzug fertiggestellt war, musste er zum Kunden gebracht werden. Diese Aufgabe wurde mir übertragen. Per Fahrrad lieferte ich die sorgfältig verpackten Anzüge nicht nur nach Wangen selbst, sondern auch in die nahen Orte wie Solothurn und Herzogenbuchsee, und in entferntere Gegenden, wie etwa in Orte am Bieler und am Neuenburger See, in die Landes- und Kantonshauptstadt Bern, in die Gegend des Thuner Sees, in den Jura und in den Raum Olten. So lernte ich die Landschaft und die Städte weit um Wangen herum vom Fahrrad aus kennen, kam in viele Schweizer Häuser und verdiente mir durch die Trinkgelder etwas Taschengeld.

Ein paar Tage nach meiner Ankunft begann für mich die Schule. Ich wurde Schüler der Sekundarschule Wangen/Aare, etwa der Realschule in Deutschland entsprechend. Alle Lehrer und alle Mitschüler nahmen mich mit großer Herzlichkeit auf und bezogen mich völlig in das Leben der Schule und der Klasse ein. Im Unterrichtsstoff war ich trotz der langen krankheitsbedingten Fehlzeiten vor meiner Reise in den meisten Fächern etwa gleich weit wie meine Klasse, so dass sich keine Schwierigkeiten ergaben, ebenso wie im Konfirmandenunterricht. Wenig später wurde ich „Lütechnabe", d. h. ich wurde in den durchaus angesehenen Kreis von acht ungefähr gleichaltrigen Jungen aufgenommen, die jeden Sonntag die Kirchenglocken zu läuten hatten, an dicken Seilen angestrengt ziehend.

Gelegentlich wurde ich in die Familien von Mitschülern eingeladen und ich konnte an Veranstaltungen außerhalb der Schule, wie z. B. am Schlittschuhlaufen, teilnehmen. Nach heutigem Sprachgebrauch war ich also weitgehend integriert, zumal ich nach einiger Zeit ein wenig Schwyzerdütsch in der Form des Berndütsch gelernt hatte. Ein besonderes Erlebnis war für mich ein Tagesausflug mit der Klasse ins Berner Oberland, in die Gegend von Interlaken und Wengernalp, im Januar 1950. Zum ersten Mal sah ich schneebedeckte, sehr hohe Berge, besonders nah Eiger, Mönch und Jungfrau, und darüber den tiefblauen Winterhimmel. Ich konnte es nicht fassen, dass inmitten von Schnee und Eis die

Sonne so warm schien, dass ich umherwandern und auf einer Hotelterrasse unter freiem Himmel im Liegestuhl liegen konnte. Meine Mitschüler erhielten Unterricht im Schilaufen, besonders im Abfahrtslauf, das war natürlich nichts für mich. Meine Pflegeeltern Zielke hatten mich für vier Monate, also bis Ende Dezember 1949, eingeladen. Deshalb bereitete ich mich nach Weihnachten 1949 auf die Heimreise vor. Davon erfuhren der Wangener Pfarrer Flückiger und seine Frau und sie luden mich für weitere zwei Monate ins Pfarrhaus ein. Das war für mich eine große Freude. Auch Flückigers hatten nur erwachsene, auswärts lebende Kinder. Das Pfarrer-Ehepaar versorgte mich ebenfalls gut und liebevoll, so dass ich meinen schönen Aufenthalt in Wangen bis Ende Februar 1950 verlängern konnte. Pfarrer Flückiger gab mir Lateinstunden. An der Sekundarschule war Latein kein Unterrichtsfach und mir halfen diese Lateinstunden sehr, als ich an meine Schule in Kamen zurückkehrte.

Überhaupt hatte ich in der Schweiz Glück mit den Pfarrern. Im übernächsten Ort in nordöstlicher Richtung, Oberbipp, wirkte Pfarrer Feldges-Oeri. Er war über einen Elternteil deutscher Abstammung und hatte vielfältige persönliche Beziehungen nach Deutschland. Als er von meiner Existenz in Wangen erfuhr, besuchte er mich dort und lud mich mehrfach in seine kinderreiche Familie ein. Er war über die Geschichte der Schweiz und die damals aktuelle Situation in Politik, Wirtschaft und Gesellschaft gut unterrichtet und gab sein Wissen gern an mich weiter. Ende Februar 1950 reiste ich nach schwerem Abschied von Wangen nach Hause zurück. Mit meiner Gesundheit stand es nun wesentlich besser und ich konnte wieder regelmäßig zur Schule gehen.

*Gerhard Girgensohn * 1934 Soest*

„... habe ich die nach dem Krieg einsetzende große Hilfsbereitschaft der Schweizer kennengelernt ..."

Abschied: *Ob Du später einmal richtig verstehen kannst, wie weh es getan hat, und wie schwer dieser Weg für Deine Tante war? – 22. Juli 1946, Zürich-Bahnhofshalle.*

Diese einfühlsamen Worte stehen auf dem letzten Foto, das die Liebgewonnene – ich durfte Tante Muger zu ihr sagen – nach einem dreimonatigen Schweizaufenthalt von mir machte. Ausgesucht für den ersten deutschen Kindertransport vom 16. April 1946 aus dem kriegszerstörten Trier a. d. Mosel, habe ich die nach dem Krieg einsetzende große Hilfsbereitschaft der Schweizer kennengelernt. Der Besuch bei der Familie Fischli in der Schimmelstrasse in Zürich ist mir allerdings nur noch durch die Fotos, welche von Ausflügen in die Aareschlucht, Ferien in Lungern, einem Besuch im Dolder Bad Zürich oder einem Sonntagsspaziergang an den Gestaden des Zürichsees, in Erinnerung.

Mein siebter Geburtstag wurde mit einer großen Torte gefeiert, ich selbst war neu eingekleidet worden, ganz fein mit einer Fliege. Aber nicht nur ein Sonntagskleid, sondern auch Wanderschuhe und Knickerbocker, eine damals übliche Art des Anzugs, wurden mir geschenkt. Bei der Heimreise im Juli habe ich ihn getragen, und die Tafel Schokolade in einer der Taschen wurde im Stanniolpapier formlos. Der kleinere Bruder und meine Mutter waren trotzdem dankbar für die Schokolade. Meine Globi-Bücher, damals ein Comic für Kinder, habe ich erst nach einigen Schuljahren lesen können, aber Ausmalen mit den wertvollen Buntstiften, das ging schon. Ein Schweizer Taschenmesser an einer Kette durfte ich außerdem mein Eigen nennen.

Der damaligen Schweizer Generation und den Helfern des Schweizerischen Roten Kreuzes, die mit so viel Engagement zur Linderung der Not im kriegszerstörten Deutschland bis ins Jahr 1956 beigetragen haben, nochmals meinen herzlichsten Dank. Eine berufliche Veränderung hat mich vor vielen

Jahren in die Nordwestschweiz nach Solothurn gebracht, wo meine Familie groß geworden ist. Wir alle hatten noch Kontakt mit Muger bis zu ihrem Tode im März 1982 (siehe Seite 168).

*Arnold Lanser * 1939 Trier*

„... und die Frau lächelte mich freundlich an. Wenn das doch nur meine Eltern würden! Große Freude – sie wurden es ...“

„... *Die kriegen Sie nie durch ...*“, hatte 1946 eine Nachbarin zu meiner Mutter gesagt. Gemeint hatte sie mich, sechs Jahre alt, und alles an mir war lang und dünn: die Arme, die Beine und die Zöpfe, so, wie eben viele Kinder seinerzeit aussahen. So war ich 1946 eine der Glücklichen, die in die Schweiz verschickt wurde, mit einem Zettel um den Hals, endloser Bahnfahrt und endlich angekommen in einer Schule in Solothurn. Ich sehe es noch wie heute: Wir saßen brav in den Bänken und vor uns die vielen Erwachsenen, die nun für ein Vierteljahr unsere Pflegeeltern werden sollten. Mit den Augen hatte ich schon ein Paar erspäht, das mir gut gefiel. Der Mann hatte so schöne dunkle Locken – mein Vater ist 1943 im Krieg gefallen – und die Frau lächelte mich freundlich an. Wenn das doch nur meine Eltern würden! Große Freude – sie wurden es.

Mit einem Taxi – meine Pflegeeltern hatten kein Auto – ging es aus der Stadt hinaus in den Vorort Feldbrunnen. In den hell erleuchteten Straßen standen zu meinem Schrecken die Obststände auf der Straße. „*Die haben sie vergessen reinzunehmen ...*“, rief ich aufgeregt meinen Pflegeeltern zu. So etwas hatte ich noch nie gesehen. Und das Staunen nahm in der nächsten Zeit kein Ende. Im Hause angekommen, bekam ich ein „gelbes Ding“ zu essen. Ich biss kräftig rein, natürlich nicht ahnend, dass es sich um eine Banane handelte, die man tunlichst nicht mit Schale essen sollte. Duft und Geschmack der ersten Banane habe ich noch heute in mir. Wahrscheinlich ist sie deshalb meine Lieblingsobstsorte geblieben.

Das Haus war nach meiner Vorstellung riesengroß. Ich hatte ein eigenes Zimmer, fand eine süße Puppe und einen roten Ball mit blauen Punkten vor. Das Beste aber waren – neben meinen Pflegeeltern, zu denen ich Mutti und Vati sagte – eine große Zahl von Katzen, die alle „Büssi“ hießen. Der Gipfel aber war Roland, mein 16-jähriger Pflegebruder, mit dem ich mich trotz des großen Altersunterschieds prächtig verstand. Überhaupt: Es gab keinerlei Schwierigkeiten. Ich ging sehr gerne dort zur Schule, sprach in kürzester Zeit Schwyzerdütsch, konnte mit anderen Kindern aus Berlin spielen, die im Schloss von Feldbrunnen ebenfalls „aufgepäppelt“ wurden, ging mit meiner Pflegemutter regelmäßig in die Kirche und war sehr traurig, als es wieder nach Hamburg zurückging.

Auch wenn ich noch nicht schreiben konnte, blieben wir durch einen regen Schriftwechsel zwischen meinen „Müttern“ in regem Kontakt. Ich fuhr noch zweimal zu meinen Pflegeeltern. Sie hatten die Reise bezahlt und mich wieder drei Monate bzw. ein halbes Jahr umsorgt und mir viel Wärme und Güte zuteilwerden lassen. Erst Jahre später erfuhr ich von meiner Mutter, dass meine Pflegeeltern einen Sohn im Alter von sechs Jahren durch eine heimtückische Krankheit verloren hatten und mich sehr gerne adoptieren wollten, was meine Mutter aber ablehnte. So blieb es bei jahrelangem Briefkontakt. Ich freute mich mit, als mein Pflegebruder heiratete und zwei Kinder bekam. Aber irgendwann waren es nur noch Grüße zum Geburtstag oder zu Weihnachten und ganz langsam schlief der Kontakt ein.

Als mein Mann und ich 1999 in Ruhestand gingen, wünschte ich mir eine Reise nach Feldbrunnen bei Solothurn. Den Hausberg „Weißenstein“, das Schloss, die Kirche und den Friedhof – sie alle würde es ja noch geben, und daran wollte ich mich orientieren. Es war sehr berührend, als ich das alte Haus meiner Pflegeeltern fand. Wir sind dann zum Friedhof an die Gräber gegangen und trafen dort eine alte

Frau, die ich fragte, ob sie wohl den Sohn Roland Stalder kennen würde. Ich erfuhr, dass er im Nachbarort wohnte. An Riedholz erinnerte ich mich noch aus meiner Kindheit. Wir fuhren also dorthin.

In der Hand hielt ich ein Foto meiner Pflegeeltern und von Bruder Roland. Das zeigte ich einem älteren Herrn, der in seinem Vorgarten arbeitete. „Das bin ja ich", rief er überrascht aus. Als ich ihm sagte, woher ich käme und meinen Namen nannte, meinte er im schönsten Schwyzerdütsch: „Du hast dich ja gar nicht verändert" – und das nach über 50 Jahren. Wir verlebten einige wunderschöne Stunden in Erinnerung. Dass die seinerzeitige Verschickung durch das Schweizerische Rote Kreuz vielen deutschen Kindern sehr geholfen und vielleicht sogar das Leben gerettet hat, habe ich nie vergessen. Ich versuche mit meinen Möglichkeiten, diese erfahrene Hilfsbereitschaft ein bißchen zurückzugeben, indem mein Mann und ich seit vielen Jahren Patenschaften für Kinder aus Equador pflegen. Nur so kann sich der Kreis schließen.

*Ilse Scherrer, geb. Pingel * 1939 Hamburg*

„... Willkommen geheißen wurde ich mit einer Schale heißer Milch und einer riesengroßen Scheibe Brot ..."

Erst kurze Zeit war ich wieder in meiner Heimatstadt Mannheim. Meine Mutter war mit meinem drei Jahre älteren Bruder und mir nach dem großen Luftangriff nach Thüringen geflüchtet. Dort wurde ich eingeschult. Mein Vater war noch spät zum Volkssturm eingezogen worden und kam in französische Kriegsgefangenschaft. Gleich nach Kriegsende fuhr meine Mutter mit meinem Bruder auf einem offenen Lastwagen nach Mannheim zurück. Hier musste sie sich einen Keller unter einer Ruine freischaufeln, um eine Bleibe zu haben. Unsere Wohnung war während unserer Abwesenheit von einer anderen Familie einfach requiriert worden. Der Bruder meiner Mutter brachte mich im Spätsommer 1945 nachts unter abenteuerlichen Umständen schwarz über die Grenze, nachdem uns eine legale Ausreise aus der sowjetischen Zone verweigert wurde. Und dann kam irgendwann, weil ich wie so viele andere Kinder dieser Zeit unterernährt war, die Verschickung in die Schweiz.

An den Abschied und die Fahrt bis Basel habe ich keine Erinnerung. Umso mehr sehe ich mich noch in der großen Badeanstalt, in der man uns desinfizierte. Nach der Prozedur wurden wir einzeln in abgetrennten, aber offenen Duschkabinen von zwei Frauen mit einem Badeschwamm eingeseift und geduscht. Anschließend gab es einen Teller herrlicher Erbsensuppe mit vielen kleinen Wurstscheibchen. Ich sehe sie noch heute vor mir. Irgendwann wurde ich von meinem Gastvater am Zielbahnhof mit einem Jeep abgeholt. Den Namen des Ortes habe ich in der Zwischenzeit vergessen, aber er lag im Kanton Thurgau. Unterwegs holten wir Letitia, etwa sieben oder acht Jahre alt, von der Schule ab und dann ging es hoch zum Bergbauernhof. Willkommen geheißen wurde ich mit einer Schale heißer Milch und einer riesengroßen Scheibe Brot, dick mit Butter und Honig bestrichen.

Das große Heimweh kam, wenn es abends ins Bett ging. Ich schlief mit Letitia in einem ziemlich düsteren, sehr alten Schlafzimmer, dessen Betten so hoch waren, dass ich anfangs gar nicht alleine hineinkam. Gut erinnern kann ich mich an Julius, den älteren bärtigen Stallknecht, der immer ein Küsschen wollte. Wollte ich aber nicht, ich habe mich geniert. Heute tut es mir leid, er war sicherlich sehr einsam. Es gab noch einen jungen französischen Knecht, von dem ich zwei Zigaretten abbettelte, um sie meinem Vater, an den ich mich allerdings kaum erinnern konnte, ins Gefangenenlager nach Frankreich zu schicken. Ob diese, die ich in einem Briefcouvert versandte, je angekommen sind, ich habe es nie erfahren. Auch Hausschlachtungen habe ich miterlebt. Als der Metzger eine Kuh mit dem

Bolzengewehr tötete, durften wir nicht dabei sein. Aber ich habe aus dem Küchenfenster geschaut und laut geschrien, als das Tier zusammenbrach.

Eine unangenehme Sache blieb mir in lebhafter Erinnerung. Nachmittags durfte ich rodeln, sollte aber rechtzeitig zu Hause sein. Aber wann? Es wurde auf jeden Fall zu spät. Die Familie – drei Söhne, eine Tochter und die Knechte – saßen schon beim Abendessen. Von Frau Maier wurde ich mit einer Ohrfeige empfangen und ohne Essen ins Bett geschickt. Letitia kam später mit einem trockenen Stück Brot, das sie unter ihrem Pullover versteckt hatte, zu mir ins Bett. Es war hart, und damit meine ich nicht das Brot. Die Bauersleute habe ich nur mit „Herr" und „Frau" angeredet. Etwas anderes wurde mir nicht angeboten. Erstaunt hat mich, dass nicht Schwyzerdütsch gesprochen wurde. Außer beim Geschirrabtrocknen musste ich übrigens nicht helfen, und die Schule besuchte ich, weil der Weg ins Tal zu weit war, auch nicht. Sonntags fuhren wir in einem „Chrysler Windsor" in die Kirche: dunkelblau mit weinroten Ledersitzen!

In der „Guten Stube", daran erinnere ich mich noch, hing eine Urkunde der Eidgenossenschaft mit dem Sinnspruch: „Einer für Alle – Alle für Einen". Dort entdeckte ich erstmals in Kinderbüchern Donald Duck. Schon sonderbar, dass ich mich an so etwas erinnere, während ich nicht mehr weiß, wie der Alltag sonst verlief. Als die drei Monate vorbei waren, bot man mir an, noch zu bleiben. Aber da war kein Halten mehr. Bei der Ankunft in Mannheim erkannte mich meine Mutter nicht gleich wieder. Ich war fein herausgeputzt mit einem hellgrauen Flauschmantel mit rot gefütterter Kapuze. In meinem Gepäck befanden sich auch zwei aus weicher Babywolle gestrickte Unterhemdchen in Rosa und Hellgrau mit langen Ärmeln, die mir Frau Maier hatte stricken lassen. Päckchen bekamen wir später, soweit ich weiß, nur eines. Darin befand sich die gesamte Ausstattung für die Erstkommunion, die ich 1948 zusammen mit meinem Bruder feierte: Ein langes Kleid, Schuhe, die allerdings zu groß waren und deshalb mit Watte ausgestopft werden mussten, Kränzchen, Gebetbuch und Rosenkranz – alles in Weiß. Briefwechsel hatte ich später nur mit Letitia.

Daheim erwartete mich allerdings eine Überraschung. 14 Tage nach meiner Abfahrt war mein jüngster Bruder geboren worden. Meine Mutter hatte mir das nicht geschrieben und mit meinen gerade einmal acht Jahren hatte ich nicht bemerkt, dass sie schwanger war. Nun ja, der Ehemann in Gefangenschaft und dann ein Kind! Es war ihr wohl peinlich, so dass ich auch später nicht davon berichten durfte. Letitia konnte mir dagegen voller Freude mitteilen, dass sie noch ein Schwesterchen namens Doris bekommen hatte. Leider habe ich den Kontakt zur Familie Maier im Kanton Thurgau verloren und der Name der Ortschaft war mir inzwischen entfallen. Aber schon seit Jahren, jedes Mal, wenn wir durch die Schweiz fahren und die herrlichen Berge, die grünen Wiesen und die schmucken Bauernhöfe sehen, überkommt mich die Sehnsucht, „meinen Bauernhof" noch einmal zu sehen.

Im Herbst 2007 kam Bewegung in die Sache. Als ich im „Mannheimer Morgen" die Besprechung des Buches über die „Kinderzüge" las, wandte ich mich auf Vermittlung des Autors an das Schweizerische Rote Kreuz, und dieses teilte mir am 23. November 2007 meinen damaligen Aufenthaltsort auf dem Ibenhof in Eschenz b. Stein am Rhein mit. Hermann Maier, der älteste Sohn und jetzige Altbauer, lud meinen Mann und mich Ende April 2008 in das „Ibenstöckli", das Altenteil, ein. Das Wiedersehen war sehr herzlich. Er konnte sich an mich erinnern, zumal ich das einzige Kind aus Deutschland war, das dort aufgenommen wurde. Wir tauschten unsere alten Erinnerungen aus und viele Fragen wurden mir beantwortet. Natürlich hat sich in den vergangenen 60 Jahren viel verändert, aber einige Merkmale, etwa den überdachten Platz vor den Stallungen, auf dem die Hausschlachtungen stattfanden, erkannte ich gleich wieder.

Ich danke allen, die mir dieses Wiedersehen ermöglicht haben (siehe Seite 170).

*Sigrid Thiele, geb. Schmitt * 1938 Mannheim*

„... Meine Eltern nahmen mich in Frankfurt in Empfang. Sie haben mich fast nicht erkannt ...“

Ein deutsches Nachkriegskind in der humanitären Schweiz: Am 6. August 1937 kam ich in Frankfurt am Main auf die Welt. Frankfurt, eine blühende Banken- und Handelsstadt. Ja, bis der Zweite Weltkrieg begann. Wir wohnten in der Reineckestraße, einer Parallelstraße zur Zeil in Höhe Konstabler-Wache. Etwa 100 Meter hinter der Reineckestraße begann die Frankfurter Altstadt.

Ich erinnere mich noch genau an die vielen Nächte, die wir im Keller verbrachten. Die Luftminen machten mir schrecklich Angst. Alles schwankte und ich bekam keine Luft mehr. Dann die Frau, sie wohnte auch in unserem Haus, saß mit ihrem am Morgen gestorbenen Kind auf dem Arm im Keller. Sie wollte es nicht allein oben in der Wohnung lassen. Viele Keller waren mit Durchbrüchen verbunden. Davor Pickel, Schaufeln, Zinkwannen, mit Wasser gefüllt, und Wolldecken. Diese Durchbrüche halfen Leben retten. Die Menschen hatten eine Chance, sich aus den Kellern der brennenden oder zusammengestürzten Häuser zu retten. Auch mich zog mein Vater an der Hand aus den Trümmern. Wir hatten nasse Decken um uns und rannten durch die brennende Stadt. Ich höre heute noch die Schreie der eingeschlossenen Menschen unten in den Kellerräumen. Einmal, erinnere ich mich, lief mein Vater ins brennende Haus in den Keller und kam mit einem großen Karton wieder. An Weihnachten stellte sich dann heraus: Er hatte nicht, wie von ihm beabsichtigt, die Puppenküche, die er selbst angefertigt hatte, sondern das Brokatkissen meiner Mutter unter Lebensgefahr gerettet.

Wir wurden insgesamt dreimal ausgebombt. Und wie man im Keller zwischen Ruinen „haust“, habe ich auch erfahren. Bis Kriegsende und auch danach hatten wir Kinder keinen geregelten Schulunterricht. Viele Schulen waren zerstört oder wurden als Lazarett genutzt. Nach dem Krieg waren wir dann in den heil gebliebenen Schulen so 50 bis 60 Kinder an der Zahl in einem Klassenraum untergebracht. Die US-Armee versorgte uns mit Schulmaterial und wir bekamen täglich eine Schulspeisung.

„Hunger tut weh!“ Dann kam der Tag der ärztlichen Reihenuntersuchungen. Wir wurden abgehört, abgeklopft, geröntgt und ich weiß nicht, was noch alles. Ärzte und Schwestern scheuchten uns durch die Räume, warum, weshalb, wieso. Nach einigen Tagen – oder waren es Wochen – bekam ich dann einen Brief für meine Eltern. Zuhause erfuhr ich: Ich darf zur Erholung in die Schweiz. Ja, was ist das, wo ist das, wieso, weshalb? Fragen über Fragen. Zwei Kinder je Klasse aller Frankfurter Schulen durften zur Erholung in die Schweiz. Ich weiß heute nicht mehr, habe ich mich darüber gefreut oder machte es mir Angst für lange Zeit fort von den Eltern?

Nun, eines Abends, es war im April 1947, stand ich mit meiner Mutter im Frankfurter Hauptbahnhof. Hunderte Kinder und Mütter standen da. Ein Gewimmel und Gewusel, dazwischen liefen Rotkreuz-Schwestern auf und ab. Lautsprecher tönten. Dann saßen wir Kinder mit unseren Koffern oder Kartons endlich im Zug. Es war schon dunkel! Wir hatten alle eine Schnur mit einem Zettel um den Hals – der durfte nicht abgenommen werden –, darauf waren zunächst unsere Namen, zwei Buchstaben „BE“ und einige für uns unerklärliche Zahlen geschrieben. Die einzelnen Zugabteile waren gekennzeichnet. Auf diese Art und Weise wurden wir „vorsortiert“.

Der Abschied von Mutter ist mir nicht mehr in Erinnerung. Ich war sehr aufgeregt. Der Lärm, die Hektik, nicht wissen, was kommt. Es wurde Essen ausgeteilt und später noch Wolldecken. Wir legten uns zum Schlafen auf die Holzbänke und den Fußboden. Ich weiß, ich habe die ganze Nacht trotz der Aufregungen geschlafen bis es dämmerte. Dann die Ankunft in der Schweiz. Basel: Keine Trümmer, Lichter von Straßenlampen, und fasziniert staunte ich über die vielen Lichtreklamen, die ich ja so nicht kannte, weil unsere Städte verdunkelt und später zerstört waren. Plötzlich sah ich eine größere Lichtreklame „Ovomaltine“. Was dieses Wort aussagte, erfuhr ich erst später. Aber, wo immer in einem Schweizer Geschäft eine Dose Ovomaltine steht, ich möchte sie noch heute kaufen! Man brachte uns anschließend in eine Schule. Dort wurden wir geduscht, untersucht und die Köpfe besprüht und gründlich desinfiziert, natürlich auch die Koffer.

Irgendwann saß ich dann mit anderen Kindern wieder im Zug, wiederum gekennzeichnet mit dem Namensschild um den Hals und immer in Begleitung von Rotkreuz-Schwestern. An einem kleinen Schweizer Bahnhof war dann für mich Endstation der Reise. Zwei deutsche Buben, die ich nicht kannte, stiegen auch aus. Und da stand sie – meine „Schweizer Mueti" von der Familie Günter-Schürch aus Büren zum Hof im Kanton Bern. Sie begrüßte mich und packte meinen Koffer auf den Gepäckträger ihres Velos. Sie schob dieses, ich daneben, auf einer für mich damals unendlich langen Straße entlang bis zu einem großen Bauernhaus.

Schweiz – daheim! Kurze Zeit später befand ich mich in einer großen Bauernstube mit einer meterlangen Eckbank und einem Riesentisch. Da saßen circa zwanzig Leute, auch Kinder. Mitten auf dem Tisch stand ein großer Topf mit Kartoffelsuppe. Ich wurde vor einen Teller mit dampfender Suppe gesetzt und begann zu essen. Dann, die Suppe zog lange Fäden, diese wickelten sich zu meinem Entsetzen um meinen Löffel. Dazu muss man wissen, dass in der Schweiz der Kartoffelsuppe viel Käse beigerieben wird. Wie ich es auch versuchte, den Löffel von den langen Fäden zu befreien, es gelang nicht. Verzweifelt schaute ich hoch. Viele, viele Augen schauten mir zu. Da kullerten mir ein paar Tränen. Es waren die ersten und einzigen während meiner Schweizer Zeit.

Den Schlafraum teilte ich mit der älteren Tochter der Familie Günter-Schürch. Meine Gastfamilie hatte drei Kinder: Hermann, 19, Margret, 17, und Willi, 16 Jahre alt. Schon bald entschied ich mich, in die Schweizer Dorfschule zu gehen. Sie stand neben dem Bauernhaus. Zum großen Erstaunen bekam ich dort ein paar Finken, Hausschuhe, für den Schulaufenthalt überreicht, die ansonsten unter den Fußbänken im Flur standen. Das Rätsel der Finken in der Schule bestand darin, dass die Klassenzimmer blank gebohnertes Parkett hatten. Zum Morgenessen pünktlich um sieben Uhr in der Frühe saß ich als Erste am Tisch. Es gab täglich „echt Schweizer Rösti" für die Männer, die schon ab fünf Uhr das Gras für die Kühe mit der Sense mähten. Um neun Uhr zum „Znüni", zum zweiten Frühstück, war ich natürlich wieder zur Stelle. Milch, Kakao, Brot und Käse. Das schmeckte! Um neun Uhr war meine große Schulpause, und das Bauernhaus lag ja gleich nebenan.

Vier Jahrgänge saßen in einem Klassenzimmer. Ich lernte viel über Natur, Lieder und stricken. Mittags nach dem Essen war erneut Feldarbeit angesagt. Ich lernte Heu und Gras wenden, Getreidegarben binden und aufstellen. Wie war ich stolz, als ich mit Schweiz-Vatis Hilfe meinen ersten Heuwagen oben stehend laden durfte. Die Frühjahrsarbeit begann meiner Erinnerung nach mit dem Einsammeln von Engerlingen. Mit einem Pferd vor dem Pflug wurde das Ackerfeld umgepflügt. Wir hatten alle eine Blechbüchse und sammelten nun die Engerlinge, die aus der Erde zum Vorschein kamen, ein. War die Büchse voll, wurden sie in einen größeren Behälter geschüttet. Daheim am Abend angekommen, leerte man alle Engerlinge auf den Misthaufen. Welch eine Freude für Hühner und Hahn.

Der Nachmittag auf dem Feld wurde durch das „S. Vieri", den Vieruhrkaffee, unterbrochen: Wir saßen alle am Boden. Es gab Brot, Käse, Speck, Kaffee und Most für die Männer. Mein Schweiz-Bruder Hermann hat mir immer seinen Käse gegeben. Käse und Speck waren genau eingeteilt. Brot gab es reichlich. Die Schweiz-Mueti holte mich jeden Tag allein in die Küche. Ich bekam dann immer eine Essens-Zusatz-Ration. Man darf nicht vergessen, auch in der Schweiz waren die Nahrungsmittel während und noch nach dem Krieg für die Bevölkerung rationiert.

Eines Tages brachte der Postbote einen Gemeinschaftsbrief meiner Frankfurter Mitschüler. Meine Freude war groß. Bei nächster Gelegenheit setzte ich mich an Schweiz-Vatis Schreibtisch und begann für jeden einzelnen Schüler meiner Klasse einen Brief zu schreiben. Es waren circa vierzig an der Zahl. Dann, oh Schreck! Damals schrieb man mit Federhalter und Tintenfass. Das Tintenfass kippte um, die Tinte verteilte sich über den Schreibtisch. In wilder Flucht rannte ich los und rauf auf den Heuboden.

Dort wartete ich mit klopfendem Herzen, was jetzt wohl kommt. Mein Schweiz-Bruder Hermann, der mich auf dem gesamten Anwesen suchte, fand mich auf dem Heuboden. Zu meinem Erstaunen gab es keine Strafe. Die Schweiz-Mueti sagte sehr ernst: *„Edith, wenn man etwas angestellt hat, muss man auch dazu stehen und es in Ordnung bringen ..."* Dies habe ich bis heute nicht vergessen, und ich habe mich dann mein ganzes Leben daran gehalten.

Zwei Erlebnisse sind mir noch in Erinnerung. Es war die Geburt der Kälbchen, die ich dann tränken durfte. Zur Erinnerung erhielt ich die Glocke des erstgeborenen Kälbchens, als es erwachsen war, geschenkt. Die Glocke hängt heute noch in unserem Haus. Und dann noch die Geschichte mit der Buttermilch. Die Milch wurde jeden Tag entrahmt, eine Woche gesammelt und dann von Hand gebuttert. Abwechselnd wurde gestampft. Und so wurde aus Rahm Butter. Übrig blieb die heute allgemein bekannte Buttermilch. Diese kam in den Säutrog, was mir gar nicht gefiel. Irgendwann fasste ich Mut und fragte, ob ich ein wenig von dieser Buttermilch haben könnte. Verständnislose Blicke. Was? Wie? Wofür? Ja, zum Trinken. Es wurde akzeptiert. Aber am nächsten Tag erzählte die Schweiz-Mueti im Dorf: *„Stellt euch vor, das deutsche Mädchen trinkt das, was wir den Säuen verfüttern ..."*. Großes Erstaunen im Dorf. Am nächsten Tag kursierte in der Schule: Stellt euch vor, die „Dütsche" trinkt die Säumilch!

Ja, und es wurde Herbst und damit Zeit, Abschied zu nehmen. Die Schweiz-Mueti packte für mich einen großen Koffer. Gefüllt mit vielen neuen Kleidungsstücken und Schuhen. Ich, ein Großstadtkind, war braungebrannt und hatte kräftig an Gewicht zugenommen. Da ich statt drei Monate aber sechs Monate in der Schweiz war, brachte mich die Schweiz-Mueti bis nach Basel zum Bahnhof. Von dort fuhr ich wieder mit Rotkreuz-Betreuung in meine Heimatstadt. Meine Eltern nahmen mich in Frankfurt in Empfang. Sie haben mich fast nicht erkannt. Ihre „Edith", braungebrannt, an Gewicht merklich zugelegt, neue Kleidung und blonde Zöpfe.

Seit dem Jahr 1947 verbrachte ich viele Jahre jeden Sommer und Herbst in der Schweiz bei Familie Günter-Schürch, die ich dann zu meiner Wahlverwandtschaft zählen durfte. Ich tauchte in das bäuerliche Leben ein, ging dort jeweils in die Schule, sprach Berndeutsch, und so wurde die Schweiz ein Stück Heimat für mich. Später benötigte ich eine Einladung der Gastfamilie. Diese wurde eingereicht und ich bekam eine Genehmigung und konnte jeweils ungehindert einreisen. Meine Mutter setzte mich in Frankfurt in den Zug und die Schweiz-Mueti holte mich dann im Bahnhof Basel ab. Meinem Ehemann Helmut – wir feierten am Jahresende 2006 unsere „Goldene Hochzeit" – stellte ich vor unserer Heirat die Bedingung, dass er mindestens zwei Reisen jährlich mit mir in die Schweiz zum Bauernhof Günter-Schürch und später Günter-Messer unternehmen müsse. Er hat sein Wort gehalten.

Bis zum heutigen Tag gehören wir, mein Mann und ich, zu meiner „Schweiz-Familie" dazu. Bei Feierlichkeiten, Geburtstagen sowie bei Beerdigungen sind wir stets dabei. Als 1949 meine Schweiz-Mueti auf Einladung meiner Eltern uns in Frankfurt besuchte, konnte sie es kaum fassen, dass die Großstadt Frankfurt, obwohl der Wiederaufbau schon begonnen hatte, derart in Trümmern lag. Die Schweiz-Mueti starb leider ein paar Wochen bevor sie 100 Jahre alt wurde. Die Einladungen waren verschickt. Trotzdem feierten wir diesen Tag mit allen Familienangehörigen und Verwandten gemeinsam. Die alte Schilderuhr – ich habe oft als Kind in der „Guten Stube" davor gestanden und gewartet, bis das Uhrwerk schlägt –, hängt heute in unserem Bauernstübli.

Ich werde die „Schweiz-Zeit" mit all ihren lieben Erinnerungen nie vergessen. Ich bin sehr dankbar für die großartige humanitäre Hilfe für mich und die vielen kranken und unterernährten deutschen Kinder durch die Schweizer Bürger. Geprägt durch das bäuerliche Leben im Schweizer Bauernhaus hat es mich immer wieder aufs Land gezogen. Und so leben wir, mein Mann und ich, seit unserem Rentnerdasein, in Lenzkirch im Hochschwarzwald. Die Grenze zur Schweiz ist daher für uns näher gerückt. Die Kartoffeln, die wir essen, stammen vom Schweizer Bauernhof. Honig von den dortigen Bienen und zwei Liter frisch gemolkener Milch nehmen wir bei Dori, der verwitweten Ehefrau meines ehemaligen

Schweiz-Bruders Hermann, bei jedem Besuch mit nach Hause. Der Bauernhof wird jetzt in der dritten Generation bewirtschaftet. Aber es ist für mich immer noch ein Nachhause-Kommen (siehe Seite 171).

*Edith Lang, geb. Biron * 1937 Frankfurt/Main*

„... Madame Lavanchy schenkte mir zur Erinnerung noch einen goldenen Ring, ihren Verlobungsring ..."

1941 geboren, gehörte ich zu jenen Kindern, die im Frühjahr 1950 aus Schleswig-Holstein und Hamburg mit einem Kinderzug in die Schweiz reisten. Dieser Aufenthalt gehört zu den schönsten Erlebnissen meiner Kindheit und hat mein Leben wesentlich mitgeprägt. Die Vorgeschichte ist folgende: Meine Verwandten, Margarete Wandersee und Elisabeth Unruh, die Schwestern meiner Mutter, waren 1945 als Flüchtlinge aus Elbing/Westpr. nach Pinneberg/Holst. gekommen. Sie holten dann mich und meine Schwester, die Vollwaisen waren – unser Vater war im Krieg gefallen und unsere Mutter auf der Flucht gestorben –, aus der Nähe von Wismar, wo wir zurückgeblieben waren, 1947 nach Pinneberg. 1950 sollten dann Kinder zur Erholung in die Schweiz fahren. Die Wahl fiel auf mich, weil meine Schwester schon eine Erholungszeit an der Nordsee verbringen konnte.

Viele neue wunderbare Eindrücke sind mir in lebendiger Erinnerung. Nicht nur zahlreiche Einzelheiten der Zugfahrt – für ein Kind, das ärmliche Verhältnisse mit vielen Entbehrungen gewöhnt war, war sie reiner Luxus –, beispielsweise die Umsorgung durch die adrett gekleideten Schweizer Krankenschwestern, die Verpflegung unterwegs, das erste Duschen in Schaffhausen – wir hatten zu Hause keine Badewanne –, sondern auch die Erlebnisse in meiner Gastfamilie erschienen mir wie das Paradies. In der Schweiz leerte sich der Zug in verschiedenen Städten, bis ich dann schließlich in Lausanne, in der französischen Schweiz, von unseren Gasteltern in Empfang genommen wurde.

Diesen Eindruck habe ich noch heute vor Augen. Ich wurde von Madame Simone Martin in die Arme genommen und mit einem Kuss begrüßt – von wildfremden Leuten! Ich war also in Lausanne bei Simone und Albert Martin zu Gast und auch sehr oft bei der Familie Lavanchy, den Eltern von Madame. Meine Gasteltern konnten sehr gut deutsch, aber ich musste von jetzt an französisch lernen, was mir sehr viel Freude bereitete. Monsieur Martin legte für mich ein großes schönes Heft an, in das Vokabeln und Grammatik eingetragen wurden, die ich sehr gerne lernte. Zu Hause in Deutschland waren Hefte ja Mangelware und wir schrieben viel auf der Tafel.

Schon die Wohnung meiner Gasteltern war für mich wunderschön. Wir waren als Flüchtlinge in Deutschland sehr beengt und provisorisch untergebracht. Jetzt hatte ich ein Zimmer für mich – ich musste mir zu Hause mit meiner Schwester ein Bett teilen – und es gab ein Badezimmer mit Badewanne! Die Wohnung hatte zwei Balkone und man konnte von dem einen den Genfer See sehen. All diese Einzelheiten waren für mich überwältigend.

Ich wurde wunderbar eingekleidet, bekam viele schöne Spielsachen und Bücher – in deutscher Sprache – zum Lesen. Auch auf diese Weise lernte ich sehr viel von der Schweiz kennen. Noch heute besitze ich die schönen Jugendkalender von „Pro Juventute", die Kinderbücher von Johanna Spyri. Ich erinnere mich auch an die spannenden Kinderbücher von „König Barbar", die dann schon in französischer Sprache waren.

Man unternahm mit mir herrliche Ausflüge in die Berge und um den Genfer See herum, auch nach Genf selbst und in andere Schweizer Städte. Dabei gingen wir zum Abschluss eines solchen Tages oft in ein kleines Restaurant, wo wir etwas aßen – ein für mich vollkommen unbekannter Vorgang. Im armen

Nachkriegsdeutschland konnte sich das fast niemand leisten! Ich durfte mir „cidre doux" bestellen, dessen Geschmack ich noch heute auf der Zunge habe, wenn ich Apfelsaft sehe. Auch der mit Käse überbackene Toast, den ich oft aß, war für mich eine Neuigkeit.

Überhaupt das Essen! Zum Frühstück fingen die Köstlichkeiten schon an: Es gab Baguette, Butter, Konfitüre, zum Trinken Milch mit Ovomaltine – damit ich nur zu Kräften käme! Alles Speisen und Getränke, die ich kaum kannte. Madame Martin konnte sehr gut kochen. Ich hatte noch nie Spaghetti gegessen, Pommes frites oder Chicorée.

Ich lernte unglaublich viel Neues kennen und erlebte ein wunderbar geordnetes sauberes Land und Städte ohne Trümmer und Ruinen. An manchen Straßenecken gab es Brunnen mit fließendem Wasser, das fand ich besonders schön. In einigen Wohnhäusern, in die wir zu Besuch gingen, benutzten wir den Fahrstuhl – für mich vollkommen unbekannt. An den Bahnhöfen gab es Automaten mit Schokolade und Telefonzellen! Meine Gasteltern waren sogar bemüht, mich katholisches Mädchen sonntags in die Kirche zu führen.

Besonders schöne Erinnerungen verbinde ich mit meinen Aufenthalten im Sommerhaus der Familie Lavanchy in Vers-chez-les-Blancs bei Lausanne. Dorthin durfte ich allein mit der Straßenbahn fahren – was ich noch nie getan hatte. In Vers-chez-les-Blancs gab es viele gleichaltrige Kinder, mit denen ich spielen konnte und französisch sprechen musste. Als sich schließlich der dreimonatige Aufenthalt dem Ende zuneigte, haben sie den Antrag gestellt, den Aufenthalt zu verlängern. Ich durfte noch einen Monat länger dort bleiben! Der Abschied war dann sehr traurig, aber ich musste versprechen, im nächsten Jahr wiederzukommen. Madame Lavanchy schenkte mir zur Erinnerung noch einen goldenen Ring – es war ihr Verlobungsring, den ich noch immer besitze. Zu guter Letzt bekam ich noch einen neuen großen Koffer, um all die schönen Kleidungsstücke gut unterzubringen, die ich von meinen Gasteltern bekommen hatte.

Bei der Ankunft in Hamburg ereignete sich dann eine besondere Begebenheit, über die recht amüsiert das „Pinneberger Tageblatt" berichtete. Ein sechsjähriges Mädchen, das auch bei französischen Gasteltern war, hatte seine deutsche Muttersprache vergessen! Ich musste dolmetschen!

Ich besuchte dann auch in den Jahren 1951 und 1958 meine Gasteltern, jeweils ungefähr für die Zeit der Sommerferien. Es waren ebenfalls wunderbare Wochen, in denen ich vor allen Dingen lernte, das Französische nicht zu vergessen, das ich dann später in der Schule als Schulfach hatte. Letztlich habe ich das Französische zu meinem Beruf gemacht, denn ich habe es im Studium fortgeführt und mich damit über 30 Jahre als Oberstudienrätin für Französisch, Religion und Latein beschäftigt. So sind die Grundlagen für mein späteres Leben in der Schweiz gelegt worden zusammen mit vielen Eindrücken, die mich immer wieder begleitet haben. Die Gastfreundschaft und Güte meiner Gasteltern hatte ich immer vor Augen, als ich mich selbst als Lehrerin und auch als Mutter um Schüleraustausch und grenzüberschreitende Beziehungen bemühte.

Die Kontakte zu meinen Gasteltern sind dann später sehr selten geworden. Ich war seitdem einige Male in Lausanne. Noch 2006 habe ich versucht, Madame Martin zu besuchen, die schon lange Witwe ist und jetzt weit über 80 Jahre alt ist. Sie fühlte sich zu gebrechlich, um einen Besuch zuzulassen.

Sehr bewegt und mit großer innerer Anteilnahme habe ich am 4. September 2007 im „Hamburger Abendblatt" den Artikel über den Kinderzug von 1946 in die Schweiz gelesen. Ich würde mich sehr gerne an zuständige Schweizer Behörden wenden, um den großen Dank auszudrücken, den ich empfinde bei dem Gedanken an diese wunderbare Aktion der „Kinderzüge" und all diese Mühen, die für die beteiligten Organisatoren damit verbunden waren. Mit ganz herzlichem Dank für diesen großartigen Artikel! (siehe Seite 162)

*Rosemarie Knüvener, geb. Thiel * 1941 Elbing*

„... Das schöne Schweizerland werde ich
niemals in meinem Leben vergessen ...“

Schon seit Jahren ließ mich der Gedanke nicht mehr los, meine Reise in die Schweiz 1948 gedanklich nachzuempfinden, denn diese und der dreimonatige Aufenthalt im Land der Eidgenossen hat mich über meine Kindheit hinaus wesentlich beeindruckt. Vor der Wende 1990 musste ich ja davon ausgehen, dass ich meine zweite Heimat und seine Bewohner im Rheintal nie wiedersehen sollte. Wir standen allerdings in regelmäßigem Briefkontakt. Eine große Freude bereiteten mir die seit 1974 stattfindenden Besuche per Flugzeug von Annalise, Menga, Karli, Hedi und natürlich von Mama in Dresden. Anlässlich eines mir 1988 gestatteten Westbesuchs in München machte ich einen kurzen Abstecher nach Sennwald. Und dann gab es 1990 endlich das lang ersehnte Wiedersehen in Egeten, mehr als vierzig Jahre nach meinem ersten Besuch. Vieles hatte sich im Rheintal verändert, aber die alten Bauernhäuser, die Wiesen und Felder, der Kanal und der ungebändigte Rhein waren geblieben.

Angefangen hat alles 1947, als das Schweizerische Rote Kreuz Kindertransporte aus Nachkriegsdeutschland in die Schweiz organisierte. Dazu sollte auch ich, 1938 in Dresden geboren und damals sichtbar unterernährt, gehören. Im Mai 1948 begann die Reise von Berlin aus. Dort übernachtete die große Schar der Kinder in sogenannten Hochbunkern, die nunmehr als Notunterkünfte dienten. Bis Berlin hatte meine Mutter den Transport begleitet. Der Sonderzug der Schweizer Bundesbahnen, mit dem wir reisen sollten, bestand aus unendlich vielen Wagen, so kam es mir vor. Angeschlossen war ein Küchenwagen, in welchem für unsere Verpflegung gesorgt wurde. In einem der alten Briefe konnte ich lesen, dass die meist süßen Haferflocken und der Milchreis nicht so mein Fall waren.

An die Fahrt nach Basel kann ich mich nicht weiter erinnern. Zumindest war es eine lange Reise. Geschlafen haben wir auf dem Boden des Eisenbahnwagens und auf den Holzbänken. In Basel angekommen, fuhren wir, begleitet von vornehm wirkenden Kindertanten, mit der Straßenbahn in ein Badehaus. Dort wurden wir gereinigt und unsere Kleider mit einer Art Mottenpulver behandelt. Nun wurde der Transport aufgeteilt. Ich fuhr mit einer Reihe von Kindern über Zürich in Richtung Ostschweiz. Bei jedem Halt wurde die Schar immer kleiner. Letzter Umsteigebahnhof war Sargans. Dort begrüßten uns schon die ersten hohen Berge. In der Station Salez-Sennwald stieg ich dann als Letzter aus. Auf dem Bahnsteig stand meine künftige Pflegemutter Menga Roduner mit ihrem Velo. Mein Köfferchen kam auf den Gepäckträger und los ging es zum Bauernhof der Roduners im Sennwalder Ortsteil Egeten.

Ein über zweihundert Jahre altes Haus aus dunkelbraunen Holzstämmen sollte für drei Monate mein neues Zuhause werden. Ich schlief in einer im ersten Stock gelegenen Bodenkammer auf einem Strohsack. Es war ein einfaches Leben. Hier gab es keine Reichtümer. Badewanne oder Auto, wenigstens ein Traktor – Fehlanzeige. Im Haus wohnten Großmutter und Großvater Roduner sowie die bereits erwähnte Menga und mein Pflegevater Karl. Vor ihm habe ich mich anfangs etwas gefürchtet. Er wirkte streng und war ständig am Schaffen, es gab keine Minute Stillstand. Im Haus wohnte noch Maria. Sie war Verkäuferin im Bahnhofskiosk. Sie stammte wie Menga aus Graubünden und beide unterhielten sich in ihrer rätoromanischen Heimatsprache. Man verstand kein Wort. Im Laufe meiner Zeit in Egeten sollte sie mich mit Schokolade regelrecht verwöhnen und steckte mir oft ein Täfeli oder etwas anderes zu. Bis heute hat sich meine Vorliebe für Schokolade erhalten.

Zurück zu meiner Ankunft: Die lange Reise, die unbekannte Umgebung und fern von Mutter, Tanten und Schulkameraden hatte mich zunächst ängstlich werden lassen. Appetit wollte sich nicht einstellen, aber zum Essen war ich ja hergekommen. Dazu verstand ich das für mich unverständlich klingende Schwyzerdütsch nicht. Aber bald sollte sich alles zum Guten wenden. Dank der einfachen, aber wohlschmeckenden bäuerlichen Küche mit vielen mir unbekannten Gerichten wurde mein Appetit angeregt, und bald war ich auch ein wenig mit der Sprache vertraut. Und dennoch: Wenn nur das Heimweh nicht gewesen wäre. Besonders vor dem Einschlafen, allein in meiner Kammer, war die Einsamkeit besonders schlimm. Mit meiner Mutter hatte ich vereinbart, dass ich in solchen Momenten am Himmel den Abendstern suchen sollte und dann wollten wir beide aneinander denken. Aber was sollte ich machen, wenn der Himmel voller Wolken hing?

Während meiner drei Monate in Egeten wurde ich von Anfang an in den landwirtschaftlichen Alltag integriert. Ich habe hier unmittelbar erfahren, was harte Arbeit in der Landwirtschaft bedeutet, besonders unter den dortigen Gegebenheiten mit oft steilen Wiesenhängen. Ich hütete vor allem die Kühe, half beim Kälberfüttern und war beim Heuen dabei. Auch wenn ich auf dem Bauernhof tüchtig ranmusste, früh aufzustehen hatte, bei Hitze und bei Regen auf der Weide oder auf dem Feld in der Rheinebene stand, ich habe mich wohlgefühlt und war sehr dankbar für alles. Für mich war und ist es eine unvergessliche Zeit. Daneben ging ich einkaufen. Damit entlastete ich Menga und sie hatte Zeit für andere Dinge. Am liebsten ging ich zur Gemischtwarenhandlung von Frau Göldi. Überhaupt unterschied sich der Besuch beim Krämer, Fleischer oder Bäcker von den Verhältnissen zu Hause. Zum einen gab es fast alles, zum anderen bekamen die Kinder zum Abschied immer etwas geschenkt, Schokolade oder eine Scheibe Wurst. Kontakt mit anderen Kindern hatte ich wenig. Sonntags ging ich oft in den Kindergottesdienst in die Sennwalder Kirche, aber auch daraus ergaben sich keine weiteren Kontakte, denn über einen schüchternen Besuch an der Grundstücksgrenze ging es nicht hinaus. Vielleicht lag es an den Sprachbarrieren. Bei der Heimreise, als sich alle Kinder wieder trafen, sprachen viele von ihnen so als wären sie direkte Nachfahren Wilhelm Tells.

Am 16. August trat ich die Heimreise nach Dresden an. Trotz großer Sehnsucht nach Hause war mir beim Abschied recht wehmütig ums Herz. Man kann sich in einem Vierteljahr doch einleben und mit den Menschen und dem Umfeld Freundschaft schließen. Auch wusste keiner von uns, ob wir uns wiedersehen. Wie die Rückreise im Einzelnen verlief, weiß ich nicht mehr genau. Auf jeden Fall war es ein tüchtiges Geschnatter, alle erzählten von ihren Erlebnissen. Die Überraschung war groß, als an der Demarkationslinie zwischen Ost und West meine Mutter mich erwartete, sie war wieder irgendwie an dem Transport beteiligt. Zu Hause und in der Schule war ich dann der große Held. Viele meiner Mitschüler hatten mein Gastland mit der Sächsischen Schweiz vor den Toren Dresdens verwechselt und wurden nunmehr erst aufgeklärt.

Der Abschied aus der Schweiz war mir sehr schwergefallen. In nächtlichen Träumen sah ich mich oft noch mit den Kühen auf der Weide. Wenigstens riss der Kontakt zu meinen Pflegeeltern nicht ab. Ob aus eigenem Antrieb oder von meiner besorgten Mutter gedrängt, auf jeden Fall habe ich fleißig geschrieben. Und Menga antwortete immer wieder. Inzwischen war im Februar 1949 die Tochter Annalise geboren.

Man muss mich wohl in guter Erinnerung behalten haben, vielleicht hatte ich mich ordentlich geführt, denn zwei Jahre später wurde ich wieder in die Schweiz eingeladen. Dieses Mal stellten sich die Umstände aber wesentlich schwieriger dar. Inzwischen waren zwei deutsche Staaten gegründet worden, und so einfach losfahren wie heute war nicht möglich. Vor allem organisierte und finanzierte das alles kein Schweizerisches Rotes Kreuz mehr. Wie meine Mutter und die Roduners das alles geschafft haben, dass ich dann im Juli 1950 reisen konnte, kann ich heute nicht mehr rekonstruieren. Jedenfalls konnte ich die DDR in Richtung Westberlin verlassen. Hier kam ich zunächst bei Verwandten unter, und hier erhielt ich von der Konsulatabteilung der Schweizer Militärmission ein Visum. Leider hat meine Mutter aus Angst vor eventuellen Folgen im Zusammenhang mit dem 17. Juni 1953 alle schriftlichen Unterlagen darüber vernichtet.

Mit einem von einer kirchlichen Stelle betreuten kleinen Kindertransport ging es am 18. Juli von Berlin-Friedrichstraße über Hannover weiter gen Süden nach Basel. Bis zur mir bekannten Bahnstation musste ich alleine fahren, der Kondukteur der SBB hat mich jedoch am richtigen Halt abgesetzt. Ich war aber etwas enttäuscht, als niemand am Bahnhof stand und mich abholte. Wenig später habe ich dann erfahren, dass alle bei der Arbeit auf dem Feld waren und es zeitlich eng wurde. Als ich dann eintraf, war die Freude groß. Auch diesmal musste ich natürlich wieder die Kühe hüten. Da ich nun im Hochsommer, also zur besten Heuerntezeit, sowie noch im Frühherbst in Sennwald weilte, konnte ich mit meinen 12 Jahren tüchtig mithelfen, war also nicht nur ein zusätzlicher Esser. Da hieß es immer früh aufstehen, so zwischen 6 und 6.30 Uhr. Langeweile hatte ich nie. Wie schon zwei Jahre zuvor ging ich auch diesmal nicht zur Schule.

Am 8. Oktober kam der Tag der Abreise. In mein Tagebuch, das ich auf Bitten meiner Mutter führte und in das ich viele tägliche Begebenheiten und Ereignisse eintrug, habe ich damals geschrieben: *„Das schöne Schweizerland werde ich niemals in meinem Leben vergessen."* Ich fuhr zunächst zu Verwandten nach München, wo ich einige Tage blieb. Die Fahrt im Interzonenzug nach Leipzig verbrachte ich im Dienstabteil, ohne zu ahnen, dass ich später einmal mein Berufsleben bei der Eisenbahn verbringen würde. Nach einem kurzen Aufenthalt bei der Bahnhofsmission brachte mich ein Triebwagen wieder heil nach Dresden.

Wie angedeutet, riss der Briefkontakt in die Schweiz nie ab. Menga antwortete, wenn die Zeit es ihr erlaubte. So waren beide Seiten immer über die wichtigsten Ereignisse informiert. Inzwischen waren in Egeten zwei Kinder geboren worden, Mengali und Karli. Später übernahm Annalise die Korrespondenz. Auch wurden wir immer wieder nach Sennwald eingeladen, so zur Hochzeit 1964. Aber wir durften ja nicht ausreisen.

Diesen Bericht widme ich in Erinnerung und großer Dankbarkeit meiner Pflegemutter Menga Roduner-Dalbert. Merci vielmals!

*Dieter Seifert * 1938 Dresden*

„... Nie werden wir vergessen, was Familie Schelling für uns getan hat ..."

Den Krieg erlebte ich mit Bombeneinschlägen, Soldaten und Toten – mit Menschen und Unmenschen. Einige einschneidende Erlebnisse blieben in Erinnerung. Aber erst als Erwachsene begriff ich, was meine Mutter und ihre Schwester geleistet hatten. Wir, Tante Otty mit ihrem zweijährigen Sohn und Mutti mit mir, dazu mit allen Strapazen und der ständigen Angst im Nacken, waren von Walddorf im Kreis Johannisburg in Ostpreußen geflohen. Haus und Hof hatten wir verlassen. Mein Vater war bereits 1941 in Russland gefallen.

Bei 20 Grad minus zogen wir von Anfang Januar bis Mitte Februar 1945 hin und her. Unsere wichtigste Habe waren ein Kopfkissen, eine Wärmflasche, ein Nachttopf und etwas Essbares. Wir fuhren mit dem Pferdewagen, gingen zu Fuß und schliefen im Pferdestall. Als wir auf einem LKW durch eine brennende Stadt fuhren, hörten wir in der Ferne schon das Pfeifen und Grollen der Gefechte. Der Himmel war durch die brennenden Häuser rot erleuchtet. Für die Nacht fanden wir noch ein Dach über dem Kopf in einem mit Menschen überfüllten Raum. Auf den Bahnsteigen standen viele zurückgelassene Dinge herum, verschnürt und verpackt. Einmal brachte meine Tante unter ihrer Pelzkappe versteckt zwei Pellkartoffeln mit. Erst wärmten wir Kinder unsere kleinen Hände daran, dann aßen wir die Kartoffeln auf. Später erzählte sie, wie sie an die Kostbarkeiten gekommen ist: Ein Soldat hatte mit ihr seine knappe Ration geteilt.

Ein anderes Mal standen wir in der Dämmerung hilflos und vollkommen erschöpft an einem Waldrand. Motorengeräusche waren zu hören. Mit einer Taschenlampe, die wir vorher neben einem toten Soldaten gefunden hatten, hielten wir die Militärfahrzeuge an. Wir gingen nicht aus dem Weg, wollten lieber überfahren werden. Es gab keinen anderen Ausweg, wir konnten einfach nicht mehr. So landeten wir auf einem Munitionswagen, hockten auf lila Päckchen mit Munition, und kamen wenigstens weiter. Tote lagen herum, oft mit Schnee zugedeckt. Einmal organisierte meine Mutter einen Handkarren, stopfte uns Kinder mitsamt dem Kissen hinein und zog uns mit ihrer Schwester abseits vom großen Treck über das Eis des Frischen Haffs. Wie klug hatten sie gehandelt, das Eis konnte die schwere Last oftmals nicht tragen und viele Menschen mit Hab und Gut brachen ein und fanden den Tod.

Wir mussten Pillau erreichen, den letzten freien Hafen, und kamen so mit dem Schiff nach Gdingen. Mit dem Zug, vielleicht der letzte, von Stolp nach Kolberg, Stettin und Berlin ging es in den Westen. Die Ortsangaben fand ich übrigens später auf einem vergilbten kleinen Zettel wieder. Beim Einsteigen in die Waggons waren Soldaten behilflich. Viele Leute strömten dorthin. Meine Mutter hatte mich bereits in den Waggon gehoben, als sie erschöpft vor ihm zusammenbrach. In panischer Angst nicht mehr mitzukommen bemerkten die Menschen meine am Boden liegende Mutter nicht. Im Gegenteil, sie benutzten sie als Trittbrett. Ich schrie aus Leibeskräften: „*Muttiiiii!*" Ein Soldat gab einen Warnschuss ab und befahl zurückzuweichen. Dann fassten zwei weitere Soldaten meine Mutter an Armen und Beinen und beförderten sie in den Waggon. Nach sechs langen Wochen erreichten wir endlich Recklinghausen. Eine Tante, Mutters Schwester, nahm uns auf: halb verhungert, zerlumpt und mit Ausschlag übersät. Es war der 14. Februar 1945. Hier erlebten wir das Kriegsende: Fliegeralarm, Bomben, Luftschutzkeller.

Irgendwann hängten viele Menschen weiße Bettlaken aus dem Fenster – der Krieg war für uns zu Ende. Panzer rollten durch die Straßen, es wurde aber nicht mehr geschossen. Langsam und scheu kam man aus den Türen hervor. Wir Kinder waren vor allem neugierig. Aus einer Panzerluke warf uns ein schwarzer Amerikaner etwas entgegen und lachte mit seinen blitzweißen Zähnen freundlich zu uns herüber. Es war der von uns allen bald sehr geschätzte Kaugummi, er nahm etwas den Hunger.

Kurz nach Ende des Kriegs wurde geschachert, organisiert und gehamstert. Man fuhr über Land zu den Bauern, aber wir hatten nichts zum Tausch. Meine Mutter bat um ein Messer und um Zutritt zum Schweinestall. Dort schnitt sie noch die guten Stellen von den Kartoffeln ab, die schon im Schweinetrog lagen. Die Bäuerin sah unsere große Not und schenkte uns dann eine Tüte mit guten Kartoffeln. Ich erinnere mich gut, dass meine Tante aus Körnern – die Ähren hatten wir vorher auf einem Stoppelfeld gesammelt – und durch den Fleischwolf gedrehte Kartoffelschalen herrliche Pfannkuchen bereitete. Sie waren für uns die delikatesten der Welt.

Es kam dann die Zeit des Schlangestehens nach Lebensmitteln. Manchmal prügelten sich die Leute. Jemand hatte sich in der Reihe vorgedrängt. Wenn man dann endlich dran war, war nichts mehr vorhanden. Es war eine schreckliche Hungersnot. In dieser Zeit lernte meine Mutter meinen Stiefvater kennen. Alle wollten neu beginnen. Jede Arbeit war recht. Wir begnügten uns mit einem Raum zum Schlafen, Essen und Leben. Und auch die Schulen öffneten wieder ihre Pforten. Ich ging eineinhalb Jahre zur Schule und habe keine Erinnerung daran. Ich war wohl zu kraftlos, die schrecklichen Tage hatten ihre Spuren hinterlassen – ich war unterernährt.

Im Januar 1947 hieß es in Recklinghausen, dass das Schweizerische Rote Kreuz einen Kindertransport vorbereiten würde. Aufgrund meiner gravierenden körperlichen Verfassung war auch ich, damals sieben Jahre alt, dabei. Für viereinhalb Monate sollte ich in die Schweiz verreisen. Am 19. Februar fuhr der Zug ab. Mit einem Pappkoffer, der ein rotes Kleidchen aus einem Fahnenfetzen und ein schwarzes aus Trauerkleidung enthielt, ging ich auf Reisen. Ich trug einen viel zu kurzen Mantel mit weißen Wäscheknöpfen, eine kunterbunte Mütze und Schuhe, die mit Autoreifenstücken besohlt waren. Ständig traten immer wieder weiße Fäden daraus hervor, die abgeschnitten werden mussten.

Zwei Tage waren wir wohl unterwegs. Wir schliefen im Abteil auf dem Boden oder der Bank, zugedeckt mit einer Wolldecke. Beim Halt in Basel wurden wir gründlich abgeseift und auf ansteckende Krankheiten hin untersucht, aber auch mit köstlichen Dingen empfangen: Die ersten Apfelsinenstückchen. Die Kinder marschierten im Kreis und holten sie ab. Wir übernachteten in einer großen Halle. Schmale Gänge trennten uns voneinander. Eine Schweizer Rotkreuz-Schwester in typischer Tracht mit einem Häubchen auf dem Kopf streichelte mich und sprach leise mit mir, vielleicht hatte ich vorher geweint.

Es ging dann in der Schweiz weiter mit der Eisenbahn in Richtung Zürich. Zum ersten Mal sah ich die hohen schneebedeckten Berge. Vier Kinder kamen in den Ort Dettighofen im Kanton Thurgau. Mutter Schelling schaute mich an, blickte auf mein Umhängkärtchen, nahm meine Hand und drückte sie. Sie hatte so wunderbar warme Hände. Wir stapften durch den Schnee und die Dunkelheit. Vor dem Haus ihrer Tochter, Frau Spengler, machten wir Halt, und ich bekam eine wunderschöne Puppe mit Zöpfen in die Hand gedrückt. Mutter Schelling hatte mich als Gast und ihre Tochter die vierjährige Helga aus Herten im Kreis Recklinghausen.

Das warme Bauernhaus und die heiße Milch machten mich munter. Ich schaute hier und da, stellte Fragen, aber ich verstand die netten Leute nicht. Meine Gasteltern vermittelten mir aber schnell Geborgenheit. Sie verwöhnten mich regelrecht mit vielen guten Dingen und kleideten mich von Kopf bis Fuß neu ein. Ihre Tochter, von mir Tante Spengler genannt, strickte und nähte dazu für Helga und mich hübsche Garderobe. Außerdem gab es immer reichlich zu essen, dazu frische Milch, Eier, selbstgebackenes Brot, Nüsse, Rösti und Nudle mit Käs und natürlich die gute Ovomaltine. Diese und vieles andere mehr fand ich auch später in jedem Paket aus der Schweiz. Einmal in der Woche stellte mich Vater Schelling auf die Dezimalwaage, auf der sonst nur das Futter für das Vieh gewogen wurde, und stellte am Ende meines Aufenthalts fest, dass ich etwa sechs Kilo zugenommen hatte.

Morgens wurde die gemolkene Milch in Kannen zur Käserei gebracht, und ich fuhr oft mit. Für dieses Vergnügen kam ich schnell aus den Federn. Besondere Freude bereiteten mir eine Fahrt auf Baumstämmen, auf Langschlitten und eine Kutschfahrt im Schnee. Die Pferde schmückten klingende Glöckchen. Das Leben auf dem Bauernhof hat mich jedenfalls tief beeindruckt. Eine kurze Zeit besuchte ich die Dorfschule. Sie bestand aus vier Klassen, die in einem Raum untergebracht waren. Während die einen still lesen und schreiben übten, lehrte der „Herr Lehrer" die anderen, die Welt kennenzulernen. So zeigte er uns in seinem Garten ein Nest mit einem Rotkehlchen. Ich werde es nie vergessen. Irgendwann stieg ich mit Lehrer Rüti auf den Kirchturm, vorbei an gewaltigem Gebälk und an den Glocken, wobei ich mich gut festhalten musste. Viele Stufen hatte ich geschafft und schnaufte, aber dann konnte ich durch die Schlitze der Turmfenster schauen. Bis über den Bodensee konnte ich sehen. Er sah nur aus wie eine große Pfütze – unvorstellbar – schließlich bin ich ja schon mit dem Schiff auf dem großen See gefahren. Es hat mich sehr beeindruckt. Die bunten Lese- und Rechenbücher durfte ich sogar mit nach Hause nehmen, dazu einige Gesellschaftsspiele aus dem Hause Schelling. Ich besitze sie noch heute, und sie werden gut gehütet.

Ein Faschingsumzug mit seinem lustigen Treiben und den geschmückten Wagen mit Prinzen, Zwergen und Feen gehörte zu den eindrucksvollsten Erlebnissen. Geradezu ein Märchentraum lief vor meinen Augen ab. Ich erinnere mich auch noch an eine Schiffsfahrt auf dem Bodensee und war vollkommen begeistert. Meinen achten Geburtstag konnte ich noch mit Freundinnen in der Schweiz feiern. Es gab Kuchen und kleine Geschenke. Zu Ostern erhielt ich dann noch einen „Schoggi-Osterhasen", der danach lange mein Schulfrühstück in Dettighofen bereicherte.

Die Abreise kam – ich musste mein Paradies verlassen. Der Koffer reichte für die vielen hübschen Kleidchen, Röcke, Schürzen und Pullover nicht aus. Sie wurden in einem eigenen Pappkarton verstaut. Obwohl es im Mai schon recht warm war, zog ich dann doch meinen schönen roten Kapuzenmantel an, weil er keinen Platz mehr im Koffer fand. Dieser Mantel sollte noch lange halten, er wurde verlängert, eingefärbt und nochmals mit einem Besatz dekoriert. Gut erholt – gesund an Leib und Seele – kam ich heim. Meine Mutter erkannte mich erst gar nicht. Ich schrie: „Mutti, Mutti" und machte auf mich aufmerksam. Sie staunte und weinte dann vor Glückseligkeit, mich wieder in die Arme nehmen zu können.

Es war eine lange Zeit der Trennung. Ich hatte die Berge gesehen, eine Schiffsfahrt auf dem Bodensee unternommen – was konnte ich alles meinen neuen Freunden erzählen. Diese Freundschaft musste ich mir aber noch erkämpfen. Meine Eltern waren nämlich inzwischen in einen größeren Häuserblock umgezogen. Von der kleinen Tochter hatten sie erzählt. Nun war ich da! Alle begafften mich. Die „Neue", so schön´ angezogen, mit Schweizer Dialekt, den ich mir angewöhnt hatte. Niemand wollte mit mir spielen. Als ich dann aber eines Tages mit einer sportlich-spielerischen Leistung glänzte, war der Bann schnell gebrochen.

Noch viele Jahre erreichten uns Pakete und Päckchen aus der Schweiz, die uns über die schlimmste Zeit der Entbehrungen hinweghalfen. Nie werden wir vergessen, was Familie Schelling für uns getan hat. Neun Jahre später – ich war bereits in der Lehre – verbrachte ich meinen ersten Erholungsurlaub wieder auf dem Hof der Schellings. Der Sohn Albert hatte inzwischen seine liebenswerte und tüchtige Frau Erika geheiratet und war Vater dreier munterer Kinder geworden, die ich alle ins Herz schloss. Jahr um Jahr fand ich bei diesen lieben Freunden Aufnahme und Erholung.

Auf einer Reise nach Dettighofen lernte ich sogar meinen Mann kennen, und schon bald konnte ich meine Familie mit zwei Kindern vorstellen. „Ferien auf dem Bauernhof" machten wir auch weiterhin bei Schellings. Und als es eng wurde, beherbergten uns Tante und Onkel Spengler im Gasthaus „Frohsinn". Mir selbst ist der Ort zur zweiten Heimat geworden. Es entwickelte sich eine immer engere und herzlichere Freundschaft, sie besteht jetzt schon über 60 Jahre. Die Kinder meiner lieben Gasteltern, die inzwischen 82 Jahre (der Sohn) und 83 Jahre (die Schwiegertochter) sowie 84 Jahre (die Tochter) alt sind, drei Enkel, acht Urenkel und eine Ururenkelin umfassen, habe ich auch im Sommer 2007 besucht. Es war einfach wieder schön.

Ich danke der Familie Schelling aus Dettighofen für all ihre Liebe, Zuwendung und Freundschaft in den vergangenen Jahren. Herzlich gedenke ich Vater Ernst Schelling und Mutter Anna Schelling-Büchler. Mein Dank gilt dem Schweizerischen Roten Kreuz und meine Bewunderung den Schweizer Familien, die in den schweren Nachkriegsjahren so viele deutsche Kinder glücklich gemacht haben (siehe Seite 166).

*Brigitte Lindner, geb. Strang * 1939 Walddorf/Krs. Johannisburg i. Ostpr.*

„... Bei der Durchfahrt durch Brissago kamen mir Tränen und mein Wunsch, noch einmal den See wiederzusehen, ging in Erfüllung."

Im Kriegsjahr 1941 wurde ich, Ursula Grande, in Liegnitz geboren. Mein Vati arbeitete bei der Feuerwehr und meine Mutti war Haushälterin – eine ganz normale Familie. Mein Vati wurde, da er als Feuerwehrmann unabkömmlich war, nicht zur Wehrmacht eingezogen. Eine ganz normale Familie bis zu jenem Tag im Februar 1945, als wir mit 20 kg Gepäck die Stadt verlassen sollten. Im Radio hieß es, dass wir bald wieder zurückkönnten. So musste meine Mutti mit ihrer 78-jährigen Mutter und mir, dazu mit zwei Köfferchen, Abschied von Vati und der Heimat nehmen. Der Zug fuhr irgendwohin – nirgendwohin.

Ich hatte ein Namenschild und eine kleine Blechtasse um den Hals. Eine furchtbare, ewige Zugfahrt mit Angst, immer wieder Angst, Weinen, Sirengeheul, Tiefffliegern, schreienden Kindern, immer wieder stockender Fahrt und mit Luftangriffen begann. Dann plötzlich Stillstand – die Lokomotive war getroffen. Hunger und Durst kamen auf. Wie lange die „Reise" ging, weiß ich nicht. Sie endete schließlich in Zella-Mehlis in der späteren russischen Besatzungszone. Hunderte Menschen kamen mit uns in eine riesige, eiskalte Turnhalle, ausgelegt mit Strohsäcken und Decken.

Ich wurde krank, bekam eine Lungenentzündung, meine Zehen waren halb erfroren und ich hatte Läuse. So waren wir eine der Ersten, die bei einer Familie unterkamen. Es waren nette Leute, und uns wurde ein kleines Zimmer zugewiesen. Alle drei schliefen wir in einem Bett – es war schrecklich. Meine Mutti arbeitete als Waschfrau und half der Familie Richter, die ich und deren Kinder, mit denen ich spielte, in guter Erinnerung behalten habe.

Währenddessen versuchte meine Mutti, unsere Verwandten und Bekannten aus Liegnitz zu finden. Von meinem Vati bekam sie noch anfangs Post aus Liegnitz. Erst meldete er sich über Feldpost von Cottbus – Guben – Berlin. Aber dann war Schweigen. In Dresden lebte zwar noch seine Schwester, aber auch dort meldete er sich nicht. 1960 erreichte uns schließlich die Nachricht, dass er vermutlich 1946 in russischer Kriegsgefangenschaft gestorben ist.

Immerhin konnte meine Mutti mit Hilfe des Suchdiensts ihren Schwiegervater in Dresden finden. Um ihn zu pflegen, zogen wir im Mai 1947 – meine Großmutter war bereits im Vorjahr gestorben – in die zerbombte und kriegszerstörte Stadt. Meine Mutti arbeitete dort im Gesundheitsamt als Reinigungsfrau und so kam ich in die „Hände" von Ärzten. Diagnose: Stark unterernährt, Lungen- und Rippenfellentzündung, Tuberkulose. Ich erhielt zunächst ekelig schmeckende Lebertrankugeln sowie Sondermarken für Pferdefleisch und Butter. Aufgrund unserer Lage konnten wir einen Wohnungsantrag stellen, so dass ich ein eigenes Bett haben würde.

Anfang 1948 erhielt meine Mutti an ihrem Arbeitsplatz die Information, mich eventuell zu einer Kur in die Schweiz schicken zu können. Für sie war das allerdings ein Schlag, ihr einziges Kind in ein fernes, unbekanntes Land, dazu in dieser schweren und ungewissen Zeit, so weit wegzugeben. Fürsorgerinnen und Ärzte redeten mit ihr, trösteten sie, erklärten aber auch die Notwendigkeit einer solchen Kur. Bevor es in die Schweiz ging, wurde ich gründlich untersucht. Dies geschah aber nicht in Dresden, wie ich später erfuhr, sondern in Berlin, wohin die für einen Schweizaufenthalt ausgesuchten Kinder reisten. Obwohl Mutti schon diese Reise schwerfiel, tröstete sie mich. Ich erinnere mich, dass wir auf einem riesigen Bahnhof ausstiegen. Dort standen große Karren voller herrlicher orangefarbener runder Bälle mit einem faszinierenden Duft, den ich bis heute in der Nase habe. Ich sah zum ersten Mal im Leben Apfelsinen.

Nach der Untersuchung fuhren wir wieder zurück nach Dresden. Erwartungsvoll und ängstlich, ausgestattet mit meinem kleinen Köfferchen, brachte mich meine Mutti dann an den Neustädter Bahnhof. Und dann durfte ich vier Monate in die Schweiz, nach Brissago am Lago Maggiore, in das Kinderheim Miralago reisen. Ich glaube, dass wir vier Tage unterwegs waren. Im Zug gab es Brot und Wurststücke und bunt verpackte Käseecken – eine ganze Käseecke für mich allein. Nach der Ankunft in Basel wurden wir alle geduscht, entlaust und meine langen schwarzen Zöpfe gekürzt. Danach wurden wir völlig neu eingekleidet. Das ungute Gefühl – wo sind meine Sachen – empfinde ich noch heute.

Von Basel ging es dann weiter durch den Gotthard-Tunnel in Richtung Brissago. Ich staunte, wie ein Zug durch einen so langen Tunnel fahren konnte. Und dann der Einzug in das große am Hang gelegene Kinderheim mit Blick auf den Lago Maggiore und die riesigen schneebedeckten Berge – es war Frühling. Den herrlichen Anblick habe ich noch heute vor Augen. Das Gefühl, ach könnte das auch meine Mutti sehen, begleitete mich immer, ich habe gebetet und gewünscht, dass ich dies alles meiner Mutti zeigen könnte. Die viele Milch in Schalen, nicht in Bechern wie bei uns gereicht, das gute Essen, die Schokolade mit Schwarzbrot, die täglichen Liegekuren im Freien, eingekuschelt in samtweiche Decken – das alles ist mir unvergesslich.

Ich erinnere mich an den Schlafraum, sechs schöne weiße wohlige Betten für uns. Mein Blick, vorbei an einem großen Holzkronleuchter mit Figuren, war direkt auf den See gerichtet. Nachts sah ich dort viele kleine silberne Punkte, die Fischerboote, wie Tante Ruth mir sagte. Wir unternahmen viele schöne Spaziergänge durch Brissago. Dabei zupfte ich wiederholt von den Lorbeerbüschen ein Blatt ab, das Tante Ruth auf meine Bitte Briefen an meine Mutti beilegte. Ich ging sehr gerne mit ihr spazieren, und sie zeigte und erklärte uns Kindern immer etwas Interessantes.

Dann kam der Tag des Abschieds. Natürlich freute ich mich sehr auf meine Mutti, und ich wollte ihr auch die vielen neuen Sachen, die in einer mindestens ein Meter großen Papiertüte steckten, zeigen. Die Ankunft unseres Transports in Dresden war über das Radio mitgeteilt worden. Doch meine Mutti besaß kein Radio. So stand ich als Letzte mit dem Kleidersack und der Betreuerin tränenüberströmt auf dem Neustädter Bahnhof. Sie brachte mich dann nach Haus. Aber meine Mutti erkannte mich, auch weil sie schlecht sah, erst auf den zweiten Blick, so sehr hatte ich mich äußerlich verändert, und ich war nun wieder kerngesund – ich war wirklich zum zweitenmal geboren worden. Später wurde ich, gewiss auch beeinflusst durch das „Schweiz-Erlebnis", Kindergärtnerin. 43 Jahre lang habe ich diesen Beruf ausgeübt und viele, viele Kinder auf das Leben vorbereitet: Achtung vor Natur und Menschen gezeigt und vorgelebt.

Damals und auch all die Jahre danach erzählte und schwärmte ich von der Schweiz. So zieht sich diese Reise voll Dankbarkeit und Glück durch mein gesamtes Leben. Gleich nach der Wende fuhr ich mit einer Freundin an den Lago Maggiore. Bei der Durchfahrt durch Brissago kamen mir Tränen und mein Wunsch, noch einmal den See wiederzusehen, ging in Erfüllung (siehe Seite 67 bis 69 u. Seite 170).

*Ursula Heilig, geb. Grande * 1941 Liegnitz*

„... Am nachhaltigsten habe ich in Erinnerung, dass meine neue Familie mich behütet und geliebt hat ..."

Ich bin 1940 in Düsseldorf geboren. Mein Vater wurde 1942 von der Wehrmacht eingezogen und kam auch gleich an die russische Front. Meine Mutter erhielt 1943 die Nachricht, dass mein Vater nach einem schweren Kampfeinsatz nicht mehr gesehen wurde. Sie musste davon ausgehen, dass er nicht mehr am Leben war. Während des Kriegs waren meine Mutter und ich in Thüringen evakuiert. Wir kamen zu einer Bauernfamilie. Meine Mutter arbeitete den ganzen Tag auf dem Feld. Ich erinnere mich, dass die Verpflegung sehr schlecht war und wir oft Hunger hatten. Aber Gott sei Dank gab es keinen Fliegeralarm.

Ende 1944 gingen wir wieder nach Düsseldorf zurück und bezogen unsere alte Wohnung, die zweimal von Bomben teilzerstört war. Die Zimmer wurden behelfsmäßig repariert, blieben aber immer feucht und kalt. Ich war in der Zeit oft erkältet und litt an Mittelohrentzündungen. Meine Mutter musste mit 91 Reichsmark monatlich über die Runden kommen, bis sie schließlich Arbeit in einer Süßwarenfabrik fand und so mit dem Lohn unsere Haushaltskasse aufbessern konnte. Von Nachbarn hörte meine Mutter eines Tages, dass Kindern, die an Unterernährung litten, die Möglichkeit geboten würde, sich in der Schweiz zu erholen. Organisiert würden diese Reisen vom Schweizerischen Roten Kreuz. Viele Familien seien dort bereit, für rund drei Monate ein Kind aus Deutschland aufzunehmen. Meine Mutter bemühte sich, auch für mich eine solche Erholungsreise bewilligt zu bekommen. Nachdem die Anträge genehmigt waren, erhielten wir vom Gesundheitsamt eine Aufforderung zur Untersuchung. Der Arzt stellte bei mir starke Unterernährung und Blutarmut fest und befürwortete einen Schweizaufenthalt. Ich konnte mir unter dieser Reise zu fremden Leuten und in ein fremdes Land aber nichts vorstellen und fürchtete mich vor einer längeren Trennung von meiner Mutter.

Im April 1948 war es dann so weit, ein kleiner Pappkoffer wurde mit meinen wenigen Kleidungsstücken gepackt. Als Gastgeschenk legte meine Mutter Süßigkeiten wie Nappa, Eisweiwürfel und Brausetütchen bei, Leckereien, die in der Fabrik, in der meine Mutter arbeitete, hergestellt wurden. Am Hauptbahnhof versammelten sich die Kinder für die Reise. Wir bekamen ein Pappschild mit unseren Daten umgehängt. Im Abteil wurden wir liebevoll betreut, und jedes Kind erhielt einen Platz zugewiesen. Ich weiß noch, dass ich zum Fenster eilte, um meiner Mutter zu winken, leider habe ich sie nicht mehr gesehen. Im Zug wurden wir mit Butterbroten und heißem Kakao versorgt, und irgendwann sind wir vor Erschöpfung eingeschlafen.

Als wir am Badischen Bahnhof in Basel ankamen, gab es eine große Aufbruchstimmung, und alle waren gespannt, was jetzt wohl passieren würde. Freundliche Frauen nahmen uns in Empfang und versorgten uns mit Essen und Trinken. Hier wurden wir wieder von Ärzten untersucht. Vor meiner Abreise war ich mit meinen Rollschuhen gefallen und hatte mir eine Schramme am Kinn zugezogen, diese nahmen sie nun genau in Augenschein. Die Wunde wurde neu versorgt und man klebte mir ein großes Pflaster darauf. In Basel wurde uns ein zweites Pappschild mit der Ferienadresse um den Hals gelegt, und danach verteilten Mitarbeiter des Schweizerischen Roten Kreuzes alle Kinder auf verschiedene Züge. Meine Ferienadresse war Bettlach, ein kleines Dorf im Kanton Solothurn. Mit mir fuhren noch andere Kinder in das Dorf. Hier wurden wir von einer Gemeindeschwester abgeholt und kamen in den Pfarrsaal, wo die Familien auf ihre Gastkinder warteten. Meine Gastfamilie war mit ihrer Tochter gekommen und diese sagte sofort: „Des Meitschi mit dem große Pflaschter soll zu üs cho!" – Das Kind mit dem großen Pflaster soll zu uns kommen – und so wurde ich also von Hilda und Hermann Baltisberger mit Tochter Eva aufgenommen. Zur Familie gehörte noch der Ätti, der Opa.

Meine Gasteltern kannte ich ja jetzt, aber ihre Sprache verstand ich nicht. In der ersten Nacht konnte ich vor Heimweh kaum einschlafen, und plötzlich standen die Gasteltern an meinem Bett und sagten: „Is des es herzigs Meitalie". Nach einer Woche verstand ich schon etwas Schwyzerdütsch, und sie hatten an meinem Bett gesagt, ich sei eine herziges Mädchen. Es fiel mir nicht schwer, mich in diese Familie einzufügen. Für mich war es großartig, jetzt auch einen Vater zu haben. Ich nannte beide auch Vati und Mutti, wie es Eva tat, denn zu Hause nannte ich meine Mutter Mama. In den ersten Tagen bekamen wir laufend Besuch, alle wollten das arme Kind aus Deutschland sehen, und jeder brachte ein kleines Geschenk mit. Die Großmutter schenkte mir Haarschleifen, Tante Anna neue Strumpfhosen, von Onkel Werner bekam ich einen Rucksack, und die Freundinnen von Eva schenkten mir gute Schweizer Schokolade und Knörzli, Stangenschokolade. Ich konnte gar nicht verstehen, warum man so einen Wirbel um mich machte, muss aber gestehen, dass es mir bald gefiel. Hier habe ich zum ersten Mal Joghurt, weißen Stuten, „gute Butter" und jeden Tag frisches Obst gegessen. Alle erinnern sich, dass ich die Butter fingerdick aufs Brot gelegt habe.

Ich lernte in der Schweiz Fahrrad fahren, schwimmen und Berge zu besteigen, wir machten viele Ausflüge in die nähere Umgebung, und ich konnte mich an den schönen Häusern mit Blumen an den Fenstern nicht sattsehen. Ich habe in dem fremden Land bei fremden Leuten eine wunderschöne Zeit meiner Kindheit verbracht und bin noch heute sehr, sehr dankbar für die große Hilfsbereitschaft der Schweizer Bevölkerung. Am nachhaltigsten habe ich in Erinnerung, dass meine neue Familie mich behütet und geliebt hat. Die drei Monate waren sehr schnell vergangen und ich musste Abschied nehmen. Nun wurde wieder der Pappkoffer gepackt, diesmal mit schönen neuen Kleidern, einem Wintermantel und warmen Winterschuhen. Zusätzlich gaben sie mir noch einen Karton mit Lebensmitteln mit. Zwischen 1949 und 1953 wurde ich dann privat für jeweils fünf Monate eingeladen und bin auch dort zur Schule gegangen. Die Kosten, einschließlich der Reise, hatten sämtlich meine Pflegeeltern übernommen.

Im Jahre 1950 hat meine Mutter einen Kindertransport bis Basel/Badischer Bahnhof begleitet und hat dabei die Familie Baltisberger in Bettlach kennengelernt. 1952 besuchten sie uns in Düsseldorf. Sie waren aber so traurig und entsetzt, die Ruinen und zerstörten Straßenzüge zu sehen und wollten nicht noch einmal kommen. Mein Vati ist im Alter von 62 Jahren gestorben und meine Mutti wurde 95 Jahre alt. Ich habe sie fast jedes Jahr in Bettlach besucht und sehe Eva, ihre Kinder und ihre Enkelkinder auch noch regelmäßig.

1990 folgten mein Mann und ich einem Aufruf unserer Zeitung, der „Rheinischen Post", Gasteltern für tschernobylgeschädigte Kinder zu werden. Wir bekamen ein 10-jähriges Kind und eine Betreuerin aus Mogilev/Weißrussland. Mit Marina, der Betreuerin, haben wir bis heute Kontakt, und sie kommt jedes Jahr vier Wochen zu uns nach Düsseldorf (siehe Seite 164 bis 165).

*Karin Milde, geb. Haberland * 1940 Düsseldorf*

„... Meine Schwester und ich sprechen immer wieder und gerne voller Dankbarkeit von unseren Gasteltern, den beiden Familien Schneeberger ..."

Wir vier Kinder lebten 1948 mit den Eltern seit zwei Jahren in einer teilzerbombten Wohnung in der Kaiserallee 26, heute Bundesallee, in Berlin-Wilmersdorf. Nachdem die Familie im Krieg nach Thüringen evakuiert worden war, wurde das Wohn- und Geburtshaus im Herbst 1943 durch Brandbomben zerstört. 1946 kehrten wir nach Wilmersdorf in den nunmehrigen britischen Sektor zurück. Mein Vater hatte vom dortigen Bezirksamt die erwähnte Wohnung zugewiesen bekommen.

Meine Schule in 400 Metern Entfernung war wie durch ein Wunder weitgehend heil geblieben. Im Winter war es dort warm und wir erhielten „Schulspeisung", in der damaligen Zeit für die Ernährung aller Kinder unentbehrlich, denn zu Hause mangelte es an allem, vor allem an Nahrungsmitteln und einer Heizung. Der Weg zur Schule führte uns Kinder an zahlreichen Ruinen vorbei. In der Kaiserallee, uns gegenüber, war ein ganzer Straßenblock von der Trautenaustraße bis zur Güntzelstraße unbewohnbar. Auf „unserer" Seite stand nur jedes zweite Haus. Und selbst die bewohnbaren Häuser waren mehr oder weniger stark zerstört. Von unserem Wohnhaus stand vom Vorderhaus nur das Erdgeschoss bis zur zweiten Etage. Die dritte und vierte Etage waren Ruine. Wir wohnten im rechten Seitenflügel in der dritten Etage, darüber spannte sich ein Notdach sowie das ausgebrannte vierte Geschoss. Unsere Wohnung erreichte man über eine schmale Wendeltreppe, den ehemaligen Dienstbotenaufgang, und kam direkt in der Küche an.

Die Lebensmittelversorgung im Jahr „drei" nach Beendigung des furchtbaren Kriegs war sehr knapp und reichte gerade so zum Überleben. Unsere Mutter war aber gut informiert, wenn es mal was Zusätzliches für die sechs hungrigen Mäuler gab. So verteilten beispielsweise 1946 schwedische Hilfsorganisationen die bekannte „Schwedenspeise". Die amerikanischen CARE-Pakete kamen erst später. So blieben uns nur die Lebensmittel, die man auf Marken erhielt. Leider hatten wir auch keine Bekannten in Berlins Umgebung auf dem Land, wo etwas zu hamstern gewesen wäre.

Eines Tages hörte unsere Mutter von Reisen besonders bedürftiger Berliner Kinder in die Schweiz. Mein Vater, eifriges Mitglied des Deutschen Alpenvereins, hatte bei seinen Wanderungen in den 1920er- und 1930er-Jahren eine Familie Schneeberger aus Baden im Kanton Aargau kennengelernt. Ihre

Adresse hat er über all die nachfolgenden Jahre aufbewahrt. Dorthin schrieb nun meine Mutter mit der Bitte um Hilfe und konnte nach einigen Monaten mir und meiner siebenjährigen Schwester Trude mitteilen, dass wir in das Land, wo „Milch und Honig" flossen, fahren konnten. Mit einem „Schweizer Kinderzug" ging es im Frühjahr 1948 in Richtung Basel. Die Mutti, Säuglingsschwester von Beruf, hatte erreicht, dass sie mitfahren konnte, um Kinder während der Fahrt zu betreuen. Am 11. Juni 1948 kam unser Zug im Badischen Bahnhof in Basel an. Mutti durfte zu ihrem Leidwesen aber nicht auf den schweizerischen Teil des Bahnhofs und musste umkehren. Die Kinder passierten die hermetisch abge-sperrte Grenze zur Schweiz, bekamen ein Schild mit Nummern und Namen umgehängt und wurden in Basel verpflegt und entlaust.

Am nächsten Tag wurden wir, verteilt auf die einzelnen Kantone, in kleineren Gruppen mit Beglei-tung auf die Weiterreise geschickt. Meine Schwester und ich fuhren bis Baden im Kanton Aargau, wo uns „Oma" und „Opa" Schneeberger erwarteten. Diese lebten in Ennetbaden in einer ruhigen, idyllisch am Hang gelegenen Wohngegend. Hier gab es keine Ruinen, hier war alles grün und friedlich. Ich erinnere mich noch sehr gut an unser erstes Mittagessen in der Schweiz. Vor dem Hauptgang gab es frisches Obst, so viel, dass uns die Augen übergingen. Dann kam die Hauptspeise mit Gemüse und Fleisch, eine Portion, die wir von Zuhause mit sechs Personen nicht kannten. Und schließlich gab es noch einen Nachtisch mit Käse oder wahlweise Obst. Was machten wir für Augen, das hatten wir in unserem Leben noch nicht gesehen.

Nach zwei Tagen musste ich dieses Paradies verlassen und reiste zu den Kindern von Oma und Opa Schneeberger, während meine Schwester dort verblieb. Da ich mich mit meinen acht Jahren schon groß fühlte, erklärten mir Schneebergers die Bahnfahrt. So fuhr ich mutterseelenallein zunächst nach Solo-thurn. Auf dem gegenüberliegenden Bahnsteig stand der Zug, in den ich umsteigen musste. Als Junge sah ich sofort, dass in der Schweiz keine Dampflokomotiven vor den Zügen standen, sondern saubere und moderne Elektroloks. Nach dem Umsteigen ging es nach Herzogenbuchsee im Kanton Solothurn, wo mich das Ehepaar Schneeberger jun. erwartete, meine „Eltern" für drei Monate. Die Schneebergers hatten eine 18-jährige Tochter, für mich als 8-Jährigen eine Erwachsene. Ich schlief in einem eigenen Zimmer. Schon am ersten Morgen erhielt ich „Nachhilfeunterricht" im Bettenmachen. Die Fenster hatte ich täglich nach dem Aufstehen zu öffnen, und die Bettdecke musste aufs Fensterbrett zum Lüften ausgebreitet werden. Das Kopfkissen kam ordentlich durchgeschüttelt auf einen Stuhl zum Lüften. Nach dem Frühstück wurde die Bettdecke sorgfältig aufs Bett gelegt und glatt gestrichen und die Fens-ter wieder geschlossen.

Vom ersten Tag an gaben mir meine Gasteltern 50 Rappen Taschengeld am Tag, genauso viel kostete auch eine kleine 50 Gramm Tafel Schokolade. Ich kaufte jeden Tag eine, herrlich! Bald ermahnte mich meine Gastmutter, diese 50 Rappen nicht immer gleich auszugeben, sondern sie zu sparen, um später etwas Wertvolles zu kaufen. Nun gab es keine Schokolade mehr. Ich lernte Sparen! Das Schweizer Frühstück mit Brot, Milch, Ovomaltine, Käse und Honig, so wie es mir in Berlin gesagt wurde, war tatsächlich etwas Einmaliges. Das gab Kraft bis zum Mittag. Ich muss ordentlich zugenommen haben und mir schmeckte alles.

In Küche und Haushalt der Schneebergers arbeitete eine Italienerin namens Chiara. Sie servierte uns das Mittag- und Abendessen, und weil sie nur Italienisch verstand, sprachen Schneebergers mit ihr in ihrer Muttersprache. Dabei lernte ich auch das eine und andere Wort Italienisch. Sonntags hatte Chiara Ausgang. Hin und wieder ging ich mit und lernte ihre Landsleute kennen. Beim ersten Restau-rantbesuch griff ich zu einem Ei, wie ich glaubte, einem „kostenlosen", welches zur Dekoration auf dem Tisch lag. Aber Chiara musste es bezahlen. Das bekam ich am nächsten Tag von Frau Schneeberger gleich „aufs Butterbrot" geschmiert. Nie wieder habe ich ein „herrenloses Ei" in einem Lokal ungefragt vertilgt!

Am 2. Juli 1948 beging ich „in aller Stille" meinen neunten Geburtstag. Da ich noch keine Freunde hatte, fiel eine Geburtstagsfeier aus; ich wurde aber mit einem Napfkuchen mit Kirschen beschenkt. Inzwischen hatte sich aber für mich etwas Unvorhergesehenes ereignet, von dem ich freilich keine Kenntnis hatte und auch die Zusammenhänge nicht verstehen konnte. Am 13. Juni 1948 war ich in Herzogenbuchsee eingetroffen. Nur 11 Tage später, am 24. Juni 1948, hatten die Sowjets alle Kontrollpunkte von Berlin in die amerikanische Zone, nach Bayern und Hessen sowie in die britische Zone nach Niedersachsen geschlossen, die Blockade Berlins begann. Kein Zug, kein Auto und auch kein Bus konnten von und nach Berlin fahren. Meine Gasteltern sahen sich wiederholt besorgt an und sprachen miteinander, was ich allerdings nicht verstand. Sagten sie sich: „Sollen wir den Berliner Jungen auf Ewigkeit hier behalten?"

Schließlich wurde es August und die Kinder in Herzogenbuchsee mussten zur Schule. Ich auch! So lernte ich ein ausgezeichnetes Schwyzerdütsch, wie ich glaubte. Als mich aber einmal ein Autofahrer nach dem Weg fragte und ich ihm Auskunft gab, sagte er sofort: „Du bist ein Deutscher!" Also war ich doch nicht so perfekt. In der Schule lernte ich rechnen, schreiben, lesen und singen, darunter bekannte deutsche Kinderlieder, die meine Berliner Lehrer aus unbegreiflichen Gründen mir nie beigebracht hatten. Meine Schweizer Lehrerin sagte mir allerdings, dass meine Schrift katastrophal sei, weshalb ich Schönschreiben üben musste. Wir machten unsere Schularbeiten in der Schule, wie es der Name sagt. Nur ich „durfte" ein Schreibheft, ein Tintenfass und einen Federhalter mit nach Hause nehmen, wo ich tagelang drei Seiten Schönschrift übte. Es war eine schreckliche Arbeit, aber es hat mir geholfen.

Im September 1948 waren die drei Monate vorbei und die Heimreise rückte näher. Einige Zeit davor hatten mich meine Gasteltern gefragt, welche Geschenke ich mit nach Berlin nehmen möchte. Ich schrieb so rechtzeitig, dass der Wunschzettel meiner Mutter noch berücksichtigt werden konnte: Stoff für eine Kittelschürze, zwei Glühlampen, Strümpfe für meine Schwestern und Süßigkeiten. So fuhren wir mit dem Auto, einem Adler mit mich sehr beeindruckenden Winkern, nach Solothurn. Dort wurde ich eingekleidet, erhielt ein neues Paar Schuhe, einige Hemden und einen schicken Anzug, bestehend aus einer ordentlichen Anzugjacke, einer kurzen Hose, einer Knickerbocker (Kniebundhose). Der wurde gleich zwei Nummern zu groß gewählt; ich sollte ihn tatsächlich noch jahrelang tragen.

Bei der Rückreise Mitte des Monats traf ich wieder meine Schwester Trude. Sie erzählte mir, dass sie oft fürchterliches Heimweh gehabt hätte, während ich darunter gar nicht gelitten habe. Unser Zug hatte die französische und die amerikanische Zone durchquert und erreichte bei Hof in Oberfranken die sowjetische Besatzungszone. Alle Kinder mussten aussteigen und durch ein kleines Kontrollhäuschen gehen. Wir hatten natürlich Angst um unsere im Zug gebliebenen Süßigkeiten und Geschenke. Nach langer Wartezeit konnten wir wieder einsteigen. Hurra, alle Süßigkeiten waren noch vorhanden! Der Zug fuhr dann langsam weiter in Richtung Leipzig. Er hielt kurz vor dem Bahnhof, und bald kamen, weil die sauber aussehenden Schweizer Wagen auffielen, Leipziger Kinder, denen wir Bonbons zuwarfen. Es wurden immer mehr, bis die Polizei schließlich einschritt und die Kinder von den Gleisen vertrieb. Auf einem abgesperrten Bahnsteig machte dann der Zug Halt und wir wurden vom Deutschen Roten Kreuz mit wässriger Graupensuppe in einem scheußlich schmeckenden Pappbecher versorgt. Das schmeckte natürlich uns „Schweizer Kindern" nicht, und viele warfen die Pappbecher achtlos auf die Gleise. Auf dem gegenüberliegenden Bahnsteig standen Fahrgäste, die sicherlich gerne davon gegessen hätten.

Nach einer Bahnfahrt von zwei Tagen und einer Nacht kam der Zug in Berlin an, und wir konnten unsere Eltern und Geschwister umarmen. Diese wunderten sich über unsere „seltsame Sprache", also konnten wir doch Schwyzerdütsch! Wie ich heute weiß, hatte das Internationale Rote Kreuz gegenüber den Sowjets durchsetzen können, dass die Schweizer Kinderzüge trotz der Blockade von und nach Berlin fahren konnten, auch unser Zug.

Aber mit Milch und Honig war es nun vorbei! In Berlin gelang die Versorgung nur noch mit Hilfe amerikanischer und britischer Flugzeuge. Um Gewicht zu sparen, transportierten die Flugzeuge nur getrocknete Produkte. Wir erhielten keine Frischmilch, sondern nur Milchpulver, dazu Trockenobst und Trockengemüse sowie Pomm, ein Kartoffelpulver, welches mit Wasser genießbar gemacht werden musste. An Fleisch war gar nicht zu denken. Da auch der Winter 1948/49 sehr kalt war, froren in unserem Haus die Rohrleitungen ein. Mutti und Vati mussten das Wasser in Eimern von einer Straßenpumpe holen und drei Etagen hochschleppen. Es standen uns noch viele, viele Hungermonate bevor. Am 12. Mai 1949 hoben die Sowjets endlich die Blockade auf, und wir konnten wieder Gemüse, Kartoffeln, Obst, Fisch und Fleisch kaufen. In den acht Monaten, in denen meine Schwester und ich die Berlin-Blockade miterlebten, hatten wir aber alle Pfunde, die wir uns in der Schweiz angefuttert hatten, verloren, aber wir hatten überlebt!

Meine Schwester und ich sprechen immer wieder und gerne voller Dankbarkeit von unseren Gasteltern, den beiden Familien Schneeberger, denen wir heute den Dank nicht mehr ausrichten können. Warum haben wir uns nicht vor Jahren, als sie noch lebten, bei ihnen bedankt? Wir danken deshalb auch den vielen Schweizern und dem Schweizerischen Roten Kreuz, die diese Kinderzüge nur wenige Jahre nach diesem schlimmen Weltkrieg durchführten und uns einen so schönen Aufenthalt in dem Land, wo „Milch und Honig fließen", ermöglichten (siehe Seite 170).

*Gunter Wieden * 1939 Berlin*

„... Ich habe mich mit großer Dankbarkeit von Menschen verabschiedet, die mit ihrer selbstlosen Hilfe über viele Jahre Hoffnung und Freude in unsere Familie brachten ..."

Ich wurde im September 1945 als sechstes Kind meiner Eltern in Hertwigswalde im Kreis Frankenstein in Niederschlesien geboren. Mein Vater Artur Volkmer war vor meiner Geburt noch zum „Volkssturm" eingezogen worden und geriet nach Kriegsende in polnische Gefangenschaft. Meine Mutter Johanna Volkmer wurde im Februar 1946 mit uns sechs Kindern vom elterlichen Hof vertrieben. Wir fanden danach eine Bleibe im Dorf Wöstendöllen bei Visbek/Kreis Vechta im westlichen Niedersachsen. Meine Mutter und meine Geschwister waren gezeichnet von der Vertreibung, vom Zurücklassen des großen Hofes und des geliebten Dorfes, von schlimmen Erfahrungen mit den Polen, von der quälenden Ungewissheit über den Verbleib meines Vaters, von der ungewissen Zukunft und natürlich vom täglichen Kampf ums Überleben. Von dieser bedrückenden Stimmung war meine frühe Kindheit geprägt.

Dann das Erlebnis von der Heimkehr meines Vaters nach fünf Jahren Gefangenschaft. Für ihn hatten wir sechs Kinder mit meiner Mutter täglich auf Knien gebetet; in meiner Vorstellung musste es ein wunderbarer Mann sein. Doch welche Enttäuschung: Ein ausgemergelter, zerknirschter und ungepflegter Mann nimmt mich voll Freude zum ersten Mal auf seinen Arm! Ich kann mich noch sehr gut an meine Abneigung und an die große Angst vor ihm erinnern – wie schlimm muss meine Reaktion für meinen Vater gewesen sein. Gleichzeitig muss ich aber dazu sagen, wie sehr ich ihn dann in meinem Leben geschätzt und geachtet habe. Seinen Mut und seinen starken Willen konnte man ihm nicht nehmen. Gemeinsam mit unserer Mutter, die aus ihrem starken katholischen Glauben immense Kraft schöpfte, hat er uns Kindern mit viel Fleiß allmählich wieder ein Zuhause geschaffen.

Ich war damals sehr häufig krank, litt an Vitaminmangel, Unterernährung und verschiedenen anderen Leiden. Eines Tages wurde ich von Ärzten untersucht und es hieß, wie man mir später sagte, dass ich aufgrund meines schlechten Gesundheitszustandes zu einer Erholung in die Schweiz reisen könnte. Was darunter zu verstehen war, wusste ich natürlich nicht. Ich erinnere mich aber, dass meine Mutter sehr oft zu Behörden ging, vermutlich um Papiere für die Reise zu besorgen. Die weiteren Umstände sind mir nicht bekannt, aber sehr gut kann ich mich an verschiedene Tagesausflüge mit anderen Kindern erinnern, wohl um zu prüfen, ob eine Trennung von Eltern und Geschwistern überhaupt möglich ist. Meine Mutter, die beim Abschied oft traurig war, sagte mir jedes Mal, ich müsse ganz lieb sein und dürfe nicht weinen. Dabei haben mir diese Fahrten immer gut gefallen, es gab Spielzeug und es wurde viel gesungen.

Und dann war es so weit, eine ganz weite Fahrt mit dem Zug wurde mir angekündigt, und Annemie, meine liebste, vierzehn Jahre ältere Schwester, die zu der Zeit im etwa 160 Kilometer entfernten Recklinghausen arbeitete, würde mich am Bahnhof abholen. Am 9. oder 11. Januar 1952 brachten meine Mutter und mein Bruder mich mit einem kleinen Pappkoffer per Fahrrad zum vier Kilometer entfernten Bahnhof Goldenstedt. Beide weinten die ganze Zeit. Ich wunderte mich darüber, da ich mich doch auf meine Schwester Annemie freute.

Ich kann mich noch an die vielen Kinder im Zugabteil erinnern, in dem wir auch geschlafen haben. Während der Fahrt verteilten Rotkreuz-Schwestern kleine Geschenke, für mich eine große Freude. In Luzern nahm mich dann nicht meine Schwester, sondern eine andere Frau in die Arme und war sehr freundlich zu mir. Durch die „Probefahrten" war ich es ja mittlerweile gewohnt, schnell Zutrauen und Vertrauen zu fremden Personen zu fassen. Auch kann ich mich an ein Schiff erinnern, mit dem es über den Vierwaldstädter See nach Stans ging und mit der Bahn weiter nach Wolfenschießen im Kanton Nidwalden, immer mit dem Versprechen, Annemie käme noch.

Ich weiß noch genau, dass mich Tante Christen, so nannte ich sie, an der Hand nahm und wir in ein Zimmer gingen. Ich sah einen großen bunt geschmückten Tannenbaum. Das beeindruckendste war aber ein Kartoffelkorb voller Apfelsinen und der Hinweis, alle seien für mich. Bislang war schon eine Apfelsine eine Rarität, und die wurde zu Hause noch durch sechs geteilt. Dass meine Schwester nicht mehr kam, muss mich wohl nicht mehr beschäftigt haben. Ich lernte die sechs Kinder – alle älter als ich – von Tante und Onkel Christen kennen.

Mit Clärli, einem Mädchen meines Alters aus der Nachbarschaft, freundete ich mich ganz schnell an. Über viele Jahre hinweg hielt ich mit ihr Briefkontakt. Ich kann mich auch gut an den Spaß mit vielen verkleideten Kindern zu Karneval erinnern. Ich trug ein buntes langes Kleid mit einem lustigen Schirm. Onkel Christen war übrigens bei der Bahn angestellt und Mitglied der Feuerwehr. Das Wohnhaus stand direkt neben den Bahngleisen. Mit den Ohren legten wir Kinder uns auf die Gleise, um zu hören, wann ein Zug kam. Wir wussten, wir durften es nicht, und bekamen deshalb oft Schimpfe.

Durch die Jahreszeit bedingt, gab es in Nidwalden viel Schnee und in den Bergen wurde Schlitten und Ski gefahren. Noch heute begeistere ich mich für die Alpen. Diese vielen neuen und schönen Eindrücke, die ganz liebe fürsorgliche Art von Tante Christen haben den Wunsch, meine Eltern und Geschwister zu sehen, ganz schnell in den Hintergrund gedrängt. Der schlimme Juckreiz an den Fußsohlen und Handflächen, unter dem ich auch litt, hörte auf, und den entsetzlichen Lebertran gab es nun nicht mehr. Ich weiß noch, dass ich immer viel essen sollte. Ich musste viel Ovomaltine, ein vitaminhaltiges Getränk, trinken. Gerne mochte ich den frischen Apfelkuchen nach jedem Mittagessen und natürlich immer wieder die Apfelsinen.

Tante Christen arbeitete nachmittags in einer Heißmangel. Dort durfte ich mit anderen Kindern die Taschentücher falten, es musste ganz genau Ecke auf Ecke gelegt werden, wobei die rechte Seite zwingend außen sein musste. Wer von uns Kindern am meisten zusammengelegt hatte, bekam eine Belohnung – ich bekam oft eine. Die Tante rauchte, aus meiner Sicht durften das doch nur Männer: wieder ein besonderer Eindruck für mich. Häufig haben wir mit ihr und vielen Kindern Wanderungen in den Bergen gemacht, unter anderem auch nach Engelberg. Auf einer großen Decke wurden dann ganz viele Lebensmittel ausgebreitet und gegessen. In einem Gasthaus bekamen wir Schokolade, für mich eine unglaubliche Sache.

All‘ die bedrückende Zeit in Deutschland war nun in den Hintergrund gerückt. In den Jahren zuvor hatte ich mit meinen Geschwistern ständig die Aufgabe, jedes bisschen Schafwolle von den Stacheldrahtzäunen zu zupfen, Brennholz zusammenzutragen und gegebenenfalls Getreideähren, Beeren, Kartoffeln und Hühnerfedern zu sammeln. Alles musste in Schürzen versteckt über eine Leiter von außen in unsere Zimmer gebracht werden, da wir alle Angst vor dem großen Schäferhund hatten, der absichtlich an der Treppe im Haus platziert wurde, damit der Bauer unsere Schürzen kontrollieren konnte. Wir waren nach der Vertreibung gegen seinen Willen bei ihm einquartiert worden. Und jetzt – das liebevoll umhütete Leben in der Schweiz, welch‘ ein Kontrast.

Ich weiß noch, dass eines Tages eine Frau kam und mich fragte, ob ich noch bleiben möchte, weil ich noch nicht richtig gesund sei und noch nicht genug gegessen hätte. Später erfuhr ich, wie schwer meinen Eltern ihre Zustimmung zur Verlängerung gefallen ist. Wie groß muss die Not meiner Mutter um meine Gesundheit gewesen sein. Später erzählte sie mir, wie sehr sie sich Geld für eine Fahrkarte in die Schweiz gewünscht hätte. Auch meine Geschwister der Jahrgänge zwischen 1931 und 1941 hätten sehr unter meiner Abwesenheit gelitten, doch durch ständigen Briefkontakt wurde allen versichert, wie gut es mir ginge. Als meine eigenen Kinder zwischen sechs und sieben Jahre alt waren, wäre es für mich unvorstellbar gewesen, von ihnen so lange getrennt zu werden. Wie muss meine Mutter gelitten haben!

Durch die Verdoppelung des Aufenthaltes wurde ich im April 1952 in Wolfenschießen eingeschult, auch daran kann ich mich gut erinnern. Meine Freundin Clärli und ich waren auch in der Schule unzertrennlich. Aus meinem Hochdeutsch wurde ein richtiges Schwyzerdütsch. Hier ein Lied aus meiner Schweizer Schulzeit: „*Dort oba uf a Bargli, da staat a wisse Geiß, ich hab es wulla melka, da haut sie mir grad eins! Holla duli, dula duli, holla …*“ So jedenfalls ist das Lied in meiner Erinnerung geblieben. Von meiner Lehrerin erhielt ich ein Bild geschenkt. Auf der Rückseite stand: „Dem lieben Bärbeli von Deiner Schweizerlehrerin J. Gärwiler. Bleib brav!“

Nach insgesamt sechs Monaten kam dann der große Abschied von vielen liebgewonnenen Menschen. Auf dem Luzerner Bahnhof haben Tante Christen und ich uns ganz fest gedrückt. Ich weiß, dass ich sehr aufgeregt war, weil ich mit einem riesengroßen Koffer auf die Reise geschickt wurde, in dem sich ganz viele Sachen für mich und meine Familie befanden und natürlich ganz viel Ovomaltine. Das alles durfte ich mitnehmen und viele Geschenke verteilen; welch großes Glück hatte ich doch!

Mit einem großen Schild um den Hals, eine sehr traurige Tante Christen zurücklassend, wurde ich wieder in den Zug gesetzt. Durch die Verlängerung meines Aufenthalts gab es keinen gemeinschaftlichen Kindertransport mehr. Ich weiß noch, dass ich von Schaffner zu Schaffner weitergereicht wurde. Durch die Uniform hatten sie Ähnlichkeit mit meinem lieben Onkel Christen. Bei Zwischenaufenthalten nahmen mich Rotkreuz-Schwestern in ihre Obhut. In Vechta angekommen, weiß ich noch, wie ich meine Mutter nicht mehr loslassen wollte, obwohl mich alle anfassen wollten, und alle amüsierten sich über meine Aussprache.

Meine erfolgreiche, eindrucksvolle und wunderbare Erholungsreise war hiermit beendet, aber viele Briefe und Pakete erhielten wir im Laufe der folgenden Jahre von der mir so liebgewonnenen Familie Christen. Zu meiner Erstkommunion schenkte sie mir die ganze Ausstattung in Weiß. Leider war es in Visbek, wohin meine Familie umgezogen war, üblich, ein dunkelblaues Kleid zu tragen. Aber ich wurde auch „in Weiß“ fotografiert und das Bild in die Schweiz geschickt.

Meine Zuneigung zur Familie Christen war so groß, dass ich sie 1964 von meinem erstverdienten Geld für 14 Tage besuchte. Es gab ein freudiges Wiedersehen, auch mit allen Freundinnen und dem Ort. Die Bindungen untereinander waren durch briefliche Kontakte weiter gewachsen, so dass mein Mann und ich auf unserer Hochzeitsreise 1967 eine Woche wieder bei der Familie Christen verbrachten und die inzwischen verheirateten Kinder in der Umgebung besuchten. 1969 starb der Onkel und 1974 die Tante. Auf einer Urlaubsreise ins Tessin 1985 haben wir die Gräber der beiden aufgesucht. Ich habe mich mit großer Dankbarkeit von Menschen verabschiedet, die mit ihrer selbstlosen Hilfe über viele Jahre Hoffnung und Freude in unsere Familie brachten. Regelmäßige Brief- und Telefonkontakte habe ich mit der jüngsten, 1940 geborenen Tochter Luzia, die nun in Basel lebt, und sie berichtet mir oft über das Leben ihrer Geschwister, von denen sie immer Grüße übermittelt.

Noch heute bin ich meinen verstorbenen Eltern überaus dankbar, dass sie mir aus ihrer Fürsorge heraus die Möglichkeit gaben, eine so lange Zeit in der Schweiz verbringen zu dürfen, wo ich das große Glück hatte, so vielen lieben Menschen zu begegnen, die mein Leben prägten und bereicherten. Auf diesem Wege bedanke ich mich auch bei allen unbekannten Geldgebern und Helfern, ohne die ich nicht diese für mich so wertvolle Zeit hätte erleben dürfen (siehe Seite 169).

*Bärbel Sojka, geb. Volkmer * 1945 Hertwigswalde/Schl.*

„... Voller Dankbarkeit blicken wir beide auf die Zeit vor nunmehr 60 Jahren zurück."

Nach 60 Jahren etwas über unseren Aufenthalt in der Schweiz zu schreiben, ist gar nicht so einfach. Viele schöne Erinnerungen werden bei uns wieder und wieder wach. Wie hat diese Zeit doch unser beider Leben beeinflusst. Ich, Sieglinde Oberkirsch, wurde 1937 als älteste von drei Geschwistern in Dresden-Cotta geboren und bin dort auch aufgewachsen. Meine Familie hatte das Glück, in einem Außenbezirk zu wohnen, so dass wir im Februar 1945 nicht bombardiert wurden. Mein Vater kehrte schon im Juni 1945 aus amerikanischer Gefangenschaft nach Hause zurück; wie waren wir darüber glücklich. Doch er wurde bald sehr krank und starb im Februar 1946 im Alter von nur 37 Jahren. Für uns begann nun eine traurige, harte Zeit, wie sie viele Menschen damals erlebten. Wichtigste Aufgabe unserer Mutter war die Sicherung der täglichen Ernährung.

Im Sommer 1946 erkrankten meine Geschwister und ich an Rippenfellentzündung und an Scharlach. Auf meiner Lunge blieb ein Schatten. Wir kamen für ein Jahr in ein Sanatorium außerhalb Dresdens. Ich war ein hochgewachsenes, sehr mageres und immer noch krankes Kind. Nach regelmäßigen Untersuchungen im Gesundheitsamt hieß es plötzlich, dass man mich für eine Erholungszeit in der Schweiz vorschlagen würde. Im April 1948 reiste eine Gruppe Dresdner Kinder zur Untersuchung, die von Schweizer Ärzten vorgenommen wurde, nach Berlin. Schon diese Reise war aufregend und die Neugier wuchs. Wir übernachteten in einem großen Raum mit vielen, vielen Menschen, es war irgendwie unheimlich. Nach der Untersuchung erhielt ich die Empfehlung für die Reise in die Schweiz.

Ich, Brigitta Kalex, 1937 auch in Dresden geboren, erlitt kurz nach meiner Einschulung 1944 eine Kolik. Es wurde festgestellt, dass ich unter einer „asiatischen Gelbsucht" litt. Eine Ausheilung war indes nur unter Einhaltung strengster Diät möglich. Dann fand jedoch Mitte Februar 1945 der schreckliche Luftangriff auf Dresden statt. Dabei verloren wir unser Hab und Gut. Die danach folgende Zeit bis zum Ende des Kriegs setzte meiner Gesundheit weiter zu. Es wurde ein Schatten auf meiner Lunge festgestellt. Gut gemeinte Ratschläge eines Lungenfacharztes, mir meine Butterration, also eine solche für eine Woche, auf einmal auf ein Brot zu streichen, führten auch nicht zum Erfolg. Als Totalgeschädigte nach dem Luftangriff besaßen wir ja nichts, was auf dem Land zu tauschen gewesen wäre. Nach verschiedenen Untersuchungen stand fest, dass auch ich zu einem viermonatigen Genesungsaufenthalt in die Schweiz reisen sollte.

Die Reise begann am 7. Mai 1948 in Dresden. Von dort ging es nach Berlin. Im Bahnhof Grunewald bestiegen wir den riesenlangen Schweizer Zug. Wir hatten ein Namensschild um den Hals. Recht liebevolle Schweizer Begleitpersonen nahmen uns in Empfang. Aber irgendwie war es doch ein komisches Gefühl, von Zuhause getrennt zu sein. Zu viert saßen wir in einem Abteil. Die große, vier Tage dauernde Reise begann. Es war sehr aufregend, denn wer hatte so etwas schon einmal erlebt.

In Basel wurden wir in einer großen Halle geduscht. Danach besprühte man uns mit einem weißen Pulver. Es roch furchtbar, die Schweizer glaubten, wir seien voller Ungeziefer. Die Fahrt durch Basel mit der Straßenbahn war allein schon wegen der vielen Geschäfte mit den Obst- und Gemüseauslagen aufregend. An uns fuhr ein kleiner Lieferwagen mit Orangen vorbei. Wir staunten regelrecht, da warf der Fahrer uns einige zu und wir freuten uns. Südfrüchte kannten wir ja gar nicht.

Unsere Gruppe, begleitet von schweizerischen Rotkreuzschwestern, trat dann die Reise ins Tessin an. Während der Fahrt bekamen wir ein weißes Brötchen und eine Ecke Schmelzkäse zu essen – es war etwas ganz Besonderes. In der sowjetischen Zone gab es ja keine weißen Brötchen, und jetzt aßen wir eine ganze Käseecke für uns allein. Die sich uns während der Fahrt präsentierende Bergwelt war beeindruckend, man konnte sich gar nicht sattsehen.

Von Locarno ging es dann mit dem Bus zu unserer Endstation, das am Anfang des Ortes gelegene „Miralago". Das Haus lag leicht erhöht über der Straße in einem wunderschönen Park. Bei unserer Ankunft, es war schon abends, wurden uns die Pflegetanten vorgestellt. Wir erinnern uns an eine Ruth und eine Rose, beide waren Deutsche. Das Haus, das haben wir erst später erfahren, war ursprünglich im Besitz des Württembergischen Roten Kreuzes. Unsere Gruppe wurde dann aufgeteilt und wir kamen zu Tante Rose. Es gab noch eine kleine Mahlzeit. Danach gingen wir, schon sehr müde, in die mit je sechs Betten ausgestatteten Schlafräume. Wir kamen in das große Balkonzimmer, von wo aus wir einen herrlichen Blick auf den See hatten. Jedes Bett besaß eine Nummer. Sieglinde erhielt Nr. 12, und diese Ziffer war für den gesamten Aufenthalt wichtig. Bett, Handtuchhalter, Kleidung usw. waren alle mit einer 12 gekennzeichnet. Neben mir schlief Brigitta. Sie war Nr. 11.

Am nächsten Tag wurden wir neu eingekleidet, es war wie Weihnachten. Wir erhielten gute, bereits getragene und neue Kleidung, einen schönen Anorak, schöne Lederhalbschuhe und sogenannte Zoccoli, echte Tessiner Holzschuhe, die wir besonders liebten – wir kamen uns wie Prinzessinnen vor. Auch wurden wir sofort untersucht. Dazu gingen wir zum ersten Mal in den Ort Brissago selbst. Die südländischen Häuser und Villen mit Palmen, Blumen und Zypressengärten übten einen unglaublichen Eindruck auf uns aus. Sonst kamen wir dort nicht allzu oft hin. Unsere Wege führten uns häufig in den Wald, wo wir an den kleinen Bächen spielten und Glimmersteine suchten. Viel Zeit verbrachten wir auch an dem zum Haus gehörenden Strand. Der Alltag verlief bis auf die regelmäßigen Liegekuren in einer eigens dafür vorgesehenen Halle recht abwechslungsreich. Wir haben uns ein italienisches Vokabelheft angelegt, gestrickt, gemalt und viele Volkslieder gesungen. Viel Zeit verbrachten wird auf der Gartenterrasse, von wo aus wir den herrlichen Blick über den See bis nach Locarno und zum Gotthard genossen – einzigartige und prägende Naturbilder. Zur Schule mussten wir nicht gehen.

Wir fühlten uns wohl, aber oft dachten wir an unsere Angehörigen in Dresden. Gewiss, Heimweh kam schon einmal auf. Wir dachten daran, über den Gotthard nach Hause zu wandern – Kindergedanken. Es ging uns doch sehr gut hier, wir waren glücklich und zufrieden und wir freuten uns über allerlei Dinge. So gab es jeden Mittwochnachmittag ein „Bürli", ein weißes rundes Brötchen mit zwei eingelegten Eckchen Schokolade – es war ein Fest. Angesichts des guten Essens machten alle große gesundheitliche Fortschritte. Sieglinde hatte insgesamt zehn Kilo zugenommen, war aber trotzdem nicht dick, Brigitta brachte es auf sechs Kilo Mehrgewicht. Ein freudiges Ereignis war auch die Verteilung der Post von zuhause. Sieglindes Mutti schrieb einmal, dass sie in Dresden kürzlich die ersten weißen Brötchen kaufen konnte. Gut können wir uns auch noch an den 1. August 1948, den Schweizer Nationalfeiertag, erinnern. Er wurde auch im „Miralago" gefeiert. Alles war festlich geschmückt. Unsere Tanten hatten uns über den besonderen Anlass, den Jahrestag des Bestehens der heutigen Eidgenossenschaft, aufgeklärt. Am Abend bewunderten wir das Feuerwerk von Ascona und Locarno – so etwas hatten wir noch nicht erlebt.

Nach vier Monaten, am 13. September 1948, ging der wunderschöne Aufenthalt im „Miralago" zu Ende. Mit Wehmut nahmen wir Abschied von den lieb gewordenen Menschen und der wunderschönen Landschaft im Tessin. Geblieben ist seither bei uns beiden eine ganz besondere und bis heute währende Wertschätzung für die Schweiz. Gleichwohl freuten wir uns auch auf unsere Angehörigen. In Basel wurde unser Waggon an einen Berliner Kinderzug angehängt und es ging heimwärts. Unterwegs gab es an der Zonengrenze irgendwelche Probleme, wir mussten jedenfalls alle den Zug verlassen. In Dresden wurde Sieglinde von ihrer Mutti und Brigitta von ihren Eltern begrüßt. Aus der Schweiz hatten wir außerdem noch viel Gepäck mit Kleidung und Schokolade mitgebracht. Sieglindes vierjähriger Bruder rührte die Schokolade nicht an. Er nahm lieber eine gekochte, trockene Kartoffel. Es gab danach viel zu erzählen und in beider Schulklassen wollten alle wissen, wie es in der Schweiz aussähe.

Damals hätte es kaum jemand für möglich gehalten, dass es noch mehr als 40 Jahre dauern würde, ehe man wieder ungehindert aus der DDR in die Schweiz ausreisen könnte. Aber unsere Freundschaft hat – obwohl Sieglindes Mutti mit ihren Kindern 1960 in den Westen floh – diese Zeit überdauert. Sieglinde hatte nach Beendigung ihrer Schulzeit 1954 zunächst Verwandte in Süddeutschland besucht und danach ein Jahr lang in einem Haushalt im schweizerischen Bottighofen am Bodensee gearbeitet. Dort war sie alsbald wie die eigene Tochter zuhause. Danach sollten sieben weitere Berufsjahre im kaufmännischen Bereich einer großen Firma in der Schweiz folgen.

Im Jahre 1966 hat Sieglinde dann mit ihrer Mutti das „Miralago" besucht. Sie wurden von freundlichen Damen durchs Haus geführt und auch die Frage, welche Nummer sie damals gehabt hätte, wurde gestellt. Sie fand auch die Stelle wieder, wo ihr Bett stand. Darüber hat Sieglinde sogleich ihrer in Dresden zurückgebliebenen Freundin Brigitta berichtet. Wie gerne hätte sie sie bei dem Rundgang dabei gehabt, doch sie musste noch ganze 25 Jahre warten. Aber all die Jahre hatten wir Kontakt, obwohl es aus naheliegenden Gründen nicht einfach war.

Ostern 1992 haben Brigitta, Sieglinde und ihre Ehemänner endlich gemeinsame, frohe und ereignisreiche Tage in Brissago verbracht. Sie waren wunderschön. Wir konnten das inzwischen baulich veränderte Haus und den Park besichtigen. So, als ob es gestern gewesen wäre, stießen wir auch auf unsere Liegehalle – es war aufregend und faszinierend zugleich. Brigitta war außerordentlich berührt, es war ja ihr erstes Wiedersehen mit dem Tessin, mit dem „Miralago". Voller Dankbarkeit blicken wir beide auf die Zeit vor nunmehr 60 Jahren zurück.

*Sieglinde Oberkirsch, geb. Grimmer * 1937 Dresden, Brigitta Kalex, geb. Menge * 1937 Dresden*

„... An die Rückfahrt nach Dresden habe ich keine Erinnerung. Meine Gedanken an die schöne Zeit in Zürich haben dies wohl überdeckt ..."

Ich bin einer der Glücklichen, der sich vom Mai bis August 1948 in der Schweiz erholen durfte. Als Achtjähriger, 1940 in Dresden geboren, hatte ich starkes Untergewicht und litt an Rachitis, die zur damaligen Zeit in der sowjetischen Besatzungszone nicht behandelt werden konnte. So wurde ich von einem schweizerischen Ärzteteam für die Verschickung in die Schweiz ausgewählt. Das hat mir – so meine feste Überzeugung – das Leben gerettet, und ich bin der Schweiz auf ewig dankbar.

Ich kam zu einer Familie nach Zürich. Meine Pflegeeltern wohnten in Zürich-Enge und führten ein Optikergeschäft an der berühmten Bahnhofstraße. Faszinierend für mich war, dass im Laden auch eine kleine Ecke mit Modelleisenbahnen vorhanden war. In der Augustinergasse befand sich eine kleine Werkstatt, in der ich mich oft aufhielt. Zur Familie gehörten zwei Töchter, sechs und acht Jahre älter als ich. Nach ein paar Tagen Eingewöhnung wurde ich in einer Schule angemeldet. Weil ich tagsüber in der Schule war, konnte meine Pflegemutter stundenweise im Laden aushelfen.

Nach Ladenschluss am Samstag fuhr die ganze Familie mit der Eisenbahn von Zürich-Enge nach Altendorf, der lustigsten Bahnstation der Schweiz. Kommt man von Zürich her, muss man „vor Lachen aussteigen", denn „Lachen" ist der nächste Ort. Meine Pflegeeltern hatten in Altendorf ein Wochenendhaus, unmittelbar am See auf einer kleinen Halbinsel gelegen. Früh morgens machte mein Pflegevater in seinem Skiff eine Runde auf dem See. Der Rest der Familie verbrachte die Zeit teils auf einem Badeboot. Ich schämte mich wegen meines durch die Rachitis verunstalteten Oberkörpers, die Kleidung auszuziehen. Es half aber nichts. Weil ich aber sehr schnell einen Sonnenbrand bekam, durfte ich mich wieder anziehen. Und dann nannte man mich „weißer Neger".

Die Wochenendfahrten nach Altendorf waren auch in anderer Hinsicht eindrücklich. Die Züge wurden von elektrischen Lokomotiven gezogen. Und vor der Abfahrt durfte ich immer einen Blick in das Stellwerk auf dem Perron 1 werfen, denn meine Pflegeeltern kannten den Stationsvorstand gut. Er hat mir zu meiner Überraschung auch einige Hemden geschenkt. Andere Kleidungsstücke bekam ich von meinen Pflegeeltern. Und weitere Wohltaten von anderen Menschen. Und noch etwas: Die Reise wurde in den weichen Polstern von Erstklassabteilen absolviert. Meine Pflegeeltern hatten ein Streckenabonnement. Da kosteten die Fahrten nicht mehr als mit Einzelfahrten in der Holzklasse.

Meine Pflegeeltern haben aus der eigenen Tasche Medikamente gekauft, mit denen meine Rachitis behandelt wurde. In einem Vierteljahr war natürlich eine vollständige Genesung nicht möglich. Als spätere Folge der Rachitis hatte ich mit 26 Jahren statt der Zähne eine Vollprothese. Ich denke aber, dass mir die Behandlung der Rachitis und der Gewichtaufbau durch die sehr gute Ernährung in diesen 14 Wochen das Überleben gesichert haben. Die Rückreise in die Ostzone verzögerte sich, weil wohl die Bereitstellung des Zuges Probleme machte. Weil nun aber die visumsfreie Aufenthaltszeit von drei Monaten überschritten war, musste ich mich täglich auf dem Polizeiposten am Bahnhof Enge melden.

An die Rückfahrt nach Dresden habe ich keine Erinnerung mehr. Meine Gedanken an die schöne Zeit in Zürich haben dies wohl überdeckt. Als ich nach Dresden zurückkam, verstand mich niemand. Ich hatte nämlich Schwyzerdütsch angenommen. Zurück im grauen Ostzonenalltag sehnte ich mich nach der Schweiz. Abends probierte ich mit dem alten Vorkriegsradio den Sender Beromünster zu hören. Sobald die Nachrichten kamen, wurde ein Störsender eingeschaltet. Die Sportnachrichten konnte ich aber hören und so war ich immer im Bilde, wie die Fußballspiele ausgegangen waren. Ein paar Jahre später erfuhr ich, dass ein Zürcher Fußballclub in Leipzig gegen „Lokomotive" spielen würde. Meine Mutter nähte mir aus dem Pionierhalstuch und einem dreieckigen Stück weißen Stoffs eine Zürcher Fahne. Ich zog meinen blauen Trainingsanzug an, setzte mich aufs Fahrrad und fuhr nach Leipzig. Mit einem Onkel ging ich ins Stadion. Und dort schwenkte ich begeistert meine Zürcher Fahne.

Die Wohltaten meiner Pflegeeltern hörten mit der Abreise aus Zürich nicht auf. Zu Weihnachten und zu den Geburtstagen bekam ich immer ein Paket. Schon zu Weihnachten 1948 gab es eine Eisenbahn: Einen Zug mit einer kleinen Dampflok, ein Schienenoval und einen Trafo. In späteren Jahren kamen immer wieder Ergänzungen dazu: Weichen, weitere Gleise, eine Elektrolok und Wagen. Und immer war etwas Süßes dabei. Kondensmilch, Fleischkonserven und Teigwaren waren begehrte Artikel. Der Briefwechsel war sehr intensiv. Es gab auch Angebote für weitere Besuche in Zürich, doch ließ sich das nicht verwirklichen. Als ich etwa 14 Jahre alt war, wäre ich wohl in der Lage gewesen, eine solche Reise allein anzutreten. Anfragen bei den Dresdner Behörden für eine Reisebewilligung wurden negativ beschieden. Im Frühjahr 1957 unternahm ich einen neuen Anlauf, denn inzwischen hatte ich ein Fahrrad und eifrig trainiert, um eine Radtour in die Schweiz durchstehen zu können. Im Dresdner Polizeipräsidium stellte man mir in Aussicht, eine Reisebewilligung zu erteilen, wenn ich Westdeutschland meiden würde, also über die Tschechoslowakei und Österreich radeln würde. Das war aber nicht realisierbar, denn wo hätte ich da schlafen sollen und wie hätte ich mir Essen beschaffen sollen?

Im Sommer 1957 bekam ich einen Interzonenpass, um meinen Großvater in Leverkusen besuchen zu können. Ich wollte aber gar nicht dorthin, sondern in die Schweiz. Nach der Ankunft des Interzonenzugs in Frankfurt holte ich mein Fahrrad am Gepäckwagen ab. Und dann ging es südwärts. In Neckargemünd, Kehl und Freiburg übernachtete ich. Das waren also respektable Tagesetappen. Ich hatte eine Vorliebe für Ausdauer-Sportarten. Meine Konstitution hatte sich durch den Aufenthalt in der Schweiz und durch spätere Geschenkpakete entscheidend verbessert. Es folgte ein etwa dreiwöchiger Aufenthalt bei meiner Pflegefamilie. Die Töchter waren inzwischen aus dem Haus. Von Zürich aus unternahm ich Tagestouren mit dem Fahrrad. Ein Höhepunkt dieses Schweizaufenthalts war eine Vier-Pässe-Fahrt mit Bahn und Bus, die mir meine Pflegeeltern spendiert hatten. Lukmanier, Oberalp, Susten, Brünig. Einfach unvergesslich. Der Reiseleiter nahm sich meiner an, nachdem er meine Geschichte erfahren hatte. Auf der Heimreise nach Dresden musste ich kräftiger in die Pedale treten, weil meine Gepäcktaschen sehr viel voller waren: neue Kleidungsstücke und viel, viel Schokolade.

Nach der Rückkehr nach Dresden stand mein Entschluss fest: Am Tag nach meinem 18. Geburtstag wollte ich die DDR verlassen: Richtung Westdeutschland. Das war der Anlass, dass mein Vater in den Westen fuhr und sich Arbeit suchte und auch fand. Im Januar 1958 kam der Rest der Familie nach. Es folgte eine Berufsausbildung in Hannover und später fand ich Arbeit in Bremen. Im Sommer 1965 konnte ich mir einen ersten Urlaub in der Schweiz leisten. Und so fuhr ich nach einem Besuch der Internationalen Verkehrsausstellung in München ins Bündnerland. Im Hotel in Filisur kam ich mit einem Schweizer Ehepaar ins Gespräch. Diese netten Leute schlugen mir vor, mir doch in der Schweiz eine Arbeit zu suchen. Ich hätte sicher gute Chancen. Also kaufte ich am Bahnhofskiosk in Chur die „Technische Rundschau" und bestellte ein Abonnement an meine Bremer Adresse. Auf eine der drei Bewerbungen bekam ich eine Einladung zum Vorstellungsgespräch. Die Sache wurde perfekt und Ende Mai 1966 siedelte ich nach Zug über.

Wie ein Traum war es dann, dass ich in Cham am Zugersee eine Wohnung im achten Stock eines Hochhauses am See mieten konnte. Nun war ich also dort, wo für mich seit dem achten Lebensjahr das „Gelobte Land" war. In Bremen war ich Chef eines Labors gewesen, in Zug nun zunächst gewöhnlicher Sachbearbeiter. Das war aber nur formal ein Rückschritt. Die Lebensqualität war eine gänzlich andere. Ich konnte es mir leisten, an jedem Wochenende bei einigermaßen passablem Wetter auf Entdeckungstour per Auto zu gehen. Auf einer Karte markierte ich alle Strecken, die ich zurückgelegt hatte. Nach zwei Jahren gab es nur noch ganz wenige Straßen, die ich nicht befahren hatte. Ich kannte die Schweiz nun besser als die meisten Schweizer. Und ich bemühte mich nach Kräften, den Dialekt zu sprechen. Ausgelacht hat mich niemand.

Zwei, drei Mal im Jahr machte ich Familienbesuche in Bremen. Wenn ich dann auf der Rückfahrt die Zollstelle im Norden von Basel erreicht hatte, kam ein Glücksgefühl auf: Jetzt bin ich wieder zu Hause. Tatsächlich empfand ich die Schweiz schon damals als meine Heimat. Die DDR war für mich tabu und in Norddeutschland war ich nicht heimisch geworden. 1970 lernte ich auf der Heimfahrt von Bremen im Speisewagen des Schnellzugs Wilhelmshaven – Zürich meine spätere Frau kennen. Sie stammt aus Schlesien und war dann in Etappen vom neuen Elternhaus in Oldenburg immer weiter südwärts gewandert. Als wir uns kennenlernten, wohnte sie in Lörrach, arbeitete aber als Grenzgängerin in Basel. Sie sprach „Baseldütsch". Bald darauf fand sie Arbeit in Luzern. So konnten wir uns an jedem Wochenende sehen. Und ein Jahr später wurde geheiratet.

Wir hatten beide den Wunsch richtig sesshaft zu werden. Und das hieß für uns: Kauf eines Einfamilienhauses. Anderthalb Jahre später wurde dieser Wunsch Realität. Sparsamkeit bis zum Geiz hat das möglich gemacht. Seither sind 35 Jahre vergangen. Die Schweiz ist unsere Heimat. Ab 1991 konnte ich wieder in meine Heimatstadt Dresden reisen. Nach dem ersten Besuch dort waren plötzlich die Albträume verschwunden. 50 Jahre lang hatte ich mehrfach pro Woche die Bombenangriffe vom 13./14. Februar 1945 im Traum wieder und wieder erlebt. Mir fiel ein Stein vom Herzen, dass dieser Horror ein Ende hatte. Die Erinnerung an Krieg, Nachkriegszeit, die Kindheit und frühe Jugend in der DDR hat aber auch ihre positiven Seiten. Wir leben sehr bewusst, sind sparsam und bescheiden. Ob es das Haus ist oder das bequeme Auto, schöne Reisen und gutes Essen, immer messen wir das an dem, was wir erlebt haben: Geldknappheit, Hunger, Krankheit. Und ich denke regelmäßig daran, dass ich all das den freundlichen Menschen in der Schweiz und dem Schweizerischen Roten Kreuz verdanke. Denn ohne den Aufenthalt im Jahre 1948 hätte ich wohl kaum das zehnte Lebensjahr vollenden können.

Nun kann ich mit meiner Arbeit das Bruttosozialprodukt der Schweiz steigern. Das hat auch mit dem Erreichen des Rentenalters vor drei Jahren nicht aufgehört. Als Selbstständiger kann ich ja arbeiten, solange es mir Spaß macht. Und es macht weiterhin Spaß. Warum also aufhören? Und so bleibt am Jahresende auch immer ein Häufchen „Fränkli" übrig und es ist mir ein Bedürfnis, davon insbesondere dem Schweizerischen Roten Kreuz quasi als Dankeschön einen Betrag zu überweisen. So hat der Aufenthalt von 1948 Nachwirkungen bis heute. Dazu gehört auch, dass ich im Keller eine respektable Modelleisenbahn aufgebaut habe. Daran nun aber sieht man meine deutschen Wurzeln: Hier fahren deutsche Züge gemäß deutschen Signalen. Und meine Dresdner Wurzeln erkennt man an der Gier nach Eierschecke, nach einem Quarkkuchen und an meinem Interesse an der Dresdner Straßenbahn. Kleiner und Großer Hecht, MAN- und Union-Wagen stehen auf der Modellbahnanlage herum.

Der Kontakt zu meinen Zürcher Pflegeeltern blieb in Form eines regelmäßigen Briefwechsels bis 1962 erhalten. So bekam ich auch weiterhin alle neu erscheinenden schweizerischen Briefmarken zugesandt. Dann passierte Folgendes: Das Haus mit dem Optikerladen an der Bahnhofstrasse sollte modernisiert werden. Meinen Pflegeeltern fehlten aber die finanziellen Mittel, die Modernisierung des Geschäfts zu finanzieren. Also mussten sie das Geschäft aufgeben. Zuvor war ihnen die sehr schöne Wohnung in einer Villa in Zürich-Enge gekündigt worden. Weil es in der Schweiz eine Altersversicherung erst seit 1948 gibt und diese anfangs auch nicht für Selbstständige offen war, bekamen meine Pflegeeltern überhaupt keine oder nur eine winzig kleine Rente, die weit unter dem Existenzminimum lag. Einzelheiten kenne ich nicht. Sie verarmten. Und das war ihnen peinlich. Deshalb erklärten sie, dass sie keinen weiteren Kontakt wünschten. Meine Briefe blieben unbeantwortet.

Nur eine böse Erinnerung an Zürich habe ich. Am 1. August 1948 sollte ich anlässlich des Nationalfeiertags ein Feuerwerk abbrennen und Wunderkerzen schwenken. Ein Horror für einen Achtjährigen, der den Februar 1945 in Dresden erlebt hat!

*Gerhard H. Ulrich * 1940 Dresden*

„... Ich fühlte mich gleich wieder aufgenommen wie ein lange fort gewesenes Familienmitglied ..."

Ich wurde am 15. Dezember 1941 in Essen geboren. Essen wurde in den letzten Jahren des Krieges ständig bombardiert. Damit verbunden waren die Evakuierung meiner Mutter, meiner Großmutter, meiner Halbschwester und mir nach Grünberg in Hessen. Wir lebten bis zum Kriegsende auf dem

Bauernhof bei einer Familie Rahn. Meine Mutter starb 1945 im Alter von 44 Jahren an Krebs. Nach ihrem Tod lebte ich bei meinen Großeltern. Meine Oma war auch diejenige, die über ihre Verbindungen zur evangelischen Kirche auf meine gravierende Unterernährung aufmerksam machte und letztlich meine Verschickung durch das Rote Kreuz in die Schweiz möglich machte. Ich kam zur Familie Freund in Mettmenstetten im Kanton Zürich.

An meinen dreimonatigen Aufenthalt in der Schweiz 1948 bei der Familie Karl und Frieda Freund habe ich wenige tatsächliche, aber doch sehr viele emotionale Erinnerungen. Ich erinnere mich besonders daran, dass zwei Mädchen in der Familie waren. Mit Erika habe ich sehr viel gespielt. Das Haus sehe ich noch heute vor mir. Es hatte eine Garage, in der Elektroartikel lagerten oder zum Verkauf bereit lagen. Und für einen Jungen meines Alters war wohl von besonderer Bedeutung, dass darin ein Motorrad stand.

Ich weiß auch noch, dass mich Vater Freund damit oft mitgenommen hat. Rückblickend begleitete mich stets das Gefühl, dass ich mich in der Schweiz, bei meinen Gasteltern, wie ein tatsächliches Familienmitglied aufgenommen und aufgehoben gefühlt habe. Es hat auch noch einige Jahre lang Schriftwechsel gegeben. Aus welchem Grund er abbrach, weiß ich nicht mehr. Er wird sowohl mit Wohnungswechseln sowohl meiner Oma als auch mit meinem eigenen infolge meiner Familiengründung zusammenhängen. Eine Adresse war jedenfalls trotz intensiver Suche nicht aufzufinden.

Im Jahre 1995 ging ich in den Vorruhestand. Dadurch hatte ich Zeit, mich nochmals um die Adresse meiner Gasteltern zu bemühen. In Erinnerung hatte ich ja ihre Namen, und dass sie bei Zürich wohnten. Die wenigen Angaben reichten aber bei meinen Nachforschungen und einer Nachfrage bei der Schweizer Botschaft in Deutschland nicht aus. Und plötzlich, wie von Gott gegeben, gab es eine detaillierte Ortsangabe. Mein ältester Sohn nahm im Sommer 2006 seine von mir aufbewahrten Kinderbücher mit, um sie seinen Kindern zugänglich zu machen. Anlässlich der gemeinsamen Weihnachtsfeier der Familie – meine Frau und ich haben vier Kinder und acht Enkelkinder – brachte er mir ein Buch mit der Bemerkung zurück: *„Papa, das ist kein Kinderbuch von mir, es ist eines von Dir".* Bereits der Buchumschlag kam mir bekannt vor. Ein Blick in das Buch mit dem Titel „Das Geheimnis von Wildenwald" und die darin enthaltene Widmung machten sofort alles klar: Mein Aufenthaltsort in der Schweiz war Mettmenstetten.

Am 4. Januar 2007 wandte ich mich per Internet an die Deutsche Botschaft in Bern mit der Frage, ob es in Mettmenstetten eine Familie Karl und Frieda Freund gebe. Bereits einen Tag später erhielt ich die Mitteilung, dass dort in der Schulhausstraße 2 eine Frieda Freund wohne. Wie riesig meine Freude war, kann man sich kaum vorstellen. Ich nahm sogleich schriftlich und telefonisch mit meiner Gastmutter Kontakt auf. Dies führte dazu, dass ich vom 16. bis 20. Mai 2007 wieder in meiner Gastfamilie weilen konnte.

Aber meine Aufnahme war von der ersten Minute mehr als nur die eines Gastes. Ich fühlte mich gleich wieder aufgenommen wie ein lange fort gewesenes Familienmitglied. Von Mutti, einer lieben alten Dame, zu der ich von Herzen wieder Mutti sagen kann, und von allen ihren Töchtern und Söhnen. Und das nach 59 Jahren ohne persönlichen Kontakt!

Meiner Schweizer Familie und der Schweiz als Gastland verdanke ich sehr viel.

*Detlef Rosenbach * 1941 Essen*

Briefe und Dokumente

Briefe der Familie Stocker in Bever/Engadin an Jacob Baumanns Eltern in Mannheim, 1947 (Privatbesitz)

Bever, 21.1.1947

„... Wir müssen Ihnen leider die Mitteilung machen, dass Jacob einstweilen nur drei Tage bei uns war. Laut Verfügung des Roten Kreuzes mussten wir Jäggi am 20. ins Krankenhaus nach Thusis (Graubünden) einliefern. Bei der Untersuchung in Basel stellte es sich heraus, dass Jäggi Bazillenträger ist (Diphtherie). Es hatte noch mehr deutsche Kinder mit den gleichen Erscheinungen. Es fehlt Jäggi sonst weiter nichts, nur dürfte es 14 Tage [...] dauern, bis wir den lieben Kerl wieder bei uns aufnehmen dürfen. Schade, er war schon so gut bei uns eingelebt und so zufrieden ...“

Bever, 5.2.1947

„... Leider ist der liebe Jäggi noch immer im Spital. Er hat noch Bazillen u. solange diese nicht weg sind, lassen sie ihn nicht heimkommen. Uns tut es natürlich sehr leid, dass wir ihn nicht hier bei uns haben dürfen, wir alle haben ihn so gerne. Er ist aber auch ein lieber Bub. Haben gestern wieder mit dem Spital telefoniert u. es geht ihm scheint's sonst gut und er ist zufrieden, nur möchte er gerne zum Schweizeronkel und den Tanten zurück ... Nun möchten Sie noch wissen, wie Jäggi sich angestellt hat, als er angekommen ist. Zunächst war er natürlich erstaunt unter ganz fremden Leuten zu sein. Es war ihm vom Reisen nicht gerade wohl. Daheim hat er sich aber schnell erholt und wurde gesprächig. Die zwei Bilder hat er uns dann gleich gezeigt und erklärt, dass dies sein Schwesterlein sei ... Am ersten Abend, als er im Bett war und betete, kamen ihm die Tränen, es war aber bald wieder gut. Er war so müde von der Reise und ist dann bald eingeschlafen. Am zweiten Tag gab's auch noch einige Male Heimwehtränen und am dritten Tag meinte er schon, die Schwester hätte gesagt, das Heimweh komme erst in der Schweiz, aber man müsse nur zweimal weinen, dann lache man wieder ...“

Bever, 13.3.1947

„... Wie Sie aus der Karte schon wissen, ist Jäggi bald einen Monat wieder bei uns. Es geht ihm gut, und er hat sich sehr gut erholt ... Gestern hat er gemeint, wenn die Rotkreuz-Schwester ihn abhole zum heimreisen, so gehe er nicht mit ... Es hat auch noch zwei deutsche Buben in der Gemeinde, womit er sich viel abgibt. Am 1. März war ein Kinderfest, ein alter Brauch, wo die Kinder mit Glocken und singend von Haus zu Haus gehen, um den Winter zu vertreiben. Jäggi hat es auch mitgemacht ...“

Bever, 8.6.1947

„... In Gedanken sind wir oft beim lieben Jäggi u. fragen, ob er wohl noch hie und da von Bevers redet, oder hat er uns auch vergessen, wie er alles von Mannheim vergessen hatte ... Er ist ja so ungern gegangen, sicher war es viel wegen der Reise ... Es haben alle (gesagt), sie wollen nicht mehr heim u. sagen in der Schweiz habe man's besser. Natürlich ist bei uns auch noch vieles rationiert, so haben wir im Monat pro Person 11 Liter Milch, 7 kg Brot u. Fleisch nur 1,5 kg. Kinder bis zu sechs Jahren haben mehr Milch u. so hätte Jäggi auch mehr trinken dürfen, aber hatte lieber Kaffee mit Zucker ...“

Bever, 18.7.1947

„... Hier der gewünschte Schulsack u. etwas Wäsche u. Kleider noch von den Mädchen (den Töchtern der Familie, Anm. d. Verf.). Hoffe, sie werden durch umändern diese noch verwenden können. Leider ist es vorgeschrieben, dass die Pakete nicht mehr als fünf Kilo schwer sein dürfen. Lege auch eine Tafel Schokolade u. 100 gr Bonbons bei für die Kinder ...“

Bever, 9.12.1947
„... werde diese Woche ein Paket abschicken u. hoffe, alles komme gut an, ist zwar vorgeschrieben, was man hinausschicken darf, aber ich denke, auf Weihnachten werden sie wohl nicht so streng sein u. einem eine kleine Freude gönnen. Der Onkel von Jäggi, der Schneider ist, wird aus der braunen Jute schon ein Paar Hosen für ihn machen u. das andere wird sein Schwesterlein brauchen können ... Nun wünschen wir Ihnen allen recht frohe Weihnachten u. im neuen Jahr alles Gute, wollen gerne hoffen, das grosse Elend in der ganzen Welt nehme bald ein Ende ...“ (siehe Seite 162)

Brief der Familie H. aus Zürich an die Familie ihres Gastkindes aus Kiel, 1947 (Privatbesitz)

Zürich, 26.1.1947
„... Ihr Töchterchen Inge ist am vergangenen Freitag, den 24. Januar, gut in Zürich angekommen und abends 20 Uhr von meiner Frau am Bahnhof in Empfang genommen worden. Die Kleine scheint ein bisschen arg Heimweh gehabt zu haben, was ja nur zu verständlich ist, aber sie hat die lange Reise (von Kiel, Anm. d. Verf.) gut überstanden, trotzdem es gerade jetzt auch bei uns ungewöhnlich kalt ist. Inzwischen hat sie sich mit unserem neunjährigen Mädchen schon ganz gut angefreundet ... Ich kann Ihnen versichern, dass Ihr Töchterchen bei uns gut aufgehoben ist und dass wir es wie unser eigenes halten werden, und wir hoffen nur, dass es in der kurzen Zeit so kräftig als möglich werden wird. Auf alle Fälle kann ich Ihnen mitteilen, dass das Kind am Tisch brav isst und dass wir alle Freude an ihm haben ... Nachdem Inge zuerst möglichst schnell wieder heim zu Mutti wollte, sagt sie mir jetzt, dass ich Ihnen schreiben soll, dass es ihr nun ganz gut gefällt ...“

Briefe der Krankenschwestern Ruth Widmaier und ihrer Kollegin Rose aus dem Kinderheim „Miralago“ in Brissago an Ursula Heiligs Mutter aus Dresden, 1948 (Privatbesitz, siehe Seite 49 bis 51)

Brissago, 12.5.1948
„Ihre liebe Ursula ist am Montag Abend nach langer Fahrt (von Dresden, Anm. d. Verf.) wohlbehalten bei uns eingetroffen. Sie ist hier mit 61 anderen Kindern aus Sachsen im Kinderheim in Brissago am Lago Maggiore. Ursula gefällt es sehr gut bei uns, sie ist auch ganz glücklich über das gute Essen und die wunderschöne Gegend. In 14 Tagen sollen Sie einen ausführlichen Brief bekommen. Von Ursula soll ich viele Grüße und Küsse schicken.“

Brissago, 24.5.1948
„Die Karte, die Ihnen von der Ankunft Ihres Kindes berichtete, wird inzwischen in Ihre Hände gelangt sein. Nun möchten wir Ihnen heute in diesem Schreiben etwas ausführlicher berichten, damit Sie sich ein Bild machen können, wie es hier ist und wie ungefähr der Tageslauf der Kinder im Allgemeinen vor sich geht. Unser Kindererholungsheim ‚Miralago‘ liegt in einem wunderschönen Garten am Lago Maggiore (Langensee) 10 Min. von dem Dorf Brissago entfernt. Ca. 20 Minuten hinter Brissago ist die schweizerisch-ital. Grenze. Auf der anderen Seite des Sees liegen verstreut kleine Dörfchen am Berg-

hang. Täglich fahren Schiffe an unserem Haus vorbei, die ihren Kurs von Locarno (liegt am Beginn des Langensees) bis Brissago und weiter zu den borromäischen Inseln [...] nehmen.

Nun zum Tageslauf: Die Kinder werden um ½ 8 Uhr (MEZ) geweckt, dann wird gewaschen, Zähne geputzt, gekämmt, angekleidet. Darauf werden zur allgemeinen Gesundung leichte Atemübungen gemacht. Um ½ 9 ist Frühstück, und zwar gibt es abwechslungsreiche Haferflocken-Suppe mit Butterschnitte, Kaffee und Kakao mit Butter und Marmeladenschnitten. Nach dem Frühstück haben die Kinder entweder Liegekur auf der herrlich gelegenen Liegehalle oben im Garten, oder, wenn es wärmer ist, geht man mit ihnen hinunter an den Strand, wo sie nach Herzenslust und mit den zur Verfügung stehenden kleinen Schubkarren spielen können.

Um ½ 12 ist Mittagessen, mit welchem wir meist zwischen ¼ und ½ 1 Uhr fertig sind. Nun kommt der Mittagsschlaf bis 14.30, bei welchem jedes Kind in seinem Bettchen schläft. Um 15.00 ist Vesper. Jedes Kind erhält zwei Marmeladenschnitten und Milch. Nach dem Einnehmen dieser Mahlzeit ist, wie schon erwähnt, Liegekur oder Spielen im Garten, oder man macht einen kleinen Spaziergang, je nachdem wie es das Wetter erlaubt. Um 18.00 Uhr ist Abendbrot, das auch wieder recht gut schmeckt und die Kinder zu vielen Ah's und Oh's veranlasst.

Nach demselben wird ein wenig gesungen, ein Geschichtchen erzählt, Rätsel geraten usw., dann wird gemeinsam das Abendlied gesungen, und die Kinder gehen jedes mit seiner Gruppentante in die ihnen zustehenden Schlaf- bzw. Waschräume. Hier wird gründlich Wäsche gehalten, Brust und Rücken gewaschen, Zähne geputzt; um 20.00 Uhr muss dann spätestens Ruhe sein, damit die Kleinen sich recht gut erholen können.

Das ist im Allgemeinen der Verlauf eines Tages. Unterbrochen wurde bis jetzt so ein Tag dadurch, dass die Untersuchung durch den Heimarzt stattfand. Sie sehen also, dass ihr Kind gut untergebracht ist und glücklich ist, all das gute Essen zu haben und die schöne Umgebung. Die Kinder bedauern es nur, dass die Lieben zu Hause das nicht auch haben können."

Brissago, 28.6.1948
„Die Karte vom 15.6. und den Brief vom 1.6. an Ihre Ursula sowie an Tante Ruth gerichtet, haben wir bzw. Ursula erhalten und freute sich Ursula jedesmal schrecklich darüber [...] Ihre kleine Ursula ist ein liebes und anhängliches und immer fröhliches Kind, und hat sie sich gleich gut in die Verhältnisse eingelebt, zumal ja noch so ca. 65 Kinder [aus Chemnitz u. Dresden, Anm. d. Verf.] mit ihr zu gleicher Zeit hierher nach Miralago kamen. Somit hat sie das Fernsein von ihrer lieben Mutti nicht so schwer empfunden [...] Dann fragen Sie, ob sie die Nacht durchschläft. Da kann ich Ihnen auch den allerbesten Bescheid geben [...] und was es so zu essen gibt? Gestern, Sonntag, gab es z. B. Suppe, Braten, Sauce, Hörnchen (Teigwaren), grüner Salat, zum Nachtisch Eiscreme. Am Abend Kakao und wunderbaren Hefekranz. Heute, am Montag, schöne neue (unleserlich) mit Karamellsauce, heute Abend Maisbrei (hier genannt Polenta) mit Zucker und dicker Sahne darüber [...] Ursula hat auch recht guten Appetit, was uns von Herzen freut ..."

Brissago, 23.7.1948
„... Heute, an Ursulas Festtag, sind Sie in Gedanken sicher bei Ihrem Kind, wie Ursula auch viel an die liebe Mutti denkt. Heute ist Ursula sieben Jahre alt geworden, kaum konnte sie mehr den Tag erwarten und es war eine große Sache, als sie heute früh von ihrer Freundin Charlotte in den Speisesaal geholt wurde, wo auf dem mit Blumen und Kerzen geschmückten Geburtstagstischchen allerhand kleine Geschenke lagen, ein Malbuch mit Buntstiften, ein Büchlein und ein Schokolädchen ... (das Ursula für die gute Mutti aufheben will). Alles machte grosse Freude und sie hätten Ihre Freude an den strahlenden Augen gehabt ..."

Brissago, 14.8.1948

„Wir haben wieder einen lb. Brief und die Karte bekommen von Ihnen, herzlichen Dank. Wir hätten heute so viel zu erzählen von einer wunderschönen Schiffahrt auf dem See, vom 1. August, der als Schweizer Nationalfeiertag auch bei uns sehr gefeiert wurde, mit Spielen am Nachmittag und einem großen Feuer u. Feuerwerk am Abend im Garten. Aber bald wird es Ihnen ja unsere liebe kleine Ursula selbst erzählen. Sie hat nun im ganzen 8 Pfund zugenommen."

Aus dem Bericht (des Schweizerischen Roten Kreuzes) über die Hilfstätigkeit der Schweiz zugunsten kriegsgeschädigter Kinder 1939–1946. Stand: 1.6.1946 (Diplomatische Dokumente Schweiz „DoDIS") Nr. 2286, Schweizerisches Bundesarchiv E 2001

[...] 4. Deutschland

„Die Hilfe an Deutschlandkinder setzte Ende 1945 langsam ein. Eine im September dieses Jahres nach Süd-Deutschland entsandte Mission fand unter den deutschen Flüchtlingen ein unbeschreibliches Elend vor, von dem nicht zuletzt die Kinder betroffen waren. Die im Anschluss an die gemachten Erkundigungen vorgesehenen Hilfsaktionen in Bayern konnten allerdings nicht durchgeführt werden, da sie keine Genehmigung seitens der amerikanischen Besatzungsbehörden erfuhren. Hingegen gelang es, den aus Berlin evakuierten Kindern Kleider und eine gewisse Anzahl von Lebensmitteln zur Verfügung zu stellen. Das Schweizerische Arbeiterhilfswerk lieferte noch vor Ablauf des Jahres Medikamente und vor allem Lebensmittel an das Kinderheim Walkemühle in der Nähe von Kassel, wo auf diese Weise ca. 100 Kinder dem größten Elend entzogen werden konnten.

Die Schweizer Spende war sich bewusst, dass eine Hilfe an Deutschland in erster Linie den Kindern zukommen müsste. Grosszügige Kinderhilfsaktionen wurden in der Folge im Februar 1946 in den Städten Freiburg, Mainz, Koblenz, Saarbrücken, Aachen, Köln und Berlin in Angriff genommen. Dabei wurde es ermöglicht, je ca. 1000 bedürftigen Kindern, in einzelnen Städten einer doppelten Anzahl und in Berlin 5000 Kindern tägliche Zusatznahrung zu verabreichen. Ausserdem wurden im Rahmen dieser Aktion eine gewisse Anzahl Toilettenartikel zur Verteilung mitgeliefert. Des weiteren gewährte die Schweizer Spende einige Wochen später entsprechende finanzielle Mittel, um gleichartige Kinderspeisungen in verschiedenen Städten des Rhein-Ruhrgebietes, nämlich in Düren, Jülich, Goch und Kleve, weiter in Dortmund, Bochum und Gelsenkirchen, ferner in Trier (französische Zone) durchzuführen. Dabei sind verschiedene schweizerische Hilfsorganisationen, z. B. das ‚Schweizerische Arbeiterhilfswerk', der ‚Caritasverband' und das ‚Hilfswerk der Evangelischen Kirchen der Schweiz' als Aktionsträger bezeichnet worden.

Diese Aktionen, welche ursprünglich für drei Monate geplant waren, wurden angesichts der immer ernster werdenden Ernährungssituation weitergeführt, sodass es möglich war, die schlimmsten Monate bis zur Einbringung der neuen Ernte zu überbrücken.

Die Tätigkeit der Schweiz zugunsten der Kinder in Deutschland beschränkte sich jedoch nicht nur auf solche deutscher Nationalität, sondern wurde auch auf sogenannte jugendliche ‚displaced persons' ausgedehnt. Die von der Schweizer Spende gewährten Kredite zugunsten derartiger Kinder in den verschiedenen Zonen dürfte mit ¾ Millionen angeführt werden.

Es sei ferner angemerkt, dass die deutschen Kinder in weitem Maße von den umfangreichen Medikamentensendungen, welche ebenfalls von der Schweizer Spende durchgeführt werden, profitierten. Eine kleinere Kinderhilfsaktion, welche im April 1946 in Angriff genommen wurde, brachte den Kindern in Hannover eine größere Hilfe. Neuestens ist es dem Delegierten des Internationalen Roten Kreuzes gelungen, eine grundsätzliche Zustimmung von russischer Seite hinsichtlich einer ausgedehnteren Hilfe an deutsche Kinder hinter der russischen Zone zu erhalten.

Im Frühjahr 1945 gelang es, die Zustimmung der französischen Militärbehörden zur Hereinnahme von 3000 Kindern aus der von ihnen besetzten Zone zu erhalten. Bis heute sind aus Saarbrücken, Mainz und Koblenz beinahe 1000 Kinder in unser Land gefahren. Die englischen Besatzungsbehörden erklärten sich ebenfalls einverstanden, dass insgesamt 4 – 5000 Kinder aus ihrer Zone in der Schweiz aufgenommen werden. Ein erster Transport mit 450 Hamburgerkindern soll am 1. Juli unsere Grenze passieren. Weitere Transporte aus dem Ruhrgebiet folgen ... Im Vorsommer 1945 kamen 375 Jugendliche aus Konzentrationslagern in die Schweiz, von denen nur ca. 200 durch die ‚Kinderhilfe' betreut wurden, da die übrigen die Altersgrenze von 16 Jahren überschritten hatten. Im Herbst des gleichen Jahres kamen nochmals ca. 50 Kleinkinder in die Schweiz. Die insgesamt 250 Kinder wurden in verschiedenen Heimen untergebracht und befinden sich zum großen Teil heute noch in der Schweiz ...“

Aus dem Protokoll der Geschäftsleitungs-Sitzung des Schweizerischen Roten Kreuzes, Kinderhilfe, vom 12.12.1946, Bern („Nachlass Fritz Baumann"), Schweizerisches Sozialarchiv, Zürich

[...] 3. Stand der Kinderhereinnahme

„... Wider Erwarten können in regelmäßigen Abständen Kinder aus Deutschland hereingenommen werden, wobei nun auch im Monat Januar der erste Transport aus der amerikanischen Zone, nämlich aus Mannheim, eintreffen wird. Über die Durchführung von Transporten aus der Sowjetzone und Berlin haben wir leider immer noch nicht die definitiven Zusagen. An einer vor wenigen Tagen stattgefundenen Sitzung der Sektionen ging hervor, dass im allgemeinen die Plazierung deutscher Kinder gut zu gehen scheint, mit Ausnahme von zwei bis drei Sektionen, die die notwendigen Freiplätze nicht ohne weiteres finden. Es wurde auch festgestellt, und das eher mit Erstaunen, dass deutsche Familien oft keine deutschen Kinder aufnehmen wollen.

Es sind vorgesehen im Januar, wie schon erwähnt, ein Transport aus Mannheim und ein Transport aus Kiel, im Februar aus Essen, Mülheim, Oberhausen und im März aus Kassel. Die Transporte umfassen jeweils 450 Kinder. Das Aussehen der Kinder ist so, dass eine Durchführung und Weiterführung von Transporten dringend angezeigt erscheint ...“

Der Landrat des Kreises Koblenz, Philipp Gräf, an den Beauftragten der „Schweizer Spende" in Deutschland, René H. Ernst, in Koblenz (ohne Datum, Dezember 1947), in: René Hugo Ernst (Hrsg.), Die Arbeit der Schweizer Spende an die Kriegsgeschädigten in Westdeutschland, [Bern] 1948

„... Insbesondere danke ich Ihnen im Namen unserer Kinder, denen Sie durch die Schulspeisungen und die Lebensmittelzuteilungen für die Kinderheime in so reichlicher Weise Hilfe und Unterstützung haben angedeihen lassen. Mit strahlenden Augen und dankerfülltem Herzen haben die Kinder des Landkreises Koblenz an den Vortagen des Weihnachtsfestes die Gaben der ‚Schweizerspende', insbesondere die so lange entbehrten Süßigkeiten entgegengenommen. Diese Weihnachtsgaben haben bei den Kindern und Eltern dankbare Freude ausgelöst.

In dem nun zu Ende gehenden Notjahr 1947 ist es mir ganz besonders zum Bewußtsein gekommen, daß das Schweizervolk keine eigene Verantwortung für das Schicksal unseres Volkes zu tragen hat und darum nicht aus irgendeiner völkerrechtlichen Verpflichtung heraus, sondern nur aus eigener wahrhaft christlicher Gesinnung und Haltung freiwillig und in so großzügiger Weise den zahlreichen Notleidenden und Hungernden unseres Volks Hilfe bereitet. Die Kreisbevölkerung und ich wissen, daß sich auch das Schweizervolk im vergangenen Jahre große Einschränkungen auferlegen musste und seine Spende nicht aus dem Besitz und dem Reichtum eines ganzen Erdteils schöpfen konnte. Die erfolgreiche Durchführung des Hilfswerkes in unserem Gebiet ist vor allem Ihr persönliches Verdienst, dass sie als Beauftragter der ‚Schweizerspende' sehr viel Arbeit geleistet haben. Aber auch Ihren Mitarbeiterinnen und Mitarbeitern, die bei der Einrichtung der Kindererholungsfürsorge im Landkreis Koblenz so hilfreich tätig waren, spreche ich hiermit meinen tiefempfundenen Dank aus."

Internationales Komitee vom Roten Kreuz, Delegation für Deutschland, Berlin, 20.2.1950, Chefdelegierter Charles von Jenner an Legationsrat Felix Schnyder, Fürst-Bismarck-Str. 4, Berlin NW 40 (Diplomatische Dokumente Schweiz „DoDIS") Nr. 8008, Schweizerisches Bundesarchiv E 2001

„... Wie Ihnen bekannt sein dürfte, befasst sich das Internationale Komitee vom Roten Kreuz seit April 1946 mit der Vermittlung von sogenannten Liebesgabensendungen nach Gross-Berlin und der Ostzone Deutschlands. Die Genehmigung zur Ausübung unserer Hilfstätigkeit in der sowjetischen Besatzungszone wurde im Februar 1946 durch die Sowjetische Militäradministration für Deutschland in Berlin-Karlshorst erteilt. Ich möchte es mir heute zur Aufgabe machen, Sie in kurzen Zügen über die bisher geleistete Arbeit [...] zu orientieren.

Auf Grund des oben erwähnten Abkommens steht das Internationale Komitee vom Roten Kreuz als einzige ausländische Organisation da, welche laut einem mit den russischen Militärbehörden abgeschlossenen Vertrag in der sowjetischen Zone ihre Hilfstätigkeit ausüben kann. So haben denn alle im Ausland befindlichen Spender das IKRK beauftragt, die Waren, die sie kostenlos der notleidenden Bevölkerung dieser Gegend zukommen lassen wollten, in ihrem Namen zu vermitteln. Die Delegation des Internationalen Komitees vom Roten Kreuz in Berlin ist daher zur Vermittlungszentrale ausländischer Spenden für die Ostzone Deutschlands geworden. [...]

Unter den Spendern steht an erster Stelle die Schweizer Spende und deren Nachfolgeorganisation, die Schweizer Europahilfe. Als weitere Spender-Organisationen sind zu nennen: Irland Spende, Amerikanische Quäker, Englische Quäker, Mormonen, die Rotkreuzgesellschaften Südafrikas, Canadas, Australiens, Dänemarks, Norwegens, das Schweizerische Rote Kreuz, die deutsche Kolonie in Pretoria. Darüber hinaus wurden von den deutschen Kriegsgefangenen während ihrer Gefangenschaft in den USA verhältnismäßig bedeutende Summen zur Verfügung gestellt.

Von April 1946 bis Ende Dezember 1949 wurden durch unsere Delegation 5075 To Spenden innerhalb der sowjetischen Besatzungszone zur Verteilung gebracht. Im Jahre 1949 allein waren es ca. 940 To, wovon 902 To Lebensmittel, 20 To Medikamente und 18 To Sachspenden (Textilien, Leder etc.).

Als besonders grosse Aktionen, welche im Zeitraum vom Jahre 1946 bis 1949 zur Abwicklung gelangten, verdienen folgende erwähnt zu werden: Kinderspeisungen für ca. 412.000 Kinder der Gesundheitsstufe III im Alter von 3 – 14 Jahren auf eine Dauer von 78 Tagen; Zucker für werdende und stillende Mütter, insgesamt 110.000 kg; Obst- und Gemüsekonserven für alte Leute ausserhalb von Heimen, insgesamt ca. 320.000 kg; Speck und Heringe für Tbc-Kranke in und ausserhalb von Heimen, 47.000 kg; Sardinen und Käse für Tbc-Kranke in und außerhalb von Heimen, 72.000 kg; Zucker für Kinder- und

Altersheime, 287.000 kg; Wolldecken für Umsiedler und Heimkehrer etc., 33.000 Stück; Nägel und Schrauben zum Bauen von Bauernhöfen und Umsiedler-Möbeln, 28.000 kg; Rohwolle, welche zu Kleidungsstücken verarbeitet wurde, 48.000 kg; Kinderschuhe, hergestellt aus gespendetem Leder und Zutaten = 29.000 Paar; Penicillin an Krankenhäuser, insgesamt 422 Millionen Einheiten; Insulin an Krankenhäuser und Diabetikerzentralen, insgesamt 39 Millionen Einheiten; Streptomycin an Einzelfälle, insgesamt 7000 gr; Lebertran an Tbc-Patienten, insgesamt 28.000 kg; Stärkungsmittel an Tbc-Patienten, insgesamt 34.000 kg.

Lazarettzug ‚Genf': Ausrüstung und Zusammenstellung eines kompletten, 21 Wagen mit 390 Betten zählenden Lazarettzuges. Dieser Zug wurde zum Transport der aus Rußland heimkehrenden Kriegsgefangenen von Frankfurt/O. in die verschiedenen Durchgangs- und Entlassungslager der sowjetischen Zone eingesetzt.

Mit den durch die Delegation des IKRK in Berlin vermittelten Spenden wurden u.a. folgende Empfänger bedacht: 1.510.000 Kinder im Alter von 0 – 14 Jahren, 270.000 Kranke in Heimen und Anstalten, 112.000 werdende und stillende Mütter, 111.000 alte Leute in und ausserhalb von Heimen, 775.000 Umsiedler, Heimkehrer, Zivilinternierte, 110.000 Rekonvaleszenten und kranke Personen (Stärkungsmittel), 9.000 Auslieferungen, hauptsächlich Medikamente an Krankenhäuser, Fürsorgestellen, Heime und Lager. [...] Der Wert der vermittelten Waren beträgt für die sowjetische Besatzungszone approximativ Sfr 11,5 Millionen ...“

Bericht des Schweizer Diplomaten Philippe Zutter über die während einer Reise vom 19. April bis zum 4. Mai 1951 gewonnenen Eindrücke der Lage der Flüchtlinge in Deutschland und in Österreich (Diplomatische Dokumente Schweiz „DoDIS") Nr. 7443, Schweizerisches Bundesarchiv E 2001 (Auszüge, Übersetzung aus dem Französischen)

„Im November/Dezember 1950 beschlossen beide Räte des Schweizer Parlaments Hilfsaktionen für die Flüchtlinge Zentraleuropas (‚Volksdeutsche'). Es waren finanzielle Zuwendungen vorgesehen (3 Mill. Franken als Schweizer Hilfe und 1.368.000 als Überweisung an die ‚Internationale Organisation für die Flüchtlinge' – OIR – in Genf) und die Aufnahme von 200 kranken oder alten Flüchtlingen in der Schweiz.

Schon 1948 hatte sich die OIR (Organisation Internationale pour les Réfugiés) mit dem Problem befasst; sie war oft Zielscheibe heftiger Kritik gewesen. Nun wurde eine Gruppe von Mitgliedern der Schweizer Delegation bei der OIR beauftragt, Flüchtlingslager der OIR in Deutschland und Österreich zu besuchen. Sie wollten sich selbst ein Bild von diesen Einrichtungen verschaffen und ein Programm aufstellen, das eine effektive Hilfeleistung gewährleisten sollte. Besonders ging es aber darum, den Flüchtlingen Anteilnahme und Mitgefühl durch diesen Besuch zu bekunden und ihnen zu zeigen, dass man in Gedanken bei ihnen ist. In einem überaus detaillierten Bericht schildert die Gruppe ihre Eindrücke.

Zur Gruppe gehörte ich selbst als Leiter des Unternehmens, ebenso Herr Schürch, der Chef der Sektion ‚Flüchtlinge' bei der Bundespolizei, und mein Mitarbeiter Hans Cramer. Ich hatte meine Frau gebeten, mich zu begleiten, um leichter Kontakt mit den Kindern der Flüchtlingslager knüpfen zu können. Es wurde uns ein großes, robustes Auto zur Verfügung gestellt, das wir selber fuhren. Wir wollten vor den armen Flüchtlingen nicht mit einem Chauffeur angeben. Um nicht mit leeren Händen zu kommen, hatten wir einige Unternehmen gebeten, uns Schokolade zu spenden – wir erhielten unentgeltlich Dutzende Kilos.

Am 19. April 1951 machten wir uns auf den Weg. Wir fuhren quer durch Deutschland und Österreich und legten eine Strecke von 4300 km zurück. Dies ist der erste Eindruck an einem schönen Frühlingsmorgen bei der Fahrt durch Nachkriegsdeutschland: Hier ist ein Land im Aufbruch! Überall wird fieberhaft gearbeitet! Aber hinter diesen Aktivitäten wird ein Gefühl der Unsicherheit spürbar. Die Möglichkeiten der Deutschen sind begrenzt; es fehlt an Geld, die Besatzung und Teilung ihres Landes macht sich überall bemerkbar. So sehen die Bedingungen für ein Land aus, das mehr als 10 Millionen Flüchtlinge aufnehmen musste! Sie sind untergebracht in Lagern, ‚Bunkern', einzelnen Baracken, in Ruinen; man sieht sie überall, in der Stadt, auf dem Land, in den Wäldern. In Gesprächen mit Deutschen sind sie immer präsent. Bei der Aufnahme Deutschlands in den Europarat hat Adenauer in seiner Rede darauf hingewiesen. Das Flüchtlingsproblem ist für die Deutschen gravierend und man muss ihnen helfen, es zu lösen!

Unsere erste Station ist Freiburg. Wir nehmen hier Kontakt mit der ‚Caritas' auf und werden sehr zuvorkommend aufgenommen. Man gibt uns Informationen, die für unsere ganze Reise sehr wichtig sind. In Köln erhalten wir noch einmal nützliche Hinweise; dann beginnen wir in Düsseldorf mit dem täglichen Besuch der Flüchtlingslager. Hier ist ein Lager der OIR in alten Kasernen, das von einem energischen und gewissenhaften englischen Major geleitet wird. Die Räume sind hell und sauber, die Verpflegung einfach, aber ausreichend. Die Flüchtlinge kommen mit ihren Blechtöpfen, erhalten ihre Ration und essen im Speisesaal. Die meisten kommen aus Polen oder dem Baltikum. Sie hoffen auf eine Auswanderung nach Übersee. Hier ist für ihren Unterhalt gesorgt – aber das führt leicht zu einer trägen und fatalistischen Einstellung. Deshalb versucht man, ihnen eine Beschäftigung zu geben.

Der Major fährt mit uns weiter nach Essen. Das Lager besteht aus kleinen Ziegelhäuschen. Wir halten vor einem Haus an und sprechen mit der polnischen Familie. Die Frau hat Tuberkulose. Sie ist zu krank, um nach Übersee zu gehen, aber nicht krank genug, um zu den Personen zu gehören, die in der Schweiz aufgenommen werden. Sie und ihr Mann kennen diese Details nicht – das ist auch besser so. Die hübsche Tochter hilft ihr in der Küche, der Sohn schläft auf dem Bett um 4 Uhr nachmittags. Die Familie klagt; sie fühlt sich einsam. Im schmutzigen Barackenlager, aus dem sie hierhin kamen, hatten sie eine größere Gemeinschaft. Der Zementboden sei kalt, sie hätten wenigstens gern einen Teppich; statt dessen haben sie ein Radio, das den ganzen Tag spielt. Während unseres Besuchs in den Lagern hören wir ständig diese Radios oder Lautsprecher, die den ganzen Tag die gleichen Programme abspulen. Die Lager der OIR in Deutschland waren insgesamt zufriedenstellend. Natürlich hängt die Organisation eines Lagers, das Hunderte oder Tausende von Flüchtlingen beherbergt, sehr von der Person des Leiters ab. Wir haben nicht alle Lager gesehen, aber insgesamt waren unsere Erfahrungen positiv.

Der Besuch der Einrichtungen, die von Major Farrar geleitet wurden, führte uns quer durch das Ruhrgebiet. In Frankfurt und besonders in Köln hatten wir schon viele Ruinen gesehen, aber keine Stadt war so zerstört wie Essen. ‚Volksdeutsche' und Einwohner mussten sich die Baracken teilen, was die Lage der Flüchtlinge noch verschlimmerte. Am 22. April kamen wir nach einem kleinen Umweg durch Holland in Espelkamp an, einem Lager bei Osnabrück. In einem großen Wald war ein Bunker gesprengt worden, und die Flüchtlinge hatten in dessen Ruinen Zuflucht gesucht. Mit Hilfe der örtlichen Autoritäten waren schon Häuser gebaut worden, und Straßen, die die Namen der verlorenen Heimat trugen, z. B. Breslauer Straße, führten durch die Kiefern hindurch. Ein Sudetendeutscher, der ein Bein verloren hatte, zeigte uns das Dorf. Wir besuchten einen der Architekten, der die für 10.000 Personen geplante Anlage gebaut hatte. Er zeigte uns die Häuser; jedes hatte 2 kleine Zimmer und eine Küche. Die sanitären Einrichtungen seien gut, aber es konnten noch keine Badewannen erworben werden. Die meisten Männer und Frauen arbeiteten; sie hatten geringe Einkünfte – es begann ein bisschen Normalität des alltäglichen Lebens. Es gab sogar kleine Geschäfte. Wir dankten unserem Reiseführer, und er antwortete uns sinngemäß, dass er glücklich sei, eine Heimat gefunden zu haben.

Wir fahren weiter nach Bremen. Ein Amerikaner leitet dort das Lager Grohn, ein ehemaliges Militärgebäude. Diese Lager sind die letzte Etappe vor der Überfahrt nach Übersee. Das Lager Grohn ist das größte Lager der OIR mit der besten Ausstattung, verglichen mit den Lagern, die wir später an der ostdeutschen Zonengrenze sehen. Es geht weiter nach Hamburg, einer Stadt mit besonders vielen Flüchtlingen. Der Zustand der Lager ist beklagenswert. Die Menschen sind in Bunkern untergebracht, in Räumen ohne Fenster, feucht, mit schlechter Luft und schlechtem Licht. Unter allen Einrichtungen, die wir besuchten, waren die von Hamburg die deprimierendsten. Eine der wichtigsten Aufgaben für jede Hilfeleistung wäre, die Flüchtlinge hier rauszuholen. Andere sind in Wellblechbaracken untergebracht, von denen Westdeutschland voll ist. Sie sind dunkel, feucht und im Winter kalt; die Betten haben keine Bettwäsche, armseliges Gepäck liegt herum. Wir sprechen mit den Bewohnern, und ihre Erzählungen sind immer die gleichen: Die Familien sind zerstreut, Kinder unterwegs gestorben, die Männer ohne Arbeit. Die Kinder laufen im Lager herum und nehmen mit Freude die Schokolade an, die manche noch nie gesehen haben. Sie kommen schnell von allen Seiten und umringen uns. Sie sind erstaunlich gut erzogen. Die Mädchen bedanken sich und machen einen ‚Knicks‘. Die Kinder sind in der Regel weniger empfänglich für ihre traurige Lage. Für sie ist dieses Leben normal; sie können sich kaum ein anderes vorstellen. Die Alten sind am schlimmsten dran; das Wort ‚hoffnungslos‘ ist ständig auf ihren Lippen. Als wir ihnen bei unserer Abfahrt ‚alles Gute‘ wünschten, wussten wir, dass es nur eine Floskel war.

Wir fahren weiter nach Kiel über die gut erhaltene Autobahn. Der Stadtrat erwartet uns und erläutert uns die Situation in Schleswig-Holstein, das zusammen mit Niedersachsen die meisten Flüchtlinge aufnehmen musste. Die Lager sind in schlechtem Zustand. Es gibt viele Kinder, die nicht so gut gekleidet sind wie in Hamburg. Sie drängen sich um uns herum, um Schokolade zu bekommen. Der Leiter ruft in strengem Ton: ‚Deutsche Kinder betteln nicht‘. Diese Zeit ist Gott sei Dank vorbei. Andere sind schüchtern. Als meine Frau auf einen kleinen blonden Jungen am Zaun zugeht, zieht er sich zurück. Aber schließlich freut er sich über das Stück in Silberpapier, dessen Inhalt er nicht kennt. Wir besuchen auch ein Neubauviertel, das uns an ein Arbeiterviertel in der Schweiz erinnert. Das zeigt, dass Wiederaufbau gelingen kann. Die Kieler Stadtväter sind stolz darauf, aber es fehlt überall an Kapital. In Lübeck beklagt sich der Bürgermeister über die fehlende Hilfe. Wir versprechen zu überprüfen, wie wir besonders den Flüchtlingen in Schleswig-Holstein helfen können, deren Lage bedrückend ist.

Wir fahren weiter an der stark bewachten Zonengrenze entlang über Hamburg nach Hannover und weiter nach Uelzen. Dort befindet sich ein Durchgangslager, das uns nachhaltig beeindruckt hat. Von hier aus werden die Neuankömmlinge verteilt, vorausgesetzt, sie haben sich nicht strafbar gemacht und sind auf der anderen Seite des ‚Eisernen Vorhangs‘ in Lebensgefahr gewesen. Flüchtlinge unter 25 Jahren werden aufgenommen, die anderen 70% werden abgewiesen. Sie können in der Westzone bleiben, erhalten aber keinerlei Unterstützung. Daher sieht man viele armselige Gestalten durch die Straßen laufen, ein Köfferchen oder eine Aktentasche in der Hand, auf der Suche nach einer Beschäftigung. Um Missbrauch zu vermeiden, muss das Lager sehr korrekt geführt werden. Das konnten wir bei unserem Besuch in Lüneburg feststellen. Am Straßenrand stand ein junges Mädchen in Männerhosen und machte Autostopp. Wir hielten an und ließen sie einsteigen. Sie war ein Flüchtling aus Westpreußen; sie war hübsch, mit ordentlichen Manieren, ein wenig ordinär. Sie lebte mit ihrer Mutter zusammen, hatte für ihren Unterhalt alles Mögliche getan. Sie wollte ein neues Leben anfangen und ist dann über die Zonengrenze gekommen. Weil sie nicht die Aufnahmebedingungen erfüllte, wurde sie von einem Lager zum anderen geschickt. Wir luden sie zum Essen ein; dann schlug ich ihr vor, mit uns zusammen zum Lager zu fahren. Auf diese Weise hätte sie vielleicht die Chance, aufgenommen zu werden. Sie war davon nicht besonders angetan, aber sie kam mit. Bei der Ankunft im Lager übergaben wir sie der Leitung.

Nach 10 Minuten kam die Kriminalpolizei und teilte uns die Identität des Mädchens mit. Sie hatten Details über sie; sie hätte eine Geschlechtskrankheit und stelle eine Gefahr für die Autofahrer dar. Diese schnelle Identifizierung zeigt, dass die Deutschen wirklich Organisationstalent besitzen. Was sollte mit diesem Mädchen geschehen? Man würde sie versorgen, ärztlich behandeln und in eine Erziehungsanstalt bringen. Dann würde man ihr eine Arbeitsstelle suchen. Wenn sie einverstanden wäre, würde sie bald ein normales und ehrliches Leben führen können, wenn nicht, würde man sie hinter die Grenze zurückführen. Wir trafen sie wieder, als wir das Lager verließen. Ihre ,Gefangenschaft' machte ihr nicht viel zu schaffen.

Uelzen ist das Hauptdurchgangslager für die Flüchtlinge aus dem Osten. Es gibt umfangreiche Aufnahmeformalitäten wie Überprüfung durch die Kriminalpolizei, ärztliche Untersuchung, Entlausung. Wenn sie die Erlaubnis bekommen haben, in der amerikanischen, britischen oder französischen Zone zu bleiben, werden sie in andere Lager weiterverteilt. Wir halten uns noch längere Zeit in der Krankenstation auf, die uns der Arzt zeigt. Er führt uns ein Röntgengerät vor, das vom Schweizerischen Roten Kreuz gespendet worden ist und das ständig in Funktion ist. Er drückt uns gegenüber seine große Dankbarkeit aus für die Hilfe, die unser Land geleistet hat. Für die Säuglinge soll eine neue Säuglingsstation eingerichtet werden, denn viele Familien flüchten mit kleinen Kindern, und nicht selten entbinden Frauen bei der Ankunft im Lager oder auch auf der Flucht. Ein Neubau ist dringend nötig. In der alten Wellblechbaracke waren im letzten Sommer bei großer Hitze 15 Säuglinge an einer Epidemie gestorben. Der behandelnde Arzt hatte sich deswegen das Leben genommen.

Dann nehmen wir teil an einer Befragung von Flüchtlingen vor einer Berufungskommission. Zwei Männer werden abgewiesen, z.B. wegen Waffenbesitz, ein junges Mädchen darf bleiben. Sie ist schwanger und wird bald Mutter sein. Zum Schluss gehen wir in die Baracke der Neuankömmlinge. Die Flüchtlinge bekommen ihr Abendessen. Wir unterhalten uns mit einem 13-jährigen Mädchen, das allein über die Zonengrenze durch den Wald hierher gekommen ist. Es hat die Anschrift von Verwandten und wird von Uelzen aus weitergeleitet.

Wir brechen weiter auf nach Hannover, Göttingen, Bamberg, Nürnberg, um dann über Salzburg nach Österreich zu fahren. Unser Reiseweg führt uns über Berchtesgaden, wo wir die Ruinen der Anlage besichtigen, die einst Hitlers Wohnsitz war. Die Bauten, die die Empfangssäle umschlossen, waren wahre Paläste. Die Franzosen hatten sie gesprengt und sie dann den Amerikanern überlassen. Ein improvisierter lokaler Reiseführer zeigt uns mit Respekt die ehemals heiligen Orte. Ein bisschen weiter entfernt gehen amerikanische Offiziere mit ihren Frauen spazieren; sie schienen nicht mehr Interesse zu verspüren, als wenn sie die Ruinen von Pompeji besichtigten.

In Österreich besuchen wir die Flüchtlingslager in Salzburg, Regau und Linz. Sie sind in beklagenswertem Zustand. Die Kinder sind zahlreich, und unsere Schokolade hat einen unglaublichen Erfolg – der Vorrat geht schnell zur Neige; aber wir bekommen Nachschub. Es geht zurück nach Deutschland. In München besuchen wir ein sehr ärmliches Barackenlager. Jede Baracke besteht aus einem einzigen Raum, in dem 35 Personen leben: Kochen, essen, lärmen der Kinder – das ganze Leben von mehreren Familien spielt sich in einem Raum ab! Nur zur Entbindung gehen die Frauen ins Krankenhaus. Alle ertragen sich gegenseitig. Wir sehen die Klassen, die Kirchen, die Bibliothek, in der es natürlich keine Bücher gibt. Den Alten geht es am schlimmsten. Ich unterhalte mich mit einer 84-jährigen Frau, die still vor sich hin weint. Als ich ihr ein wenig Geld gebe, verneigt sie sich und küsst mir die Hand.

Diese Geste berührt mich zutiefst – sie steht am Ende unserer Lagerbesuche. Sie ist symbolisch in ihrer Tragik und Demut und drückt das Empfinden dieser unglücklichen Menschen aus: Mehr noch als die Dankbarkeit ist es die Hoffnung, die sie in uns setzen. In den Augen dieser besitzlosen Menschen bedeutet die Schweiz Sicherheit und Reichtum, ja mehr noch: Großzügigkeit. Auch die letzten Flüchtlinge haben von den Hilfsaktionen der Schweiz gehört. Sie zählen auf uns. Verglichen mit ihnen sind wir reich und glücklich, und wir haben bisher nur aus unserem Überfluss gegeben. Die Zahl der Flüchtlinge ist enorm, und man könnte versucht sein zu sagen: ‚Wozu das alles? Unsere Hilfe ist nur ein Tropfen im Ozean‘. Aber dieses Argument zeugt von Trägheit und Egoismus. Denn auch wenn wir nicht allen helfen können, kann es nicht bedeuten, niemandem zu helfen.

Vor allem sollte man den deutschen und österreichischen Behörden behilflich sein, die Flüchtlings-probleme zu lösen. Es kann hier nicht darum gehen, jedes Detail der Schweizer Hilfe für Europa darzu-legen. Aber man muss die dringendste Aufgabe in Angriff nehmen: die schlimmsten Lager aufzulösen oder die Zustände in ihnen zu ändern. Die Schweiz kann unmöglich allein dieses riesige Problem lösen. Alle Mitglieder der OIR erkennen sehr wohl, dass über den humanitären Aspekt hinaus Hilfeleistungen aus politischen Gründen erforderlich sind. Die verzweifelten Menschen nahe unserer Grenzen sind leichte Beute für extremistische Einflüsse. Die Spende der Schweiz von 3 Millionen Franken ist die erste Geste eines Staates. Seien wir großzügig! Es ist wahr, wir können nicht allen Unglücklichen auf der Welt helfen, aber da können wir den Flüchtlingen, die uns so nahe sind, Vertrauen zurückgeben in die Men-schen und in das Leben.“

Nachkriegseindrücke des Journalisten Hermann Ziock, seit August 1946 stellvertretender Chefre-dakteur der „Westfälischen Nachrichten“ in Münster. Der Beitrag wurde am 12. Juli 1947 in dieser Zeitung veröffentlicht.

„Hannover Hauptbahnhof – nachts um halbdrei ...

Hannover, im Juli 1947. Während ich im FD 276, der von Hamburg direkt nach Basel fährt, meinen Koffer aus dem Gepäcknetz hole, meine Zeitschriften und Zeitungen verstaue und mich anschicke, das Abteil zu verlassen, höre ich durch den Lautsprecher des Hauptbahnhofs eine weibliche Stimme, die sonst die Anschlüsse bekanntgibt, einige Male einen Satz sagen, der mir neu war. „Die Reisenden wollen auf ihre Koffer achten ...“ „Die Reisenden wollen auf Ihre Koffer achten ...“ Das war nachts kurz nach halb drei. Gegen fünf Uhr ging der Anschlußzug.

Da die Luft lau war, wie nur ganz wenige Sommernächte es sind, war es nicht weiter schlimm, die paar Stunden der Nacht um die Ohren zu schlagen. Wer heutzutage reist, gewöhnt sich an vieles, was einem früher beängstigend erschienen wäre. Ich tröstete mich schnell, da ich sowieso ein Buch zu Ende lesen wollte. Außerdem waren noch die Zeitungen mit einigen Berichten aus der Schweiz da. Während mir das durch den Kopf ging, stieß ich beim Aussteigen auf Gruppen von Menschen, die sich auf den Bahnsteig zum Schlafen hingelegt hatten.

Sie lagen teils auf Decken, teils auf dem nackten Steinboden. Einige hockten auf Koffern. Noch sah ich nicht das Erbärmliche, das trostlose Schreckliche, das ich wenige Augenblicke später erleben sollte. Wie hätte ich das auch wahrnehmen sollen, da der Bahnsteig nur schwach erleuchtet war und das fahle Halblicht wohltuend die Zerrbilder der Realität verbarg. Anders sah es im Tunnel aus, unten im Durchgang, der die Bahnsteige verbindet.

An einen großen, schmutzigen, grauen, trostlosen Schlafsaal mußte ich denken. Männer, Frauen und Kinder liegen da herum, man sieht Köpfe, Kleider, Beine, Arme. Junge und Alte sieht man. Anein-ander gedrängt und einzeln. Drüben schläft eine ganze Familie: ein Mann, eine Frau, zwei Kinder. Und da eine Frau, dort ein Mann, weiter nach rechts zu ein Mädchen, nach links zu ein Greis, daneben ein junges Paar. Und dazwischen Säcke, Koffer, Pakete, Taschen.

An beiden Seiten, den Wänden entlang, ein einziges großes Durcheinander menschlicher Kreatu-ren: liegend, hockend, nach links umgefallen, angelehnt an die Wand, eingezwängt zwischen ihre Habe.

Einigen hat die Übermüdung widerlich den Mund aufgerissen, bei allen scharf geschnittene, oft verbissene Züge, die Gesichter blaß und eingefallen, das Haar wirr und wild.

Ich bin diese Reihen einigemale entlang gelaufen. Wie ein Traumwandler muß ich gegangen sein. Mir war, als hätte ich das alles nicht begreifen können. Einmal sah ich ein Kind, das auf einem Kartoffelsack eingeschlafen war. Ganz ruhig atmete es. Ein stilles, schönes, aber blasses Kindergesicht – und ringsum das Elend. Vor dem Kind eine schmutzige, ausgetrunkene Flasche, direkt daneben die staubigen, abgetragenen Schuhe, die die Mutter ausgezogen hatte, und davor eine schäbige Handtasche, die umgekippt und offengegangen war. Gegenüber saß ein Mädchen, den Kopf in die Hände gestützt, auf den Knien ein Buch. Es las. Was mag das Mädchen nur lesen, schoß es mir durch die Sinne. Ich wollte fragen, da hörte ich weiter nach rechts zu einen Alten husten. Er konnte nicht einschlafen, weil er husten mußte, und er hustete, obwohl es in einer Sommernacht war.

Welche Schicksale verbergen sich hier? Wieviele Tage und Nächte waren die Menschen unterwegs? Sie befanden sich auf Hamsterfahrt, ganz gewiß. Aber die da übermüdet am Erdboden lagen, sahen nicht danach aus, als wollten sie mit ihrer Hamsterware Geschäfte machen. Die Not trieb sie, die nackte Not. So habe ich Eingeborene in Algier und Marokko und in den Städten des Balkans am Erdboden liegen sehen.

Nachher setzte ich mich auf einige Holzklötze, die ich am Fußende eines Stützbalkens fand, bestrich mir ein Brot mit Marmelade und las dann in der „Neuen Zeitung" Kästners Bericht von seiner Züricher Reise zu Ende ... und nur zweimal hielt ich kurz inne. Zuerst vor Corrieri, dem Südfruchtladen: Bananen, Apfelsinen, Ananas, Feigen, Datteln, Pampelmusen, Erdbeeren, Kirschen, Rosinen, Mandeln, Nüsse, Zitronen – Ich stand wie angewurzelt, es verschlug mir den Atem.

Ich schloß die Zeitung und stierte eine Zeitlang vor mich hin. Dann stand ich auf und ging noch einmal die Reihen entlang. Ich fing an zu zählen, aber wenn ich die Kinder sah, mußte ich immer wieder an den Südfruchtladen Corrieri in Zürich denken. Und noch manches andere ging mir in dieser Nacht durch den Kopf. Oft waren es nur Stichworte: 20. Jahrhundert ... Christentum ... Sozialismus ... Humanität ...

Was ist nicht alles gesagt und geschrieben worden! In allen Sprachen haben kluge Leute und Politiker die Probleme erörtert. Wie leichtfertig und tönend laut wird oft vom Sozialismus gepredigt, aber trotz aller Proklamationen hat es unsere Zeit nicht fertig gebracht, diesen Menschen, die da auf dem Erdboden liegen, diesen Frauen und Kindern, zu helfen. Es ist doch nur der Hunger, der sie auf ihre weiten Wege und durch die Nächte treibt, nichts als Hunger.

Ist es wahr, daß die Erde nicht genug hergibt, die Hungernden zu ernähren? Ich für meinen Teil glaube den ausgeklügelten Statistiken nicht, die das besagen. Ich habe außerhalb dieser Statistiken so manches gesehen, gehört und gelesen, was zu dem Ergebnis führt, mit diesem Trugschluß, nicht zufrieden zu sein. Wäre es nicht ein Widerspruch, wollte man sagen, daß das Jahrhundert des größten technischen Fortschritts und der weitesten Erschließung der Erde, das Jahrhundert der größtmöglichen Nutzung und der Überwindung der Entfernungen jetzt weniger Menschen ernähren könnte als es früher möglich war, wo doch mehr satt wurden als heute?

Ist es nicht die Politik, die uns das Verderben unserer Tage gebracht hat? Unsere eigene, die deutsche Politik war es, nicht minder, aber ist es das, was ihr folgte. Hat nicht Dorothy Thompson in Amerika erst kürzlich offen ausgesprochen, eine Politik sei betrieben worden, die in nichts anderem resultieren könne, als Millionen dem Hungertode auszuliefern und die Zerstörung der Zivilisation nahezu zu vollenden? Deshalb fordert sie, die Vereinigten Staaten müßten ‚endlich beginnen, ernsthafte Konsequenzen aus der verfahrenen Europapolitik zu ziehen'.

All das ging mir durch den Kopf. In der Nacht, die ich im Hauptbahnhof Hannover auf meinen Anschlußzug wartete."

Hilfe für deutsche Kinder: Notizen des Schweizerischen Roten Kreuzes

In der mehrfach zitierten Monatsschrift des Schweizerischen Roten Kreuzes wurde die Hilfe der Organisation in den jeweils vergangenen Wochen stets in wenigen Zeilen dokumentiert. Daraus werden hier einige, wenn auch längst nicht alle Maßnahmen vorgestellt. Auffallend häufig ging es dabei um die Lieferung von Betten und Bettgarnituren. Anfang 1949 hatten beispielsweise Ludwigshafen, Bochum, Gelsenkirchen, Dortmund, Hannover und Koblenz entsprechende Waren im Wert von 50.000 Sfr (Franken) erhalten. Ob medizinisches Gerät für Krankenhäuser, ob Nähmaschinen, Stoff, Wolle oder Leder, ob Schuhe für Kinder, ob Säuglingswäsche, Hygieneartikel und die tausenden Tonnen an Kakao, Ovomaltine, Milchpulver und Zusatznahrung, immer wieder tauchen als Empfänger die Namen deutscher Städte auf. Die in Klammern beigefügten Ziffern beziehen sich auf die jeweilige Ausgabe der „Zeitschrift des Schweizerischen Roten Kreuzes", die in der Nachfolgeschaft der Zeitschrift „Das Rote Kreuz" erstmals im November 1948 erschien.

„Am 11. Juni 1949 liefert das Rote Kreuz eine Waggonladung von 12 Tonnen, enthaltend 27 Fässer Lebertran, 152 Säcke Traubenzucker, Säuglingswäsche, Bettwäsche, Hebammenkoffer und chirurgische Instrumente, am 14. Juni einen Waggon von 13 Tonnen mit Seife und Ovomaltine sowie am 7. Juli eine Sendung von fast 14 Tonnen mit Wäsche, Kinderkleidern und Medikamenten. Die Sendungen gehen an das Bayerische Rote Kreuz in München zur Verteilung an Flüchtlingslager." (Heft 10, 1949)

„Die Kommission der Kinderhilfe bewilligt im September 1949 für den Ankauf von Lebensmitteln für die individuellen Patenschaften der Kreise Ludwigshafen und Hannover einen Kredit von 75.000 Sfr und für den Ankauf von Bettwäsche, Küchenmaterial und Hausrat zur Einrichtung des Kinderheims Falkau, Staufen im Breisgau, einen Kredit von 5.000 Sfr." (Heft 1, 1949)

„In den letzten Wochen des Jahres 1948 verteilt die Kinderhilfe Bettengarnituren im Wert von 50.000 Sfr in Ludwigshafen, Bochum, Gelsenkirchen, Dortmund, Hannover und Koblenz." (Heft 3, 1949)

„Die Kinderhilfe wird die Verteilung von Kakao für bedürftige Kinder in Dortmund, Ludwigshafen, Hannover, Gelsenkirchen und Koblenz, die im November 1948 begonnen hat, bis zum Monat März weiterführen. In Bochum erhalten die Kinder Pakete, die Kakao, Zucker und Pulvermilch enthalten. Für die Kinder von Hannover werden noch zusätzliche Speisungen durchgeführt." (Heft 3, 1949)

„Am 3. Dezember 1948 reisen 90 prätuberkulöse Kinder aus Bochum in die Schweiz, von denen 70 im Erholungsheim ‚Des Alpes', Beatenberg, und 20 im Erholungsheim ‚Sonnalp', Goldiwill, untergebracht werden." (Heft 3, 1949)

„Im November 1949 verschickt das Schweizerische Rote Kreuz fünf Waggonladungen von Patenschaftspaketen, Sammelgut, Wäsche und Bettenmaterial zugunsten von Flüchtlingsfamilien im Gesamtwert von 116.000 Sfr nach Schleswig-Holstein, Niedersachsen, München, Klagenfurt und Linz." (Heft 2, 1950)

„Am 1. Dezember 1950 kommen 200 Flüchtlingskinder aus Niedersachsen und 300 aus Schleswig-Holstein zu einem dreimonatigen Erholungsaufenthalt in die Schweiz." (Heft 2, 1950)

„An Weihnachten 1949 versendet das Schweizerische Rote Kreuz acht Waggonladungen mit Kleidung an das Bayerische Rote Kreuz nach München und drei Waggonladungen nach Hannover – insgesamt 75 Tonnen –, zur Verteilung an Flüchtlingsfamilien." (Heft 3, 1950)

„Am 14. Dezember 1949 reisen 500 Flüchtlingskinder aus München, Augsburg und Nürnberg über Schaffhausen ein, am 21. Dezember erreicht der nächste Zug mit Flüchtlingskindern aus Würzburg, aus dem Bayerischen Wald und aus dem Lager Hof-Moschendorf die Schweiz. Am 25. Januar wird der nächste Zug mit Flüchtlingskindern aus Schleswig-Holstein erwartet. Sie werden in Familien untergebracht." (Heft 3, 1950)

„Ende Dezember 1949 befinden sich 30 deutsche Kinder im Erholungsheim ‚Fragola‘, einige in den Heimen ‚Sonnalp‘ in Goldiwill und in ‚Flüeli‘ und 16 in ‚Oberholz‘. Schweizer Firmen versüßen den kleinen Gästen das Weihnachtsfest." (Heft 3, 1950)

„An die 1949 in die Schweiz eingereisten Kinder werden 45.160 Kleidungsstücke abgegeben." (Heft 3, 1950)

„Ende 1949 zählt das Schweizerische Rote Kreuz 4.000 laufende Patenschaften in der Umgebung von Hannover und Ludwigshafen. Die Patenkinder erhalten jeden Monat ein Lebensmittelpaket mit Kondensmilch, Reis, Zucker, Käse, Stärkungsmittel und Schokolade sowie mit zwei zusammengelegten Patenschaftsbeiträgen ein Textilpaket. 1949 verteilt das Schweizerische Rote Kreuz insgesamt 46.000 Pakete an deutsche Kinder." (Heft 4, 1950)

„Im Januar 1950 reisen 20 prätuberkulöse Kinder aus Würzburg in das Erholungsheim ‚Flüeli ob Sachseln‘, je 30 Kinder aus Niedersachsen und Schleswig-Holstein kommen nach ‚Miralago‘." (Heft 4, 1950)

„Am 31. März 1950 bringt der siebte Flüchtlingstransport 200 Kinder aus Niedersachsen und 300 aus Schleswig-Holstein in die Schweiz." (Heft 6, 1950)

„Im Frühjahr 1950 verteilt das Schweizerische Rote Kreuz neue Kleidungsstücke im Wert von 45.500 Sfr an deutsche Heime, die in der Hauptsache an Flüchtlingskinder abgegeben werden." (Heft 8, 1950)

„Bei der an Weihnachten 1949 letztmals durchgeführten Wochenbatzenaktion im Werte von zwei Franken pro Woche kommen über 56.000 Sfr zusammen, die für Flüchtlingskinder in Deutschland verwendet werden sollen. Damit können 3.400 Kinder mit Kleidung und Schuhen versorgt werden." (Heft 8, 1950)

„Vom 24. Januar bis zum 16. Februar 1951 werden folgende Sendungen an Bedürftige, besonders an Flüchtlinge, in unsere Nachbarländer versandt: Eine Waggonladung mit Betten und Bettwäsche (Patenschaften) an das Deutsche Rote Kreuz in Kiel im Wert von 22.600 Sfr, eine Waggonladung Patenschaftspakete im Wert von 30.800 Sfr, gleichfalls an das Deutsche Rote Kreuz in Kiel, ferner eine Waggonladung mit Patenschaftspaketen im Wert von 40.000 Sfr nach Hannover." (Heft 5, 1951)

„Am 7. März 1951 bewilligt die Kinderhilfekommission 40.000 Sfr für den Ankauf von Kleidern für die Flüchtlingskinder in Schweizer Familien oder Schweizerheimen, 180.000 Sfr für die individuelle

Flüchtlingspatenschaftsaktion zugunsten von 3.000 Kindern in Deutschland und Österreich, gedeckt durch individuelle Flüchtlingspatenschaften Schweizer Bürgerinnen und Bürger, sowie 100.000 Sfr für den Ankauf von Betten, Matratzen, Decken usw., gleichfalls gedeckt durch symbolische Patenschaften für bedürftige Kinder in Deutschland und Österreich usw." (Heft 5, 1951)

„Am 8. März 1951 kommen 427 Flüchtlingskinder aus Bayern und Niedersachsen in die Schweiz. Mitte April werden weitere 100 Kinder aus Niedersachsen erwartet." (Heft 5, 1951)

„Am 18. Mai 1951 reisen 30 prätuberkulöse Berliner Kinder in das Heim ‚Miralago'." (Heft 6, 1951)

„Am 29. Mai 1951 verlassen 20 Flüchtlingskinder aus Schleswig-Holstein das Kinderheim ‚Flüeli ob Sachseln' und reisen in ihre Heimat zurück." (Heft 6, 1951)

„Im April 1951 werden eine Waggonladung mit 1.150 Patenschaftspaketen und 34 Paketen mit Büchern und Zeitschriften im Wert von 64.000 Sfr, eine Waggonladung mit 100 Bettensortimenten im Wert von 11.600 Sfr sowie zwei Waggonladungen Schulbänke (Spende der Schuldirektion Zürich) an das Bayerische Rote Kreuz in München verschickt, ferner eine Waggonladung mit 125 Bettensortimenten für Kiel und 100 Bettensortimenten für Hannover sowie 15 Nähmaschinen und Wäsche für Greise und Greisinnen im Wert von 16.400 Sfr." (Heft 6, 1951)

„Am 26. Juni 1951 werden 1.150 Patenschaftspakete im Wert von 62.700 Sfr für Flüchtlingskinder in Bayern verschickt." (Heft 8, 1951)

„Am 5. Juli 1951 werden 250 Patenschaftspakete (Wolldecken, Leintücher, Bettzeug usw.) für Flüchtlinge im Wert von 16.600 Sfr an das BRK München verschickt, dazu eine Waggonladung mit Sammelgut im Wert von 6.650 Sfr und schließlich eine Waggonladung mit Sammelgut im Wert von 6.680 Sfr an das Bayerische Rote Kreuz München, gleichfalls für Flüchtlinge." (Heft 9, 1951)

„Am 18./20. September 1951 verlassen 29 Berliner Kinder nach viermonatigem Aufenthalt ‚Miralago', am 2. Oktober kommen 30 deutsche Kinder nach ‚Fragola' und am 9. Oktober 30 Kinder aus Schleswig-Holstein nach ‚Beatenberg'." (Heft 10, 1951)

„Am 16. November 1951 reisen 60 Flüchtlingskinder aus Niedersachsen und Schleswig-Holstein und am 29. November 500 Flüchtlingskinder aus Bayern in die Schweiz ein." (Heft 10, 1951)

„Von Dezember 1951 bis Dezember 1952 werden 3.700 Kinder aus Österreich, Bayern, Niedersachsen und Schleswig-Holstein im Rahmen der individuellen und kollektiven Patenschaften Geschenke von ihren Schweizer Paten erhalten, je nach Bedürfnis ein Bett oder Bettwäsche, ein Textilpaket oder Schuhe." (Heft 1, 1952)

„Am 11. Dezember 1951 reisen 30 prätuberkulöse Flüchtlingskinder aus Schleswig-Holstein nach ‚Miralago'." (Heft 1, 1952)

„Am 11. Januar 1952 fahren 250 Flüchtlingskinder aus Niedersachsen und gleichfalls 250 aus Berlin über Schaffhausen in die Schweiz ein. Sie werden, wie bisher schon der Fall, von Schweizer Familien aufgenommen." (Heft 1, 1952)

„Am 29. Januar 1952 kommen 20 Flüchtlingskinder aus Westfalen nach ‚Flüeli' – sie fahren am 27. Mai wieder nach Hause –, Mitte Februar gelangen 30 Flüchtlingskinder aus Schleswig-Holstein nach ‚Beatenberg' sowie jeweils 30 bayerische und 30 Kinder aus Niedersachsen nach ‚Fragola'. Sie bleiben fast ein halbes Jahr." (Heft 2, 1952)

„Am 20. Juni 1952 kommen 20 Kinder aus Niedersachsen und Oldenburg nach ‚Flüeli'." (Heft 5, 1952)

„Die Kommission für Kinderhilfe hat in ihrer Sitzung vom 25. Juni 1952 die folgenden Kredite bewilligt: Für Flüchtlingspatenschaften in Deutschland 60.000 Sfr; für Bettenaktionen in Deutschland zugunsten der Flüchtlinge 60.000 Sfr; für Einrichtung eines Kindergartens und Horts im Mütterheim in Kiel 6.000 Sfr; für Ankauf von Nähmaschinen zur Einrichtung von Nähstuben für Flüchtlinge 5.000 Sfr." (Heft 6, 1952)

„Von November 1952 bis Ende Januar 1953 nimmt die Schweiz 1.850 Kinder aus Bayern, Berlin, Hessen, Niedersachsen und Schleswig-Holstein auf." (Heft 7, 1952)

„Aus den eingelaufenen Patenschaftsgeldern hat die Kommission für Kinderhilfe 50.000 Sfr bewilligt zum Ankauf von Betten, Wolldecken, Trainingsanzügen und warmer Unterwäsche für die Flüchtlingskinder von Berlin." (Heft 8, 1952)

„Vom 1. März bis zum 15. April 1953 werden als Sammelgut für Flüchtlinge zwei Waggons im Wert von 23.800 Sfr nach Berlin, ein Waggon im Wert von 15.200 Sfr nach Hannover, ein Waggon im Wert von 14.700 Sfr nach Kiel, ein Waggon im Wert von 14.700 Sfr nach München, zwei Waggons im Wert von 26.600 Sfr nach Düsseldorf, ein Waggon im Wert von 17.200 Sfr nach Stuttgart verschickt." (Heft 4, 1953)

„In den Monaten Januar und Februar 1953 werden im Rahmen der Kollektiv-Bettenspende 100 Garnituren nach Kiel, 115 nach Berlin, 125 nach Hannover und 75 nach Linz in Österreich im Wert von 74.000 Sfr geliefert. Zusammen mit der Sendung nach Linz erhielten deutsche Flüchtlingskinder, einschließlich der Patenschaftsaktion und einer Kollektivspende für Flüchtlingskinder in Berlin, Waren im Wert von 217.650 Sfr." (Heft 3, 1953)

„Am 5. März 1953 reisen 450 Flüchtlingskinder aus Berlin in die Schweiz ein, am 19. März folgen weitere aus Berlin." (Heft 3, 1953)

„Am 30. April 1953 fahren 474 Flüchtlingskinder aus Berlin in die Schweiz." (Heft 4, 1953)

„In der Zeit vom 22. April bis zum 28. Mai 1953 werden im Rahmen der Kinderhilfspatenschaften für Flüchtlingskinder drei Waggonladungen Bettengarnituren im Wert von 23.560 Sfr nach Kiel, eine Waggonladung im Wert von 18.500 Sfr nach München, drei Waggonladungen Bettgarnituren im Wert von 29.700 Sfr nach Hannover sowie zwei Waggonladungen im Wert von 18.200 Sfr nach Berlin geschickt, jeweils zu Händen des Deutschen Roten Kreuzes." (Heft 5, 1953)

„In der Zeit vom 22. April bis zum 28. Mai 1953 werden aus dem Sammelgut des Roten Kreuzes eine Waggonladung im Wert von 9.200 Sfr nach Kiel, eine im Wert von 8.900 Sfr nach München, dazu halbe Waggonladungen nach Hannover und Berlin verschickt." (Heft 5, 1953)

„Am 9. Juni und 23. Juni 1953 reisen 932 Flüchtlingskinder aus Berlin in ihre Heimat zurück. Weitere 474 Berliner Flüchtlingskinder fahren am 13. Juli nach Hause." (Heft 5, 1953)

„Am 9. Juli 1953 kommen 30 Flüchtlingskinder aus Hessen nach ‚Fragola'. Sie fahren am 15. Dezember wieder nach Hause." (Heft 5, 1953)

„Für das zweite Halbjahr 1953 bewilligt die Kommission der Kinderhilfe für 2.500 Flüchtlingspatenschaftspakete 150.000 Sfr, deren finanzielle Bereitstellung durch die individuellen Flüchtlingspatenschaften gedeckt ist. Desweiteren werden 100.000 Sfr zum Ankauf von 500 kompletten Betten für die tuberkulosekranken und -gefährdeten Kinder von Flüchtlingen und Ausgebombten in Deutschland und Österreich bewilligt. Letztere Ausgaben sind auch durch symbolische Patenschaften gedeckt." (Heft 6, 1953)

„Vom 19. Oktober bis 2. Dezember 1953 versendet das Schweizerische Rote Kreuz fünf Waggonladungen mit Bettenspenden, Patenschaftspaketen sowie Schulbänken im Wert von 55.600 Sfr an das Bayerische Rote Kreuz in München, fünf Waggonladungen mit Patenschaftspaketen sowie Sammelgut im Wert von 58.900 Sfr an das Deutsche Rote Kreuz (DRK) in Kiel, gleichfalls fünf Waggonladungen an das DRK Hannover im Wert von 58.300 Sfr, drei Waggonladungen vergleichbaren Inhalts an das DRK in Frankfurt/M., zwei Waggonladungen vergleichbaren Inhalts an das Deutsche Rote Kreuz in Berlin im Wert von 23.100 Sfr sowie eine Waggonladung an das DRK in Stuttgart mit 30 Nähmaschinen." (Heft 1, 1954)

„Am 26. November 1953 reisen ‚400 teils recht bedürftige und mitgenommen aussehende Kinder' aus Schleswig-Holstein und Niedersachsen über Schaffhausen in die Schweiz ein. Ein weiterer Kinderzug bringt am 9. Dezember 496 Kinder aus Rheinland-Pfalz, Württemberg, Baden und Bayern und am 11. Dezember 110 aus Bayern in die Schweiz. Fast alle Kinder stammen aus Flüchtlingsfamilien. Sie werden von Schweizer Familien für einen dreimonatigen Aufenthalt aufgenommen. Weitere Transporte für Flüchtlingskinder sind im Februar vorgesehen." (Heft 1, 1954)

„Am 18. März 1954 wird ein weiterer Transport mit 130 Flüchtlingskindern aus Schleswig-Holstein für einen dreimonatigen Aufenthalt in Schweizer Familien in unserem Land eintreffen." (Heft 2, 1954)

„Eine Ärztin und zwei Mitarbeiterinnen unseres Zentralsekretariats wählen im Januar die Flüchtlingskinder aus Niedersachsen ... für einen Schweizer Aufenthalt aus und kontrollieren die Patenschaftsaktionen in Niedersachsen und Schleswig-Holstein." (Heft 2, 1954)

„Im Sommer 1954 werden Patenschaftspakete und Sammelgut im Wert von 144.700 Sfr nach Berlin, Frankfurt, Hannover, Kiel, München und Stuttgart geliefert." (Heft 6, 1954)

„Für individuelle Hilfe an Flüchtlingskinder in Deutschland bewilligt das Schweizerische Rote Kreuz für das zweite Halbjahr 1956 die Summe von 103.000 Sfr. Insgesamt stehen der Organisation für Flüchtlingskinder in Europa 309.500 Sfr zur Verfügung." (Heft 6, 1956)

„Für individuelle Hilfe an Flüchtlingskinder in Deutschland bewilligt das Schweizerische Rote Kreuz für das erste Halbjahr 1957 die Summe von 60.000 Sfr. Davon sollen Bettwäsche, Wolldecken, Matratzen, Bettgestelle, Wolle und Schuhe angeschafft werden." (Heft 2, 1957)

Übersicht der Kinderzüge vom 17. April 1946 bis zum 20. Mai 1949

Ankunft Basel	Herkunftsort	Anzahl der Kinder
Französische Zone		
17.04.1946	Saarbrücken/Trier/Ludwigshafen	497
22.05.1946	Koblenz/Mainz	497
13.08.1946	Singen	21
17.09.1946	Freiburg/Breisach/Offenburg	304
14.11.1946	Ludwigshafen/Offenburg	446
25.04.1947	Ludwigshafen	15
01.07.1947	Tuttlingen/Konstanz/franz. Südostzone	501
03.07.1947	Tübingen/Freiburg/Offenburg	550
04.07.1947	Waldshut/Lörrach	270
10.07.1947	Ruhrgebiet/franz. Nordzone	700
26.08.1947	Todtnau	45
26.09.1947	Worms/Pfalz/Freiburg/Offenburg	542
01.10.1947	Ludwigshafen	36
08.01.1948	Pfalz	430
15.07.1948	Pfalz	26
22.10.1948	Freiburg/Litauische Displaced Persons	38
18.11.1948	Pfalz/Worms	349
03.12.1948	Landstuhl	64
1949	keine Transporte	
Britische Zone		
05.07.1946	Hamburg	450
23.08.1946	Dortmund	449
04.10.1946	Wuppertal/Düsseldorf	469
18.10.1946	Hamburg	464
29.11.1946	Braunschweig/Hannover	448
24.01.1947	Kiel	441
05.02.1947	Essen/Mülheim/Oberhausen	475
20.02.1947	Recklinghausen	496
02.04.1947	Köln	435
10.04.1947	Kiel	475
30.05.1947	Hamburg/Lübeck	495
17.07.1947	Kiel/Hamburg/Bremen/Hannover	761
12.09.1947	Bielefeld/Dortmund/Bochum/Essen	501
17.10.1947	Essen	449
17.10.1947	Braunschweig/Hannover	108
07.11.1947	Wilhelmshaven/Bremerhaven	424
12.12.1947	Duisburg	438
06.02.1948	Wuppertal/Hannover/Hamburg/Bremen	343
08.04.1948	Düsseldorf/Wesel/Niederrhein	530
28.05.1948	Hamburg	471
03.09.1948	Essen/Wuppertal/Duisburg/Mülheim	376

08.10.1948	Dortmund/Hamm/Bonn/Mülheim	361
03.12.1948	Bottrop	88
14.01.1949	Hannover	326
25.02.1949	Ruhrgebiet	284
25.02.1949	Britische Zone/Displaced Persons	92
25.02.1949	Hamburg	50

Amerikanische Zone

1946	keine Transporte	
16.01.1947	Mannheim	437
07.03.1947	Kassel	453
25.04.1947	Frankfurt	449
22.05.1947	Offenbach/Hanau	481
11.06.1947	Darmstadt/Karlsruhe	659
30.07.1947	Kassel/Marburg/Frankfurt/Mannheim	388
06.08.1947	München/Augsburg/Nürnberg	422
06.08.1947	Stuttgart	569
26.08.1947	Frankfurt	42
17.09.1947	München	271
24.10.1947	Bremen/Emden	436
14.11.1947	Frankfurt	311
26.02.1948	Marburg/Gießen	431
20.08.1948	Stuttgart/Heilbronn/Pforzheim	414
28.10.1948	München	397
29.03.1949	Stuttgart/Heilbronn	97
29.03.1949	Landshut/Regensburg	62
29.03.1949	Bayern/Ungar. Flüchtlinge	23

Sowjetische Zone

1946	keine Transporte	
1947	keine Transporte	
30.01.1948	Potsdam/Oranienburg	445
10.05.1948	Dresden/Chemnitz	433

Berlin

1946	keine Transporte	
09.05.1947	Berlin	524
22.08.1947	Berlin	550
28.11.1947	Berlin	363
12.03.1948	Berlin	468
11.06.1948	Berlin	449
20.09.1948	Berlin	451
18.12.1948	Berlin	489
12.02.1949	Berlin	508
26.03.1949	Berlin	610

Übersicht der Aufnahme prätuberkulöser Kinder
von April 1946 bis Mai 1949

Französische Zone

03.07.1947	Freiburg	70
28.11.1947	Ludwigshafen	81
08.01.1948	Pfalz	73
18.11.1948	Speyer	30

Britische Zone

30.07.1947	Köln	104
07.11.1947	Hannover	70
28.05.1948	Hamburg	15
02.08.1948	Hamburg	57
08.10.1948	Dortmund/Hamm	16
03.12.1948	Bochum	89
16.12.1948	Bochum	19
11.05.1949	Hannover	43
11.05.1949	Hamburg	57

Amerikanische Zone

25.04.1947	Frankfurt	67
24.03.1948	Wiesbaden	52
17.08.1948	Mannheim/Kassel	126
17.09.1948	Stuttgart	79
29.10.1948	Stuttgart	5
04.01.1949	Frankfurt/Karlsruhe	90
04.01.1949	Frankfurt/Karlsruhe	7

Sowjetische Zone

10.05.1948	Dresden/Chemnitz	66

Berlin

22.08.1947	Berlin	67
28.11.1947	Berlin	115
11.06.1948	Berlin	10
11.06.1948	Berlin	14
12.02.1949	Berlin	37
26.03.1949	Berlin	11
26.03.1949	Berlin	84

Vor der Wohnung: Kinder auf den Trümmern eines zerstörten Mietshauses in Frankfurt am Main. „... Die Stadt hatte vor dem Krieg 550.000 Einwohner, die bis auf 200.000 evakuiert waren. Jetzt zählt die Stadt wieder 430.000 Menschen. Ca. 18.000 Flüchtlinge sind in der Stadt selber untergebracht. 45 % der Wohnungen sind durch Bombardierungen ausgefallen, ein Teil ist durch die Amerikaner beschlagnahmt ... Frankfurt ist lange nicht so zerstört wie z. B. Kassel, Essen, Kiel und Köln. Man sieht auch weniger Kinder auf den Straßen herumlungern und Tauschgeschäfte machen oder stehlen wie in Köln ...", berichtete die Schweizer Ärztin Dr. M. Gross im April 1947 an das Schweizerische Rote Kreuz in Bern.

Flüchtlingskind in einem Lager in Augsburg. Das Ausmaß der
Flüchtlingsnot in Deutschland sei so groß, schrieb die Zeitschrift
des Schweizerischen Roten Kreuzes im März 1949, dass Hilfe not-
tue. „... Auf engstem Raum drängen sich vielerorts Dutzende von
Menschen. An Essen mangelt es ihnen, vier Jahre nach dem Ende
des Kriegs, nicht. Staatliche Stellen sorgen für sie. Aber alles andere
Notwendige des Alltags fehlt, vor allem Säuglingswäsche, Winterkleidung, Bettzeug, Medikamente und Hygieneartikel ...“, hieß es
dort weiter. Daneben verwiesen Mitarbeiter des Schweizerischen
Roten Kreuzes immer wieder auf die seelischen Leiden der Menschen nach einem vierjährigen Lagerleben. Sie gaben freilich auch
zu bedenken, dass die Hilfe unmöglich von ihrer Organisation
allein geleistet werden könne. Im Oktober 1949 reisten die ersten
30 Augsburger Flüchtlingskinder in die Schweiz.

Flüchtlinge in Augsburg, um 1947.
„... Das ärgste Flüchtlingslager ist jenes in einem Fabrikgebäude in Augsburg", schrieb Marguerite Reinhard, Redaktionsleiterin der Zeitschrift „Das Schweizerische Rote Kreuz".
„In den einzelnen Räumen hausen 65 bis 70 Menschen dicht beieinander – mit zwei oder drei übereinander stehenden Pritschen – steht Pritschengestell an Pritschengestell. Jede Bewegung liegt vor dem Blick offen. Lärm, Staub, verbrauchte Luft, Gedränge und ein unglaubliches Durcheinander an mannigfaltigstem Hausrat und Bekleidungsstücken ..."
Am 1. März 1949 lebten in Bayern 52.718 Vertriebene in Wohnlagern, 31.877 in Massenlagern und 10.115 in acht großen Grenzlagern. Darunter befanden sich 22.000 Kinder unter 14 Jahren, berichtete das Schweizerische Rote Kreuz im September 1949. Insgesamt verzeichnete die Statistik zu dieser Zeit 1,9 Millionen Flüchtlinge und Heimatvertriebene in Bayern, das allein zehn Prozent seines Staatshaushalts für deren Unterstützung aufwandte.

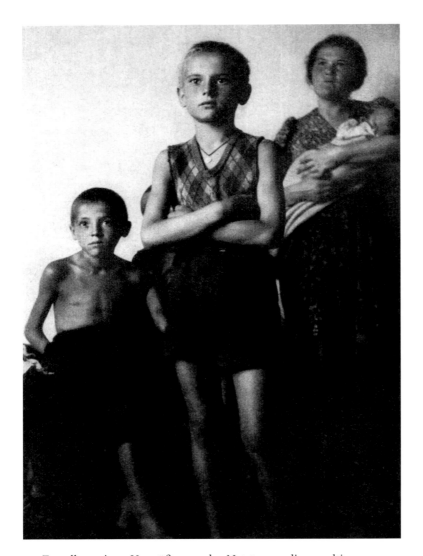

„... Zur allgemeinen Vergrößerung der Not tragen die gewaltigen
Flüchtlingsmassen bei, unter denen sich eine große Anzahl von Kindern
befänden, ein Problem, das eigentlich alle anderen überwiege ...", hieß es
in einem Rechenschaftsbericht des Schweizerischen Roten Kreuzes im
Jahre 1947 zur Gewährung weiterer Hilfe für Deutschland, „... denn die
Ostflüchtlinge bedeuteten eine fast untragbare Belastung der ohnehin
darbenden Volksteile im Westen ..." Dieses Foto einer Flüchtlingsfamilie
illustrierte im Februar 1950 einen Artikel in der Zeitschrift „Das Schweizerische Rote Kreuz". Unter der Überschrift „Viel Liebes ist uns seitens
der Kinder zuteil geworden" berichten Schweizer Paten über ihre Hilfe.
„... Gegenwärtig unterstütze ich ein Hannover-Kind und einem tuber-
kulosegefährdeten Flüchtlingsknaben verhelfe ich durch eine monatliche
Zahlung von Fr. 20,00 zu einem voll ausgerüsteten Bett ...", hieß es in
einem Brief.

Eine Delegation des Schweizerischen Roten Kreuzes besichtigt Mitte September 1949 das Waldlager Mappach im oberpfälzischen Landkreis Roding, in dem etwa 500 bis 700 Menschen lebten. Es war nicht die erste Abordnung aus der Schweiz, die sich über die Lebensumstände der Flüchtlinge und Vertriebenen in Westdeutschland informierte. In Mappach, wie viele andere Lager eine Hinterlassenschaft des NS-Regimes, waren während des Zweiten Weltkriegs russische Kriegsgefangene untergebracht, die in einem aus Regensburg ausgelagerten Werk des Flugzeugbauers Messerschmitt Zwangsarbeit verrichteten. Die Namen der Lager wie Mappach, das im Sommer 1950 geschlossen wurde, Moschendorf bei Hof, Maroldsweisach in Oberfranken oder Weihenlinden bei Bad Aibling, um nur einige zu nennen, sind nach Auflösung und Abriss schnell in Vergessenheit geraten. Das in Worten schwer zu fassende individuelle Leid der Zwangsarbeiter und das spätere Schicksal der Vertriebenen und Flüchtlinge prägten indes ein jedes Menschenleben.

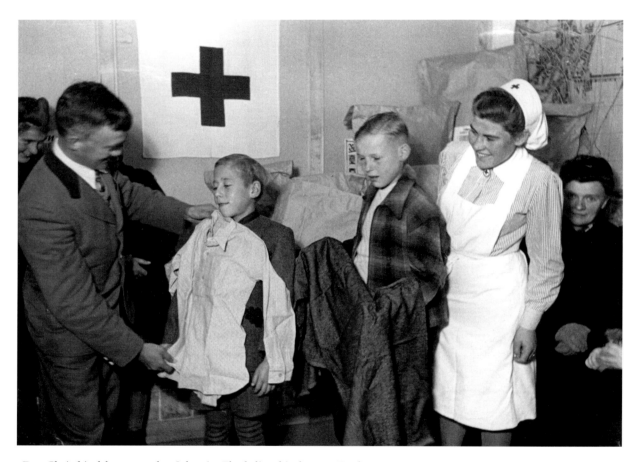

„Das Christkind kam aus der Schweiz. Flüchtlingskinder aus Dachau präsentieren ihre Patenschaftspakete", lautete die Schlagzeile des „Münchner Merkur" am 7. Dezember 1950. „Voll Erwartung waren die abgehärmten blassen Flüchtlingskinder mit ihren Eltern erschienen, und als sie die großen Geschenktüten in Händen hielten, sahen sie leibhaftig das Christkind vor sich in der Gestalt der Rotkreuz-Schwester, die ihnen all diese rührenden Liebesbeweise überreichte. Sie stellen jeweils die persönliche Gabe eines Schweizer Paten dar, der über die Verhältnisse des vorgeschlagenen Kindes ausführlich unterrichtet wurde ...", hieß es in der Zeitung. Insgesamt kamen bei dieser Aktion 700 Patenschaftspakete im Landkreis München zur Verteilung.

Textilpakete von Schweizer Paten werden vom Bayerischen Roten Kreuz an
Flüchtlingskinder in Dachau verteilt. Solche und andere Aktionen gab es bis
weit in die 1950er-Jahre hinein. Am 29. Oktober 1954 bedankte sich beispiels-
weise die Leiterin der Abteilung „Fürsorge" des Bayerischen Roten Kreuzes
Paula Wehrmann beim Schweizerischen Roten Kreuz für die vierte und fünfte
Bettenspende an ihre Organisation. Erschütternd seien oft die Berichte der
Kinder, die nach vielen Jahren und vielleicht zum ersten Mal in ihrem
Leben ein eigenes Bett kennenlernen würden. Sie versuchten manchmal, ihre
Briefe mit Zeichnungen auszuschmücken oder Fotos von sich beizufügen, um
dem Spender auch ihrerseits eine kleine Freude zu machen, führte Paula
Wehrmann weiter aus.

„... Vor allem ein recht herzliches ,Vergelt's Gott' für die mir anläßlich des
Weihnachtsfestes gespendeten Kleidungsstücke ...", schrieb eine Heimatvertriebene an das Schweizerische Rote Kreuz. „... Sie haben mir durch diese
Spende eine schwere Sorge abgenommen, da ich ... mit drei unmündigen
Kindern ... nicht in der Lage war, Winterkleidung für die Kinder anzuschaf-
fen ... Ich wäre Ihnen deshalb recht dankbar, wenn Sie so lieb wären und den
edlen Spendern meinen herzlichsten Dank übermitteln würden. Außerdem
danke ich auch dem Bayerischen Roten Kreuz für die an uns den Ärmsten
der Armen erwiesene Liebestätigkeit ...", schrieb eine Witwe, die es nach dem
Krieg nach Bayern verschlagen hatte. Das Bild zeigt in sehr treffender Weise
Hilfslieferungen aus den USA, ein Care-Paket, sowie Patenschaftspakete aus
der Schweiz, die Ende Februar 1951 in Fürth/Bay. verteilt wurden.

Eine Mitarbeiterin des Schweizerischen Roten Kreuzes, rechts, zusammen mit einer Vertreterin des Deutschen Roten Kreuzes bei der Verteilung von Patenschaftspaketen in Zeven, einem zwischen Bremen und Hamburg gelegenen Städtchen, Anfang Mai 1950. Im Jahr 1947 hatte das Schweizerische Rote Kreuz seine Patenschaftsaktionen auf Deutschland ausgedehnt und war neben Südwestdeutschland vor allem im Norden sehr aktiv. Für diese ganz Europa umfassende Aktion waren etwa 70.000 Paten gewonnen worden. Im September 1949 konnten etwa an rund 2.500 Flüchtlingskinder in Niedersachsen, Bayern und Österreich regelmäßig Pakete mit Nahrung, Wolle und Kleiderstoff, Säuglingswäsche oder Bettwäsche im Wert von je 70 Franken verteilt werden. Im gesamten Jahr 1949 gelangten 46.000 Pakete nach Deutschland.

Flüchtlingspatenschaftsaktion Anfang Mai 1950 in Zeven.
Die Empfänger der Pakete hatten sich vor dem Saaleingang
der Klosterschänke in der Labesstraße aufgestellt. Während es seit 1948 mit der Ernährungslage in Deutschland
aufwärtsging, mangelte es bis in die Mitte der 1950er-Jahre
noch an Bettwäsche, Bettzeug, Decken und vielen Dingen
des Alltags allgemein, darunter Hygieneartikel. Bis dahin
erreichten noch viele Güterwaggons mit solchen Paketen
die oftmals weit verstreut lebenden Flüchtlinge. Die Verteilung der Sendungen nahmen zumeist örtliche Rotkreuz-
Organisationen vor. Leiterin des Deutschen Roten Kreuzes
in Zeven war Käthe Korff, im Hintergrund mit der weißen
Haube zu sehen. Als Zweiter von links ist Werner Schmau-
der, 1942 in Jägerslust bei Posen geboren, zu erkennen. Im
Januar 1945 kam seine Familie in das kleine niedersächsi-
sche Städtchen. Es war übrigens das erste Paket, das die
Flüchtlingsfamilie erhalten hatte. Das im rechten Bildteil zu
sehende Mädchen mit der auffallend großen Schleife im
Haar ist Edeltraud Bossle, die 1945 mit ihrer Mutter, Großmutter und sechs Geschwistern aus Stargard in Pommern
nach Zeven floh. Sie erinnert sich noch 60 Jahre später gut
an die im Rahmen der Patenschaftsaktion verteilten Decken
aus der Schweiz, und auch für sie war es das erste und einzige Paket einer Hilfsorganisation. Die Decken wurden indes zweckentfremdet: Ihre Mutter ließ sie einfärben und
nähte daraus zwei Mäntel.

Sichtlich stolz, präsentiert Anfang Mai 1950 dieses Flüchtlingskind aus Zeven das Patenschaftspaket aus der Schweiz. Im November 2007 hatte die „Zevener Zeitung" das Gruppenfoto (links) veröffentlicht und am 22. Dezember auf einer ganzen Seite mit der Überschrift „Süße Träume in Schweizer Bettzeug" über die Erinnerungen zahlreicher sich auf dem Foto wiedererkennender Jungen und Mädchen berichtet. Es waren tatsächlich fast ausnahmslos Flüchtlingskinder, die vor und nach dem Ende des Zweiten Weltkriegs mit ihren Familien in die damals kleine Gemeinde in den Kreis Bremervörde gelangt waren. Marianne Preuß, die mit zwölf Jahren zu den älteren Kindern gehörte, erinnert sich noch genau an den Inhalt des Pakets: Rot-weiß karierte Bettwäsche, Pullover, Strümpfe, Handschuhe und ein Schal. Das sei alles neu gewesen, schwärmt sie noch sechs Jahrzehnte später.

Flüchtlingskinder im Lager Einraffshof bei Bad Brückenau,
November 1950. Das 1937 im Zusammenhang mit dem Bau
des Truppenübungsplatzes Wildflecken in der Rhön errichte-
te Reichsarbeitsdienstlager Einraffshof nahm nach 1945 etwa
600 Vertriebene aus dem Sudetenland auf. Das aus rund acht
größeren Baracken bestehende Lager, das erst 1956 weitgehend abgebrochen wurde, beherbergte auch eine Schule. Die
Aufnahme (siehe auch die folgende Seite) zeigt die Kinder vor
der Verteilung der Geschenke. Vermutlich war das Schweizerische Rote Kreuz durch das Bayerische Rote Kreuz auf das
abseits großer Verkehrswege gelegene Lager Einraffshof aufmerksam gemacht worden. Der Kreisverband Bad Brückenau des Bayerischen Roten Kreuzes bedankte sich später
beim Schweizerischen Roten Kreuz und legte die Aufnahmen
der Gabenverteilung bei.

Gabentisch im Lager Einraffshof, November 1950. Wie hier, so unterstützte das Schweizerische Rote Kreuz eine Vielzahl an Flüchtlingslagern in Bayern und verteilte vor allem zur Weihnachtszeit Geschenke. Im Dezember 1949 hatte etwa eine Sammelaktion, die sogenannte Wochenbatzenaktion, in Zürich 56.000 Franken erbracht. Dabei waren wöchentlich zwei Franken, ein Batzen, entrichtet worden, der von Schülern eingesammelt wurde. Das Geld reichte aus, um 3.400 Flüchtlingskinder mit Schuhen, Kleidung und Bettzeug zu versorgen. Die in Vergessenheit geratene Aktion ist gleichwohl durch eine Vielzahl rührender Dankesbriefe, die an das Schweizerische Rote Kreuz gerichtet wurden, anschaulich belegt. Sie vermitteln weitaus intensiver als amtliche Schreiben tiefe Eindrücke von Not, Elend, aber auch solche von großer Dankbarkeit.

Für viele Familien stellte ein Paket aus der Schweiz eine große,
nicht erwartete Überraschung dar. „... Die feierliche Handlung
des Auspackens vollzog sich ähnlich wie bei den Weihnachtspaketen. Karin packte aus und überbrachte der Mutter, die sich
am Tisch ihr gegenüber hinsetzen musste, eines nach dem
anderen. Jede Tüte und Büchse wurde mit lauter Freude und
stiller Dankbarkeit begrüsst, und zwischendurch fielen wir uns
um den Hals ...", hieß es in der Zeitschrift des Schweizerischen
Roten Kreuzes.

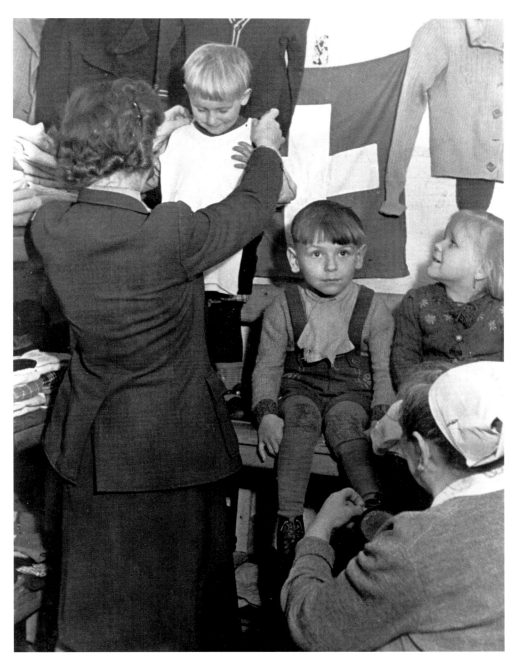

Verteilung von Kleidung und Schuhen in Hannover. Schon kurz nach Ankunft des Schweizerischen Roten Kreuzes 1947 waren umfangreiche Kleiderlieferungen dorthin gelangt. Hannover wäre aber wohl kaum derart viel Aufmerksamkeit aus der Schweiz geschenkt worden, wenn dort nicht die Delegation der Kinderhilfe des Schweizerischen Roten Kreuzes für die britische Besatzungszone ihren Sitz gehabt hätte. Vermutlich war die günstige Verkehrslage zu Hamburg, Berlin, zum Ruhrgebiet und vor allem zu Frankfurt dafür ausschlaggebend, dass die Schweizer hier und nicht etwa im bevölkerungsreichen Nordrhein-Westfalen ihre „Zelte aufschlugen".

In dem in der hannoverschen Oststadt gelegenen Friesen-
bunker hatten verschiedene Hilfsorganisationen, darunter
die Kinderhilfe des Schweizerischen Roten Kreuzes, ihre
Magazine mit Nahrungsmitteln, Kleidern und Schuhen
untergebracht. „... Eine Frau – wir erfuhren später, dass es
die Mutter einer Flüchtlingsfamilie aus den heute polnisch
besetzten Gebieten Deutschlands war – betrat mit ihren
zwei kleinen Mädchen die Kammer ...", berichtete die Zeitschrift „Das Schweizerische Rote Kreuz" im November
1948. „... Etwas zögernd und sichtlich gehemmt kam sie
uns entgegen, um plötzlich gänzlich zu erstarren. Mit großen Augen schaute sie auf die wohlgefüllten Gestelle, wo
sich Stapel um Stapel lang entbehrter Dinge aneinander-
reihten: Säuglingswäsche, Unterkleider, Strümpfe, Schuhe
und dergleichen mehr, Stücke von vielen tausend Schweizer
Familien zusammengetragen. Sie war sich aber sicher nicht
bewusst, dass die vielen Dutzend Bubenhosen, die dort
oben schön nach der Größe geordnet lagen, einst Verdunk-
lungsvorhänge einer großen Firma in der Schweiz gewesen
und von fleissigen Händen in der Kinderhilfe-Nähstube
Hannover angefertigt worden waren, oder dass die schönen Bettüberzüge noch vor einigen Monaten als Theater-
vorhang gedient hatten ..."

Im Schuh- und Kleidungslager des Friesenbunkers. Während die beiden Mädchen
eingekleidet wurden, fand sich für ihre Mutter auch noch ein Paar Schuhe, hieß es in
dem erwähnten Artikel (siehe Seite 102) weiter. „... Wir werden aber nie den Augen-
blick vergessen, als uns diese einfache Frau den Dank abstattete. Sie sprach kein Wort,
drückte nur jedem still die Hand und umarmte plötzlich mit tränennassem Gesicht
die Vertreterin der Kinderhilfe, wandte sich schnell ab und verliess mit ihren Kindern
den Bunker ..." Eine im Frühjahr 1946 in der schwer zerstörten Stadt Essen durchge-
führte Umfrage ergab, dass 24,2 Prozent der Schulkinder kein einziges Paar Schuhe
und 21,4 Prozent keine Wintersachen besaßen. In Hannover dürften die Verhältnisse
kaum anders gewesen sein.

In Hannover und in vielen anderen Orten, in denen Schweizer Hilfsorganisationen wirkten, waren mit zahlreichen aus der Schweiz gespendeten Nähmaschinen viele Nähstuben eingerichtet worden, in denen Textilien geflickt und neue Kleidungsstücke dank umfangreicher Lieferung von Stoffen und Wolle hergestellt werden konnten. Dies stelle eine unschätzbare Hilfe in einem Lande dar, in dem Nadeln, Faden, Knöpfe und Zutaten seit Jahren legendäre Dinge seien, wurde in einem Bericht des Schweizerischen Roten Kreuzes hervorgehoben. Die angesprochene Knappheit an Kinderkleidern bzw. Kinderwäsche gestatte vor Jahresende aber überhaupt keine größere Bekleidungsaktion, konstatierte ein Mitarbeiter der „Schweizer Spende". Diese Mangellage rühre weniger vom Fehlen der Textilien als vielmehr von der Unmöglichkeit der Konfektionierung in der Schweiz her. Um sowohl materiell wie moralisch in dieser Hinsicht zu helfen, müssten in Deutschland selbst Nähstuben eingerichtet werden, die mit den nötigen Textilien und dem dringendsten Arbeitsgerät auszustatten seien. Hilfe zur Selbsthilfe war eine der Maximen der „Schweizer Spende".

Kinderspeisung in Hannover. Seit Frühjahr 1947 führte die Kinderhilfe des Schweizerischen Roten Kreuzes in der Stadt und in ihrer näheren Umgebung regelmäßige Speisungen durch. Tag für Tag wurden 35 Einrichtungen beliefert, in denen zunächst 2.700 Jungen und Mädchen im Kindergartenalter jeweils für drei Monate täglich eine warme Mahlzeit erhielten. Schon von März 1946 bis März 1947 hatte das Schweizerische Rote Kreuz hier erste Kinderspeisungen durchgeführt. 1946/47 waren schwedische und schweizerische Hilfswerke übrigens die einzigen in der britischen und französischen Zone, die auf größerer Basis reine Kinderspeisungen durchführten. Im Winter 1947/48 kamen andere Organisationen hinzu, unter anderem die Hoover-Speisung. Bei einer statistischen Erhebung im März 1946 war festgestellt worden, dass 10,5 Prozent der hannoverschen Schulkinder einen guten Ernährungszustand, 65,1 Prozent einen ausreichenden und 24,4 Prozent einen schlechten Ernährungszustand aufwiesen.

Hannoversche Kinder auf dem Weg zur Speisung, Frühjahr 1947. Das Schweizerische Rote Kreuz werde die Abgabe von Kakao für bedürftige Kinder in Dortmund, Ludwigshafen, Hannover, Gelsenkirchen und Koblenz, die im November 1948 begonnen hat, bis zum Monat März weiterführen, berichtete die Zeitschrift des Roten Kreuzes auch noch eineinhalb Jahre später. „... In Bochum erhalten die Kinder Pakete, die Kakao, Zucker und Pulvermilch enthalten. Für die Kinder von Hannover werden noch zusätzliche Speisungen durchgeführt ...", hieß es dort weiter.

Essenausgabe in einem Kölner Kindergarten, 1947. „... Da wir jedoch pro Mahlzeit nur 300 Kalorien abgeben dürfen, sind wir in der Lage, 6.500 Kindern eine Zusatznahrung zukommen zu lassen. Diese Kinder werden ausgesucht durch das Gesundheitsamt und die hiesigen Wohlfahrtsinstitutionen. Ca. 3.200 Kinder besuchen die städtischen und privaten Kindergärten. Der andere Teil, die freien Kinder, wird getrennt von den Kindergartenkindern gespeist. Wir können die ganze Speisung in den Räumen der Kindergärten durchführen ... Wir werden ca. 50 Abgabestellen haben. Technisch vereinfacht sich die Lieferung sowie unsere Beaufsichtigung dadurch, dass wir nur jeden zweiten Tag jede Stelle beliefern werden. Mit unseren hochwertigen Nahrungsmitteln ist es unmöglich, im Werte von nur 300 Kalorien eine sehenswerte Mahlzeit herzustellen ...", berichtete die erste Leiterin des Schweizer Dorfs in Köln, Lilly Tschudin, am 13. Februar 1946 nach Bern.

Die „Schweizer Spende" in Köln lag im festgelegten Zeitplan, als am 1. März 1946 die Kinderspeisungen begannen. Die ersten Aktionen umfassten zunächst sämtliche Kindergartenkinder und wurden nach drei Wochen auch auf externe Kinder ausgedehnt. Die Wohlfahrtsverbände hatten bereits Listen mit in Frage kommenden Kindern erstellt, auf deren Basis dann noch eine ärztliche Untersuchung in den Baracken der „Schweizer Spende" vorgenommen wurde. Die in einem alten Bunker und diversen Baracken gelagerten Lebensmittel wurden schließlich in der Küchenbaracke nach einem einheitlichen, von Fall zu Fall jedoch auch variablen Speiseplan zubereitet. Ein derartiger Wochenplan konnte wie folgt aussehen – Montag: Milch mit Zucker und Knäckebrot oder Zwieback – Dienstag: Erbsenbrei – Mittwoch: Milch mit Zucker und Knäckebrot oder Zwieback – Donnerstag: Suppe aus kochfertigem Suppenmehl – Freitag: Erbsenbrei oder Linsen – Samstag: Milch mit Zucker und Knäckebrot oder Zwieback.

Nach den Bestimmungen der „Schweizer Spende" mussten alle
Kinder das Essen in der Ausgabestelle zu sich nehmen. Neben
einer grauen Ausweiskarte waren Esskarte, Essnapf und Löffel
mitzubringen. In dieser Weise wurde in allen Schweizer Dörfern,
in Schulen, Kindergärten und sonstigen Einrichtungen überall
in Deutschland verfahren. Die einzelnen Portionen bestanden
beispielsweise aus 1/3 Liter Suppe, hergestellt aus 100 g Linsen
oder Bohnen und 5 g Fett oder aus 50 bis 60 g kochfertigem
Suppenmehl und 5 g Fett oder aus 1/3 Liter Kakao, hergestellt
aus 1/5 Liter ungezuckerter Kondensmilch, 30 bis 50 g Kakao-
pulver und 10 bis 30 g Zucker. Die Aufnahme zeigt eine Mitarbeiterin der Kinderhilfe des Schweizerischen Roten Kreuzes in
einem hannoverschen Kindergarten.

In Köln hatte das Schweizerische Arbeiter-Hilfswerk Zürich der „Schweizer Spende" am Venloer Wall ein aus elf eidgenössischen Militärbaracken bestehendes „Schweizer Dorf" errichtet. Von dort aus wurde nicht nur die Verpflegung zehntausender unterernährter Kinder der Rheinmetropole organisiert, hier unterhielt die Organisation auch Werkstätten, so eine Schneiderei, eine Schreinerei, eine Schusterwerkstatt und ein Beratungszentrum. 1947 kam eine Kindertagesstätte hinzu, in der etwa 100 Kinder von Mitarbeitern betreut wurden.

„... Die Erziehungsarbeit war anfangs keine leichte Aufgabe, denn fast alle Kinder haben Schaden genommen durch die Kriegsereignisse, die Nervosität ist gross, die Konzentrationsfähigkeit hat gelitten und die meisten Kinder kannten ein normales Leben überhaupt nicht mehr. Geregelte Zeiteinteilung, richtiges Verhalten beim Einnehmen der Mahlzeiten, genügend Schlaf, Sauberkeit an Körper und in der Kleidung, kindliches Spielen und praktische Arbeit, Achtung vor den Mitmenschen und den Dingen der Umwelt, ist das Ziel der geplanten Erziehungsarbeit in unserem Heim. Mit Erstaunen stellten fremde Besucher immer wieder fest, wie ruhig und glücklich unsere Kinder aussehen, wie konzentriert sie spielen und arbeiten im Vergleich zu anderen Kindern. Selten hörte man bei uns Weinen, viel aber Lachen. Viele kleine Festchen mit Kindern und Müttern trugen zum Frohsinn und zum gemeinsamen Erleben bei ...", berichtete die zweite Leiterin des Schweizer Dorfs in Köln, Iris Vuilleumier, in ihrem Schlussbericht am 5. August 1948.

Das Kindertagesheim des Schweizer Dorfs galt fortan nicht nur als Modell für ähnliche Einrichtungen, sondern wurde von den Schweizer Helfern als ihr erfolgreichstes Projekt bewertet: „... Unser Heim hat auch viel Anregung nach aussen gegeben, immer wieder finden Besichtigungen statt und junge Kindergärtnerinnen holen sich Ideen und Anleitung. Schülerinnen der Frauenoberschule und der Kinderpflegerinnenschule legen ihr Kindergarten-Praktikum bei uns ab und auch zukünftige Kindergärtnerinnen nehmen Einblick in unser Heim. So wurde unser Kindertagesheim auch in dieser Hinsicht zu einem kleinen Mittelpunkt. Das Tagesheim war eine unserer erfolgreichsten und positivsten Einrichtungen und hat uns deshalb so viel Freude bereitet, weil es hier möglich war, ganze Hilfe zu leisten ...", bemerkte Iris Vuilleumier abschließend.

Wesentlichen Anteil an der so positiven Entwicklung des Schweizer Dorfs in Köln hatte die aus Zürich stammende Iris Vuilleumier, im Hintergrund, die im Sommer 1947 Nachfolgerin der Bernerin Lilly Tschudin wurde. Vuilleumier verließ Deutschland im Sommer 1948 mit dem Auslaufen der Hilfsleistungen der „Schweizer Spende". Die Existenz des größten Schweizer Dorfs in der britischen und französischen Zone hatte in positiver Weise bewirkt, dass aus dem vom Krieg schwer gezeichneten Köln nur vergleichsweise wenige Kinder zu Erholungsaufenthalten in die Schweiz reisen mussten. Es ist nur ein einziger Zug der „Kinderhilfe" mit 450 Jungen und Mädchen bekannt.

Während des Kriegs war die Kölner Kinderklinik, die früher 450 junge Patienten aufnehmen konnte, zerstört worden. Anfang Mai 1946 gelangten als erster Ersatz Bauteile von 18 ehemaligen Schweizer Militärbaracken in die Rheinmetropole, wo sie für den Aufbau einer provisorischen Kinderklinik zusammengesetzt wurden. Am 6. Juli fand mit der Aufrichtung der ersten Giebelwand die „Grundsteinlegung" statt und am 12. Dezember 1946 nahm die Klinik ihre Arbeit auf. Aufgrund des Mangels an ergänzenden Baumaterialien konnte der eigentliche Klinikbetrieb mit der medizinischen Versorgung von etwa 120 kleinen Patienten aber erst im Sommer 1947 beginnen. Als Dritte von links ist Lilly Tschudin, die erste Leiterin des Schweizer Dorfs, zu sehen. Das untere Bild zeigt eine der Baracken kurz vor der Fertigstellung. Ferner wurden in Aachen, Koblenz und Mainz 37 solcher Notunterkünfte aufgestellt.

Das Auftreten zahlreicher Schweizer in den deutschen Notge-
bieten, dazu die wirkungsvolle, weil gut organisierte Arbeit
der einzelnen Hilfswerke der „Schweizer Spende" bei der
Kinderspeisung hatte nicht zuletzt zur Folge, dass den
Helfern allgemein großes Vertrauen entgegengebracht wurde.
„... Alles Gute kam aus der Schweiz: Spenden, medizinische
Hilfe und Nahrung ...", bemerkte ein Kind treffenderweise.
Diese Einstellung übertrug sich natürlich auch auf
die Erwachsenen.

Flüchtlingskind in Hannover. Bis Ende 1946 waren schon mehr als
40.000 Flüchtlinge in die Stadt geströmt. Das gerade gegründete
Land Niedersachsen nahm mit Schleswig-Holstein und Bayern die
meisten Flüchtlinge und Vertriebenen auf. Dass sie hier wie auch anderenorts nicht gerne gesehen waren, ja, dass angesichts der Notlage
in Deutschland nur sehr selten Solidarität geübt wurde, erschwerte
ihre Lage beträchtlich. „Wir waren nicht willkommen ...", wird oft
berichtet.

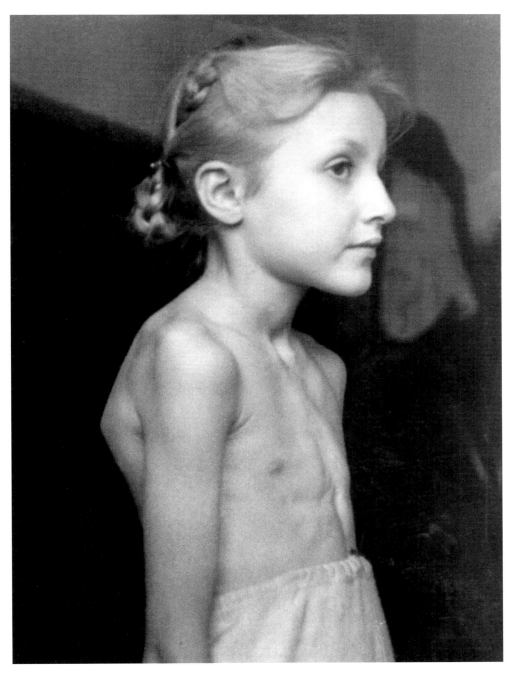

„Unterernährt wie Millionen andere Kinder in Deutschland und Europa, dazu ein sehr rachitisches und blutarmes Mädchen", lautete die ernüchternde Bildunterschrift. Der Auswahl der für einen Schweizaufenthalt vorgesehenen Kinder lagen drei Bewertungen zugrunde: Befund 1 „muss fahren" (ernsthafte Unterernährung), Befund 2 „ist noch fraglich", Befund 3 „muss zurückbleiben".

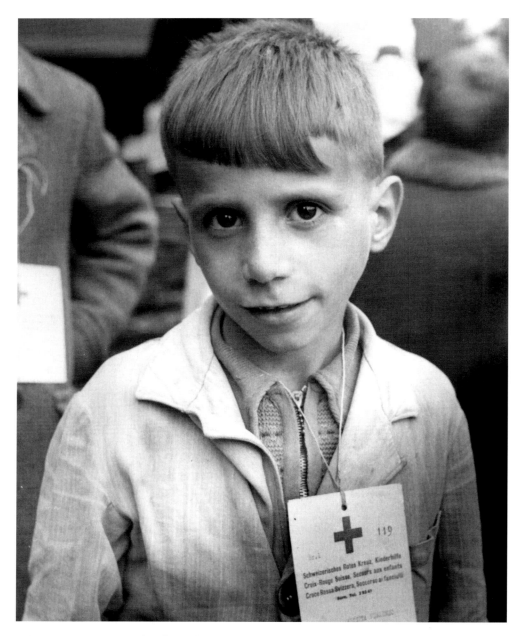

„Eines von 160.000 Kindern", wurde diese Aufnahme im Sommer 1949
vom Schweizerischen Roten Kreuz benannt. Dieser Junge hatte das Glück,
mit einem der „Kinderzüge" in die Schweiz reisen zu dürfen. Die Voraus-
wahl der in Frage kommenden Kinder durch deutsche Ärzte wurde bis
zum Ende der Kindertransporte beibehalten. Bei der großen Anzahl aller
wirklich bedürftigen Kinder blieb es aber nicht aus, dass es ein absolut ge-
rechtes Auswahlsystem nicht geben konnte. Es ließ sich bei der strengsten
Untersuchungsmethode nicht verhindern, dass unter zwei Gleichbedürfti-
gen ein Kind zurückstehen musste. Insofern waren deutsche Mediziner oftmals erleichtert, wie eine Schweizer Ärztin berichtete, dass die letzte Ent-
scheidung bei ihren Kollegen lag.

Wie gut der Aufenthalt in der Schweiz den unterernährten deutschen Kindern tat, war bei deren Rückkehr zu sehen. Wenn die Eltern sie in Empfang nahmen, kam es nicht selten vor, dass diese die eigenen Kinder nicht wiedererkannten, so gut sahen die Erholten aus – sie hatten zugenommen und eine frische Hautfarbe bekommen. Ihre gute körperliche Verfassung hielt dann noch viele Monate hindurch an, und Eltern und Lehrer stellten fest, dass die Kinder viel aufgeschlossener und aufnahmefähiger waren. Im Bild ein Junge aus Mannheim, der im April 1947 in seine Heimatstadt zurückkehrte.

Vorbereitung zur medizinischen Untersuchung in Bremen. Dass die dortigen
Kinder überhaupt in die Kinderhilfe des
Schweizerischen Roten Kreuzes einbezogen wurden, verdankten sie einem Zufall.
Der Kanton St. Gallen hatte Ende 1946 in
der Hansestadt anfragen lassen, ob seine
Traditionsurkunden aus den Jahren 700
bis 947 die Luftangriffe schadlos überstanden hätten. Diese waren während
des Dreißigjährigen Kriegs nach Bremen
gelangt und gingen später rechtmäßig in
den Besitz der Stadt über. Nachdem die
Unversehrtheit der wertvollen Archiva-
lien bestätigt wurde, erklärte sich der Se-
nat bereit, die Schriftstücke zurückzugeben. Am 24. Januar 1948 stimmte die
bremische Bürgerschaft der Schenkung
zu. Die Schweiz zeigte sich daraufhin gegenüber Bremen sehr großzügig und lud
zahlreiche Kinder zu einem Erholungsaufenthalt ein. Außerdem wurde der
Stadt eine Bücherspende übergeben.

Überprüfung der Unterlagen der Bremer Kinder. Neben diversen medizinischen Ergebnissen befand sich darunter ein Einschreibebogen, auf welchem die wichtigsten persönlichen Angaben aufgeführt waren. Dazu gehörten Hinweise über die soziale Lage des Kindes. In einem solchen beispielhaften Bogen aus dem November 1947 war das ganze Ausmaß des Kinderelends bürokratisch zusammengefasst: „Vater gefallen, Mutter seit Luftangriff 1945 vermisst, Pflegemutter total bombengeschädigt, erhält Fürsorgeunterstützung, Pflegevater noch in Kriegsgefangenschaft", wurde etwa über einen Fall berichtet.

Die medizinische Untersuchung der Bremer
Jungen und Mädchen durch die Schweizer Ärztekommission im Juni 1947. Rund 450 Kinder aus
Bremen, das zur amerikanischen Zone gehörte,
waren für einen Transport Mitte Juli 1947 vorgesehen. Definitiv sollten dann 367 Kinder in die
Schweiz reisen. Der Zug mit insgesamt 761 Kindern aus Kiel, Hamburg, Bremen und Hannover
kam am 17. Juli in Basel an.

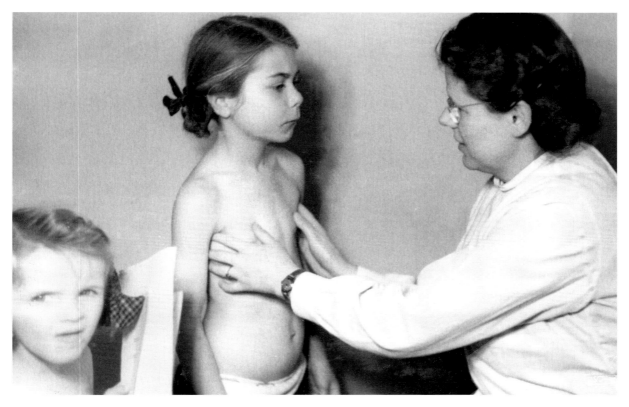

Am 19. Mai 1947 war Dr. M. Gross von der Kinderhilfe des Schweizerischen Roten
Kreuzes zur ersten Vorbereitung eines bremischen Kinderzugs in die Hansestadt gekommen. Sie hatte zuvor in gleicher Mission Frankfurt, Hannover, Lübeck und Hamburg
besucht. An schwerwiegenden Krankheiten, etwa an aktiver Tuberkulose, an Asthma, an
starker Anämie oder an Epilepsie leidende Kinder, ferner Diphtheriebazillenträger oder
Kontaktfälle mit Scharlach, Keuchhusten oder Masern wurden bei der Auswahl nicht berücksichtigt. Auch verwahrloste Jungen und Mädchen waren – mit Rücksicht auf die
Schweizer Familien – von einer Reise ausgeschlossen. Das Bild zeigt Dr. Gross bei der
Untersuchung von leicht tuberkulösen Fällen.

Geduldig warten die Düsseldorfer Kinder, bis sie zur letzten gesundheitlichen Kontrolle
am Tag der Abreise aufgerufen werden.

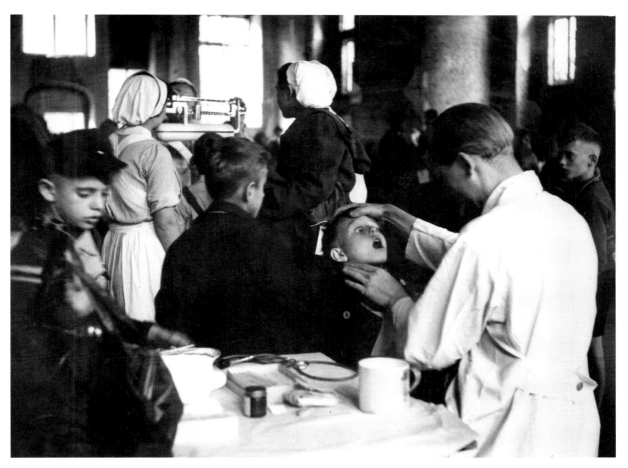

Düsseldorfer Kinder bei der letzten Untersuchung am
3. Oktober 1946. Bei allen wurde kurz vor der Abreise noch
einmal eine Reihenuntersuchung vorgenommen, um letzte
Bedenken hinsichtlich ansteckender Krankheiten auszuräu-
men. Dies war durchaus sinnvoll, konnten doch noch wiederholt Bazillenträger entdeckt werden. Die vielfältigen
Überprüfungen stellten, wie aus Berichten der Mitarbeiter
des Schweizerischen Roten Kreuzes hervorging, die eidgenössischen Ärzte oftmals vor große Probleme. Bemängelt
wurde vor allem die unterschiedliche Handhabung ihrer
Vorschriften durch deutsche Mediziner, dazu die ungenü-
gende Organisation lokaler Behörden.

Neben den medizinischen Untersuchungen mussten natürlich die Züge vorbereitet
und unzählige Formalitäten erledigt werden. Frau Vischer von der Kinderhilfe des
Schweizerischen Roten Kreuzes, links im Hintergrund, nahm sich zusammen mit
deutschen Verwaltungskräften im Falle Bremens dieser Arbeit an. Dabei ging es in
erster Linie um die Bewilligung eines Sammelvisums für die Ein- und Ausreise sowie für die Durchreise durch die Besatzungszonen, das bei den Alliierten, bei den
Schweizer Grenzbehörden, beim Zentralen Empfangsdienst in Bern und bei der
dortigen Fremdenpolizei vorgelegt bzw. hinterlegt werden musste. Zur Ausstellung
von Sammelvisa hatten sich alle schweizerischen Behörden schon während des
Kriegs entschlossen, weil die Bearbeitung einzelner Einreisegesuche organisatorisch
nicht zu bewältigen gewesen wäre. „... Der Transport, mit dem jetzt erstmalig Bremer Kinder in die Schweiz fahren", so Frau Vischer am 16. Juli 1947 gegenüber
dem „Weser Kurier" aus Bremen, „ist bereits der zehnte. Wir freuen uns, daß wir
ihrem schwer geprüften Volke und seinen Kindern, deren geistige und materielle
Not uns so tief beeindruckt hat, helfen können ..."

Düsseldorfer Kinder verlassen die Sammelstelle und begeben sich zum Hauptbahnhof.

Zusammenführung der hannoverschen Kinder im
dortigen Bahnhofsbunker. Aus der britischen Zone,
die von Bonn bis zur dänischen Grenze reichte und die
Länder Nordrhein-Westfalen, Niedersachsen, Hamburg
und Schleswig-Holstein umfasste, reisten von 1946 bis
1949 genau 11.169 Jungen und Mädchen in die Schweiz.

Abfahrt der Kinder aus Hannover, vermutlich am
28. November 1946. Der Zug mit 448 Jungen und Mädchen aus Braunschweig und Hannover war der fünfte
aus der britischen Zone. Am 17. Juli und am 17. Oktober 1947 sowie am 6. Februar 1948 und am 14. Januar
1949 folgten weitere hannoversche Kinderzüge.

Die „Reise ins Schokoladenland" beginnt. Kaum eines
der Kinder hatte aber zuvor je etwas von der Schweiz
gehört und kaum jemand wusste, wo dieses Land überhaupt lag. Aber es hatte sich bald herumgesprochen,
dass es dort viel Schokolade gäbe, die, kriegsbedingt,
den meisten deutschen Kindern freilich unbekannt war.
„Reise ins Schokoladenland" titelten daher viele Zeitungen, wenn sie über die Abfahrt der Züge in die Schweiz
berichteten. Aber selbst die Aussicht auf solche Süßigkeiten konnten einen kleinen Jungen aus Koblenz nicht
heiter stimmen. Kurz vor der Abreise wurde er von großem Heimweh überwältigt und lief wieder nach Hause.
Als ihn seine Mutter zurückbrachte, war der Zug gerade
abgefahren, hieß es in der Koblenzer „Rhein-Zeitung"
am 25. Mai 1946.

Kinder aus Wuppertal auf dem Weg nach Basel. Das Foto des Schweizerischen Roten Kreuzes ist leider nicht datiert. Es dürfte sich vermutlich um jenen Zug handeln, der am 3. September 1948 mit 376 Kindern aus Wuppertal, Mülheim, Essen und Duisburg dort ankam. Am 6. Februar waren bereits 50 Wuppertaler Jungen und Mädchen der Rudolf-Steiner-Schule in die Schweiz gereist. Sie kamen in der Nähe von Zürich unter.

Zur Abfahrt des zweiten Bremer Zugs am 23. Oktober
1947 hatte sich eigens eine Kapelle auf dem Bahnhof
eingefunden. Zu den Besonderheiten aller frühen
Transporte gehörte die Begleitung durch eidgenössi-
sches Wachpersonal, zumeist durch einen Hauptmann der Schweizer Armee in der Funktion eines
Zugkommandanten, hier im Bild. Ihm zur Seite
standen zehn uniformierte Heerespolizisten. Ferner
zählten noch 40 Mitarbeiterinnen des Schweizerischen
Roten Kreuzes sowie ein technischer Angestellter der
Schweizer Bundesbahnen zum Personal. Vor allem bei
den Reisen von und nach Berlin, die selbst während
der Blockade der Stadt durchgeführt wurden, musste
das Militär wiederholt mit Offizieren der Roten Armee
über die schon vorliegende Erlaubnis zur Durchreise
durch die Sowjetzone verhandeln.

Abschiedsworte auf dem Bremer Hauptbahnhof. In der Mitte ist der Vertreter der
Kinderhilfe zu sehen. Die Namen der Abgebildeten sind unbekannt. Wesentlichen
Anteil an der Gewinnung des Berner Komitees der Evangelischen Kirche Schweiz,
das die Kindertransporte aus Bremen nachhaltig förderte und wohl zu einem großen
Teil auch mitfinanzierte, hatte der Leiter des Evangelischen Hilfswerks in Bremen,
Pastor Bodo Heine.

133

Bremer Kinder auf dem Weg in die Schweiz. Die Zugbegleiterinnen, „Convoyeusen" genannt, waren keine
Schwestern in Diensten des Schweizerischen Roten
Kreuzes, sondern Freiwillige, zumeist Hausfrauen. An
Schweizerinnen, die sich für die zum Teil langen Reisen
nach Deutschland meldeten, herrschte indes kein Man-
gel. Sie unterstanden der Chefconvoyeuse Claire Hungerbühler aus Bern, die in ihrer Eigenschaft als „Trans-
portleiterin für Deutschland" fast alle 74 Kinderzüge begleitet hat. Eine Zeitschrift nannte sie einmal aufgrund
ihrer auffallend hellen Haarpracht „Die blonde Blockade-
brecherin", waren doch die Schweizer Kinderzüge 1948/
49 die einzigen, die während der Blockade Berlins die
eingeschlossene Stadt auf dem Landweg erreichten.

Der Kinderzug aus Recklinghausen:
„... Am Aschermittwoch kurz nach
Mittag", schrieb das „Westdeutsche
Volksecho" in seiner Ausgabe vom
25. Februar 1947, „hörten die
Passanten, wie in den Anlagen am
Schwanenteich Musik ertönte. Die Musik kam immer näher und hinter der
Knappenkapelle einer hiesigen Schacht-
anlage folgte ein langer Zug von Kindern, durchweg im Alter von sechs bis
zehn Jahren. Auf einem Gleis des Güter-
bahnhofs stand schon ein D-Zug bereit.
Mit seinen blitzblanken, unversehrten
Scheiben, seinem nagelneuen Anstrich
und der augenfälligen Gepflegtheit
innen und außen mutet er direkt
märchenhaft an gegenüber den demo-
lierten, schmutzigen und abgewirt-
schafteten Wagen, die heute den
Verkehr auf den deutschen Strecken
bewältigen ..."

Am 19. Februar 1947 waren 496 Kinder
aus der Stadt und dem Landkreis Recklinghausen, der zu den größten und
wirtschaftlich stärksten des früheren
Preußen gehörte, in die Schweiz abge-
reist. Das von den Kriegsereignissen gar
nicht einmal so schwer mitgenommene
Recklinghausen zählte zu dieser Zeit
rund 90.000 Einwohner, darunter 8.000
Flüchtlinge. Zum Kreisgebiet gehörten
ferner die bedeutenden Industriestädte
Bottrop, Dorsten, Gladbeck, Herten,
Marl, Oer-Erkenschwick und Waltrop.

Um den Gesundheitszustand der Kinder in Recklinghausen und seiner benachbarten Industriestädte muss es sehr schlecht bestellt gewesen sein, sonst hätte das Schweizerische Rote Kreuz nicht einen kompletten Zug aus nur einem einzigen Landkreis zusammengestellt. Wer die Bilder betrachte, könne sich des Eindrucks der gesundheitlichen Bedürftigkeit kaum erwehren, schrieb die Lokalpresse. Auf Initiative der „Schweizer Spende" waren bereits an 267 besonders bedürftige kinderreiche Familien 1.000 kg Suppenmehl, 250 kg Marmelade und 300 kg Bekleidung verteilt worden.

Üblicherweise lag der Altersdurchschnitt der in die Schweiz reisenden Kinder bei acht oder neun Jahren. Gemessen an anderen Zügen ist auffällig, dass überaus viele Kleinkinder von etwa fünf bis sieben Jahren die Reise antraten.

Der Winter 1946/47, einer der härtesten seit Jahrzehnten, bedrängte die unterernährten Kinder zusätzlich. Es ging tatsächlich um das nackte Überleben. Die Fettration schmolz auf ein Minimum, Milch und Gemüse gab es fast gar nicht, die Anfälligkeit für Krankheiten stieg rapide. „... Das Jahr 1947 hat einen solchen Tiefstand in der Versorgung mit Lebensmitteln gebracht, daß es als Hungerjahr bezeichnet werden muß ... der tägliche Kaloriensatz sei teilweise bis auf 800 herabgesunken ...", hieß es im damaligen Verwaltungsbericht der Stadt Recklinghausen.

Traurige, keinesfalls freudige Blicke: Viele Kinder litten anfänglich unter der Trennung von ihren Angehörigen, vor allem solche, die mit ihren Eltern aus den deutschen Ostgebieten geflohen waren. In der Schweiz angekommen, verflog das Heimweh indes recht rasch. Der langjährige stellvertretende Bürgermeister von Recklinghausen, Ferdinand Zerbst, der als gebürtiger Essener 1948 in die Schweiz reiste, glaubte sich bei seiner Ankunft am Vierwaldstätter See sogleich in ein Schlaraffenland versetzt. Seine Pflegeeltern, die unter anderem auch ein Kolonialwarengeschäft betrieben, verwöhnten den unterernährten Jungen über alle Maßen.

Mehrere Stunden vor der Abfahrt der Sonderzüge waren die Kinder, wie auch anderenorts stets der Fall, von ihren Eltern und Betreuern zu einer Sammelstelle, zumeist in eine in Bahnhofsnähe gelegene Schule, gebracht worden. Hier wurden sie mit heißen Getränken und Butterbroten versorgt, damit sie die weite Reise gestärkt antreten konnten. Auch auf diesem Bild wird deutlich, dass sehr viele Kleinkinder für die Reise ausgesucht worden waren.

„... Winkend sahen die Menschen den Zug in der Ferne verschwinden, der hungernde Kinder dank der Hilfsbereitschaft des Schweizerischen Volkes für drei Monate das Elend vergessen macht", hieß es in der Recklinghäuser Lokalpresse. Am 28. Mai 1947 kehrten die Jungen und Mädchen schwer bepackt zurück. „... Gegen 17.00 Uhr lief in Recklinghausen der Schweizer Sonderzug aus Basel ein und brachte etwa 500 Kinder ... zurück ... Der Zug fuhr nach Hamburg weiter, um von dort einen neuen Kindertransport des Schweizerischen Roten Kreuzes nach der Schweiz zu bringen ... Die Hilfsbereitschaft der Schweiz ..., die schon vielen deutschen Kindern nach Beendigung des Krieges einen Erholungsaufenthalt gewährt hat, wird von den Kindern und Müttern nie vergessen werden", berichtete die „Westfalenpost" am 30. Mai 1947 in recht großer Aufmachung.

Ein Mitarbeiter der Schweizerischen Bundesbahnen sieht sich die
Reiseziele der Bremer Kinder an. Auf dem stets um den Hals zu
tragenden Kärtchen waren der Familienname und abgekürzt der
Zielkanton vermerkt. Das rechts sitzende Mädchen kann seinen
Abschiedsschmerz kaum verbergen.

Kurz vor der Abfahrt des Zugs am 3. Oktober
1946 mit 469 Kindern aus Düsseldorf und Wuppertal. Aus der Schweiz kehrte der Zug am 15. Januar des folgenden Jahres zurück. Bei den eher sel-
tenen Transporten, die tagsüber fuhren, wurden
die Kinder, schon bevor sich der Zug in Bewegung
setzte, ausgiebig mit Butterbroten und Kakao oder
Tee verpflegt. Dahinter stand die Absicht, sie ein
wenig vom Abschiedsschmerz abzulenken. Die Eltern durften grundsätzlich ihre Kinder nicht am
Bahnhof oder auf dem Bahnsteig verabschieden
und sie bei der Rückkehr dort auch nicht immer
sofort begrüßen.

Frankfurter Kinder auf dem Weg in die Schweiz: „... Die Kinder waren von den Stadtärzten sehr gut ausgewählt und voruntersucht worden ...“, berichtete die Schweizer Ärztin Dr. M. Gross am 30. April nach Bern. „... Das durchschnittliche Untergewicht betrug 3,2 kg, das Maximum 11,2 kg. Die Kinder, die zur Untersuchung kamen, hatten fast alle Schuhe. Die Wäsche war bei vielen neu und bestand aus Kunstseide oder Zellstoff ...“ 465 Kinder, 209 Knaben und 256 Mädchen, waren für die Familienplatzierung in der Schweiz ausgesucht worden, 40 prätuberkulöse Knaben und 27 ebensolche Mädchen kamen zeitgleich in das Erholungsheim „Miralago“ am Lago Maggiore. Am 29. Juli 1947 kehrte der Zug nach Frankfurt zurück. „Während die einen verschüchtert am Zug standen, bewegten sich andere ... mit dem Gebaren routinierter Globetrotter. An der Sperre standen die Muttis und Vatis und sahen besorgt nach ihren Sprößlingen aus. Nicht wenige werden gestaunt haben, wenn der Herr Sohn oder das Fräulein Tochter von Kopf bis Fuß neu eingekleidet mit einem riesigen Paket herankeuchte und den Eltern ein herzliches „Grüetzi“ zurief. Stadtrat Dr. Pestel dankte im Namen der Stadt und der Eltern der Transportleitung und darüber hinaus dem gesamten Schweizer Volk für die großzügige Hilfeleistung. In den Abendstunden verließ der Zug die Bahnhofshalle und nahm mit einem neuen Kindertransport den Weg nach dem Süden ...“, hieß es in der „Frankfurter Rundschau“ am 31. Juli 1947.

„... Die kleineren Kinder schliefen auf den Bänken der Züge. Es wurde Abend und Decken wurden verteilt. Schlafen! Je ein Kind auf einer harten Holzbank, vier Kinder wie Ölsardinen auf dem Fußboden zwischen den Bänken. Ich lag unter der Bank, machte bald Bekanntschaft mit dem heißen Heizungsrohr. Und es ratterte und knarrte. Dann muss ich doch wohl eingeduselt sein, ein Plumps: Ein Kind war von der Bank gefallen und auf uns unten liegenden gelandet. Irgendwann, nach langer Fahrt, wurde Schweizer Käse verteilt. Jedes Kind bekam zum trockenen Brot ein Stückchen Käse mit großen Löchern. Etwas Besonderes also, etwas Neues mit dem Hinweis, dass der Käse sehr fett sei, wir ihn darum langsam mit kleinen Bissen verzehren sollten, da er für unseren Magen ungewohnt war. Die Fahrt von der Nordsee nach Basel dauerte zwei Tage und zwei Nächte ...", erinnert sich Doris Wilkens aus Wilhelmshaven an ihre Reise in die Schweiz Anfang November 1947.

Düsseldorfer Kinder am Morgen nach der Abfahrt.

Die Küchenmannschaft des Bremer Convois, allesamt Freiwillige:
„... Die Kinder kamen gruppenweise und nachdem alle ihre Plätze
eingenommen hatten und die meist fast leeren Koffer verstaut waren,
gab es die erste Verpflegung aus dem Fourgon (Packwagen), der bei
der Komposition eines Kinderzugs nicht fehlen durfte. Dort stand
nämlich ein grosser Kochkessel mit Holzfeuerung und einem Ofen-
rohr nach draussen. Hier bereitete unsere Küchenequipe jeweils für
300 bis 500 Kinder und das Begleitpersonal eine einfache Mahlzeit zu.
Am Abend oder mittags gab es ‚Gschwellti‘ (Pellkartoffeln) mit
heissen Würstchen oder Käse, zum Frühstück Kakao und Butterbro-
te. Nach dem Essen wurden die Kleinen schlafen gelegt, in Wolldecken
gehüllt auf die Bänke, die Grösseren mit Wolldecken auf den Boden.
So ging es zurück in die Schweiz ...“, berichtete Elsi Aellig, eine langjährige Mitarbeiterin der Kinderhilfe des Schweizerischen Roten
Kreuzes, von einer Reise aus Berlin in ihre Heimat im Jahre 1948.
Für einen Kinderzug von etwa 500 Jungen und Mädchen wurden
200 Packungen Schachtelkäse, 400 Paar Fleischwürste, 600 kg Brot,
50 kg Kartoffeln, 50 kg Vierfruchtkonfitüre, 45 kg gedörrte Apfel-
schnitze, 30 kg Haferflocken, 22 kg Kondensmilch, 20 kg Zucker,
10 kg Suppenmehl, 3 kg Lindenblüten, 2 kg Schwarztee, 2 kg Zwieback
sowie 2 kg Salz bereitgestellt.

„Was geschieht mit uns, so lautete die bange, immer
von der Angst um die Zukunft und die Ungewissheit
des Schicksals geleitete Frage der Zwillinge (aus
Hamburg). Ihre angstvollen Augen zeugen für das
immer noch grauenvolle Schicksal der Jugend.
Das Schweizerische Rote Kreuz, Kinderhilfe, tut alles
in seinen Kräften stehende, es braucht aber die Mit-
hilfe des ganzen Schweizervolks, um für die ärmsten
Opfer des Kriegs ein bescheidenes Freiplätzchen für
einen Ferienaufenthalt zu erhalten", lautete die
Fotobeschreibung eines Zürcher Bilderdienstes.
Am 28. Mai 1948 waren 471 Hamburger Kinder in
Basel angekommen. Es war der sechste Kinderzug
aus der Hansestadt. Mehr Kinder fuhren nur aus
Berlin in die Schweiz.

Die Kinderhilfe des Schweizerischen Roten Kreuzes nahm
auf die besondere Situation von Zwillingen Rücksicht und
trennte sie nur dann, wenn es der Gesundheitszustand wirklich erforderte. Auch Christa und Helga Franke aus Essen
(siehe Seite 30) wollten unbedingt zusammenbleiben, obwohl man ihnen in Zürich mitgeteilt hatte, dass Helga in ein
Erholungsheim gebracht werden sollte. Sie wollten sich aber
partout nicht trennen lassen. Nach ihrer Ankunft auf dem
dortigen Hauptbahnhof wurden sie und weitere Kinder in
den Saal der Kirchengemeinde im Stadtteil Höngg gebracht.
Hier trafen sie dann auf ihre Pflegemutter Ida Meier, die
sich sofort bereit erklärte, beide Mädchen aufzunehmen.
Nach einer längeren Erholungszeit gingen sie, weil sie lernen
wollten, in Zürich zur Schule und waren von ihrer Klasse
freundschaftlich aufgenommen worden. Ressentiments ihnen gegenüber, auch seitens der Lehrerin, gab es nicht.
Christa und Helga Franke erinnerten sich jedoch daran,
dass sie wiederholt von ihrer Pflegemutter gebeten wurden,
in der Öffentlichkeit nicht so viel zu sprechen. Es hat nicht
wenige Schweizer gegeben, die es ihren Landsleuten verübel-
ten, dass sie deutsche Kinder aufnahmen. Davon wurde verschiedentlich berichtet.

146

Ankunft des vermutlich siebenten Berliner
Kindertransports am 18. Dezember 1948 in
Basel. Es wäre damit zugleich der zweite während der Blockade gewesen. Dass die Züge
auch während der von der Sowjetunion betriebenen Abriegelung Berlins in Richtung
Schweiz fahren konnten, vermutlich die einzigen jener Zeit, verdankten die Berliner Jungen
und Mädchen dem Internationalen Komitee
vom Roten Kreuz in Genf, das in ihrer Heimatstadt mit einer Delegation vertreten war.
Die Kinder haben sich gerade gegenüber dem
auf Schweizer Territorium liegenden Badischen Bahnhof aufgestellt.

147

Kinder desselben Transports (siehe Seite 147)
aus Berlin in der Halle des Badischen Bahnhofs. Schweizer Ärzte, die sich Ende 1946 in
der Viermächtestadt aufhielten, hatten vom
miserablen Gesundheitszustand zahlloser
Jungen und Mädchen berichtet. Aus diesem
Grund reisten so viele Kinder von dort in die
Schweiz. Problemlos stellten sich die Fahrten
von und nach Berlin aber auch nach dem
Ende der Blockade nicht dar. Verzögerungen
gab es wiederholt beim Übertritt von der
amerikanischen in die sowjetische Zone bei
Hof in Bayern.

„Die erste Mahlzeit in der Schweiz", betitelte
das Schweizerische Rote Kreuz diese Aufnahme.
Das kleine Mädchen war mit dem Berliner
Transport vom 18. Dezember 1948 gekommen. Nach Erledigung der Grenzformalitäten
erhielten alle Kinder im Bahnhofsrestaurant
eine ausgiebige Mahlzeit. Danach ging es in die
von vielen Jungen und Mädchen erwähnte
Reinigungsanstalt. Am folgenden Tag brachte
sie ein Zug dann nach Zürich. Hier wurden
die Kinder entweder von ihren Pflegeeltern abgeholt oder von Betreuern in die einzelnen
Zielorte gebracht.

Alle Kinder erhielten in Basel stets dasselbe
Essen, Suppe mit Wurst, wie viele Jungen und
Mädchen noch Jahrzehnte später bestätigten.
Für die meisten war es die erste richtige war-
me Mahlzeit seit vielen Wochen. Die Abfahrt
der Züge aus Deutschland, gleich aus welcher
Stadt, war meistens derart terminiert, dass
die Transporte am anderen Morgen zwischen
5.00 Uhr und 11.00 Uhr im Badischen Bahn-
hof in Basel ankamen. Nach 1949 war dann
Schaffhausen Zielort der Kinderzüge aus
Deutschland.

Mit der Straßenbahn fuhren die Kinder des am 5. Juli 1946 in Basel angekommenen ersten Hamburger Transports vom Badischen Bahnhof in eine nahe gelegene Badeanstalt, wo sie gereinigt und desinfiziert wurden. An den für viele Kinder ungewöhnlichen Vorgang erinnerten sich noch viele Jahre später fast alle Jungen und Mädchen. Damit sollte garantiert werden, dass sie keinerlei Krankheiten in die Gastfamilien einschleppten.

Die Hamburger Kinder des ersten Transports
verbrachten, wie noch andere Jungen und Mädchen, die 1946 in die Schweiz einreisten, die erste
Woche im Quarantänelager Schaffhausen. Während dieser Phase, als die Schweiz befürchtete, dass
über die Grenzstationen Seuchen eingeschleppt
würden, hatte das Schweizerische Rote Kreuz in
Absprache mit den staatlichen Stellen diesen Weg
gewählt. Im Falle einer durch ausländische Kinder,
gleich welcher Nation, verursachten Krankheitswelle
wäre wohl die gesamte Kinderhilfsaktion
gefährdet gewesen.

„Das Lager bestand aus 24 Holzbaracken ...", erinnerte sich ein Mädchen. Es dürften aber doch wohl einige mehr gewesen sein. „... An jeder Tür hing ein Wappen. An der unsrigen hing das Wappen von Zürich. So wussten wir also bereits, welches unsere Endstation sein würde. Wir wurden desinfiziert, entlaust und bereits ein wenig aufgepäppelt ... Nach einer Woche ging es dann weiter nach Zürich."

Es habe in dem Lager an nichts gefehlt, bemerkte ein Junge aus Hamburg, der sich im Sommer 1946 dort aufhielt. Als das „Hamburger Abendblatt" am 4. September 2007 ausführlich über die erste Fahrt des Schweizer Sonderzugs aus der Hansestadt berichtete und sich daraufhin viele Leser bei der Redaktion meldeten – einige hatten sich sogar auf abgebildeten Fotos wiedererkannt –, fiel über die „Lageratmosphäre" in Schaffhausen kein böses Wort.

„... ‚Die kriegen Sie nie durch' hatte 1946 eine Nachbarin zu meiner Mutter gesagt. Gemeint hatte sie mich: Sechs Jahre alt und alles an mir war lang und dünn: die Arme, die Beine, die Zöpfe. 1946 ging es nach Solothurn ...", erinnert sich Ilse Scherrer aus Hamburg (siehe Seite 36 bis 37).

Es geht weiter: Die „Quarantänezeit" in Schaffhausen ist nun beendet und der Rucksack ist bereits gepackt. Nach einer Woche verlassen die Hamburger Kinder ihr vorübergehendes Domizil, zum Teil neu eingekleidet, aber fast immer mit neuen Schuhen.

Welch ein Reiseziel! Welch eine Aussicht! Die prätuberkulösen, die lungenkranken Kinder erholten sich in verschiedenen Heimen des Schweizerischen Roten Kreuzes. Dazu zählte in besonderer Weise das am Lago Maggiore gelegene „Miralago" bei Brissago. Von Kriegsende bis Anfang 1949 waren insgesamt 5.155 prätuberkulöse Kinder aus ganz Europa zur Genesung in die Schweiz gereist, die meisten von ihnen aus Deutschland. Im Frühsommer 1948 erholten sich hier 66 Kinder aus Dresden und Chemnitz. Von ihrer Zeit in Miralago erzählen in diesem Buch Ursula Heilig (siehe Seite 49 bis 51), Brigitta Kalex und Sieglinde Oberkirsch (siehe Seite 59 bis 61).

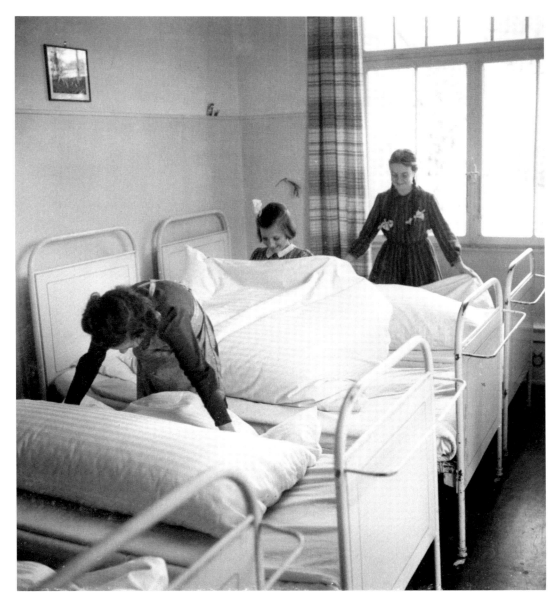

„… Viele wunderschöne Spaziergänge und kleine Ausflüge füllten den Alltag aus. Allerdings gab es auch strenge Regeln, so mussten die Schuhe selber geputzt und die Betten selber gemacht werden, es gab wöchentliche Untersuchungen und Wiegetage, Mittagsschlaf und Liegekuren, warm in Decken eingepackt in großen Freilandhallen. Ohne zu reden, nur still sein und ruhig ein- und ausatmen …", beschrieb die aus Bochum stammende Erika Eisenrichter die tägliche Routine in einem Erholungsheim.

Die Kinder von „Miralago" auf einem Spaziergang zum
See. „... Gudrun ... der Vater lungenkrank aus russischer
Kriegsgefangenschaft heimgekehrt. Die Mutter sucht in
einem Sanatorium Heilung. – Helga ... der Vater mit offe-
ner Tuberkulose aus der Kriegsgefangenschaft heimgekehrt. Helgas Lungen sind sehr gefährdet. – Günther ...
der Vater ist tuberkulosekrank aus der Kriegsgefangenschaft heimgekehrt. Der Mutter ist die ganze Sorge für den
Mann und die sechs Kinder aufgebürdet. Die Bürde wird
ihr immer schwerer, da auch sie eines Aufenthalts in einer
Lungenheilstätte dringend bedarf. Die Kinder sind alle
tuberkulosegefährdet ...", wird in einem Bericht über das
Erholungsheim „Miralago" aus den Sozialkarten Berliner
Kinder zitiert.

Unter den 44.000 deutschen Kindern, die zur Erholung in die Schweiz reisten, befanden sich 2.310 prätuberkulöse Jungen und Mädchen. Erholungsheime waren neben dem schon genannten „Miralago" die Häuser „Fragola" in Orselina, einem Vorort Locarnos, auch am Lago Maggiore gelegen, „Des Alpes" in Beatenberg, „Sonnalp" in Goldiwil bei Thun, „Flüeli" bei Sachseln, „Silvana" in Epalinges bei Lausanne sowie „Beau-Soleil" in Gstaad. Daneben gab es noch verschiedene andere kleinere Erholungs- und Kinderheime, so „Pradafenz" in Churwalden bei Chur, „Bois-Gentil" in Château-d'Oex, „Luegisland" in Beatenberg, „Schöntal" in Engelsberg, „La Nichée" in Chexbres bei Lausanne, „Maiezyt" in Habkern bei Interlaken, „Les Alouettes" in Leysin bei Aigle sowie ein Kinderheim in Genf – das Haus „Schneewittchen". Zudem stand in Morgins bei Monthey ein weiteres Haus zur Verfügung. „Miralago" gehörte zu den größten Erholungsheimen der Kinderhilfe des Schweizerischen Roten Kreuzes.

Auf die Erholung der an Tuberkulose erkrankten Kinder in „Miralago" hatte gewiss auch die zauberhafte Umgebung einen positiven Einfluss. „Und dann der Einzug in das große am Hang gelegene Kinderheim mit Blick auf den Lago Maggiore und die riesigen schneebedeckten Berge – es war Frühling. Den herrlichen Anblick habe ich noch heute vor Augen", schildert Ursula Heilig aus Dresden ihre Eindrücke. Was mag in ihr und in vielen anderen Kindern vorgegangen sein, als sie, das deutsche Elend zurücklassend, in Brissago ankamen? Welche Wirkung besaßen solche Bilder, als vier Monate später wieder die Trümmerlandschaften in das Blickfeld rückten? Nicht wenige Kinder haben darunter gelitten. Die beiden unteren Aufnahmen von 1947 stammen aus einem kleinen Album, das einige Kinder zur Erinnerung an „Miralago" als Geschenk erhielten.

160

Diese so treffend festgehaltene Szene hat sich in jenen Jahren tausendmal abgespielt. Eine der vielen freiwilligen Mitarbeiterinnen des Schweizerischen Roten Kreuzes übergibt im November 1953 im Zürcher Hauptbahnhof ein kleines Mädchen aus Niedersachsen an seine Pflegemutter. Deren Tochter blickt das Flüchtlingskind mit einem gewinnenden Lächeln an, so, als wolle sie ausdrücken, dass das fremde Mädchen von jetzt an zur Familie gehöre, wohingegen dessen Blick noch unsicher, prüfend und fragend auf das Gesicht der fremden Frau gerichtet ist. „Am 26. November 1953 ist der erste Kinderzug dieses Winters in Schaffhausen eingetroffen. Er führte 400 teils recht bedürftige und mitgenommen aussehende Kinder aus Schleswig-Holstein und Niedersachsen in unser Land ...“, berichtete die Zeitschrift des Schweizerischen Roten Kreuzes in der Januarausgabe 1954. Diese und weitere 600 Jungen und Mädchen aus anderen Ländern der Bundesrepublik Deutschland, sämtlich aus Flüchtlingsfamilien stammend, waren von Schweizer Familien für einen dreimonatigen Erholungsaufenthalt aufgenommen worden.

„In der Schweiz leerte sich der Zug in verschiedenen Städten, bis ich dann schließlich in Lausanne, in der französischen Schweiz, von meinen Gasteltern in Empfang genommen wurde. Diesen Eindruck habe ich noch heute vor Augen. Ich wurde von Madame Simone Martin in die Arme genommen und mit einem Kuss begrüßt – von wildfremden Leuten! Ich war also in Lausanne bei Simone und Albert Martin zu Gast und auch sehr oft bei der Familie Lavanchy, den Eltern von Madame. Meine Gasteltern konnten sehr gut deutsch, aber ich musste von jetzt an französisch lernen, was mir sehr viel Freude bereitete", berichtet Rosemarie Knüvener (siehe Seite 42 bis 43). Das Bild zeigt Madame Simone Martin und Rosemarie im Garten ihrer Eltern in Vers-chez-les-Blancs bei Lausanne im Frühsommer 1950.

Haben Sie keine Sorgen Jhr Kind ist sicher gut aufgehoben werden dann später mehr berichten
Freundl. Gruss
H. Stocker.

Der kleine Jacob Baumann mit seiner Pflegefamilie, dem Ehepaar Stocker, hier mit den Töchtern abgebildet, in Bever im Engadin, Februar 1947. Mit dem ersten Zug aus der amerikanischen Zone war der Fünfjährige aus Mannheim angereist. Seine Ankunft verlief indes wenig verheißungsvoll. Da ihn Ärzte in Basel sogleich als Träger von Diphtheriebazillen ausgemacht hatten, wurde er sofort in die Isolierstation des Spitals in Thusis bei Davos gebracht (siehe Seite 66 bis 67). Erst nach drei Wochen kehrte Jacob nach Bever zurück, und der Krankenhausaufenthalt war rasch vergessen.

Im Frühjahr 1948 war Eva Splett, Flüchtlingskind aus dem oberschlesischen Königshütte, in das im Kanton Solothurn gelegene Bettlach gekommen. Sie wurde von dem jungen, damals noch kinderlosen Ehepaar Blanche und Walter B. aufgenommen, war aber zugleich auch in die Großfamilie ihrer Pflegeeltern integriert, wie es das Foto in beredter Weise zum Ausdruck bringt. „... Die verwandten Familien in der Nachbarschaft luden mich oft ein, darunter Angela, bei der ich viel Zeit verbrachte. Sie hat, wie ich viele Jahre später erfuhr, meinen Aufenthalt in der Schweiz hauptsächlich finanziert und mir die gesamte neue Kleidung bezahlt. Als Hauswirtschafterin bei einer alten Dame verdiente sie nicht viel ...“

„... Blanche, meine Pflegemutter, die wie viele ihrer Verwandten in einer Uhrenfabrik arbeitete, schenkte mir zum Abschied eine kleine goldene Armbanduhr, eine unvorstellbare Kostbarkeit. Ich kam mir wie eine Prinzessin vor ...“, erinnert sich Eva Splett. Das an ihrem linken Handgelenk sichtbare Schmuckstück legte sie verständlicherweise sofort an.

163

Am 7. April 1948 brachte ein Sonderzug der
Schweizer Bundesbahnen 530 Jungen und Mädchen aus Düsseldorf, Wesel und vom Niederrhein
in die Schweiz. Es war der 19. Zug aus der britischen Besatzungszone und der neunte aus Nordrhein-Westfalen. In der Mitte ist, mit erkennbar
traurigem Gesichtsausdruck, Karin Milde aus
Düsseldorf zu erkennen. „Im Abteil wurden wir
liebevoll betreut und jedes Kind erhielt einen Platz
zugewiesen. Ich weiß noch, dass ich zum Fenster
eilte, um meiner Mutter zu winken, leider habe ich
sie nicht mehr gesehen. Im Zug wurden wir mit
Butterbroten und heißem Kakao versorgt, und
irgendwann sind wir vor Erschöpfung eingeschlafen", berichtet Karin Milde über den Tag der Abfahrt (siehe Seite 51 bis 53). Sie habe sich unter
dieser Reise zu fremden Leuten und in ein fremdes
Land nichts vorstellen können und fürchtete sich
vor einer längeren Trennung von ihrer Mutter,
einer Kriegerwitwe, fügt sie hinzu. Es sollte ihr in
der Schweiz aber bald recht gut gehen, wie auch
das Bild auf der folgenden Seite zeigt.

Auch Karin Milde fand Aufnahme in Bettlach im Kanton Solothurn. „... Hier wurden wir von einer Gemeindeschwester abgeholt und kamen in den Pfarrsaal, wo die Familien auf ihre Gastkinder warteten. Meine Gastfamilie war mit ihrer Tochter gekommen und diese sagte sofort: ‚Des Meitschi mit dem große Pflaschter soll zu üs cho! – Das Kind mit dem großen Pflaster soll zu uns kommen‘, und so wurde ich also von Hilda, hier im Bild, und Hermann Baltisberger mit Tochter Eva aufgenommen. Ich nannte beide auch ‚Vati und Mutti‘, wie es Eva tat, denn zu Hause nannte ich meine Mutter ‚Mama‘.“ Die Verbindung mit Karin Mildes Pflegefamilie riss danach nicht mehr ab. „1952 besuchte diese uns in Düsseldorf. Sie war aber über die Ruinen und zerstörten Straßenzüge so traurig und entsetzt, dass sie nicht noch einmal kommen wollte“, erinnert sich Karin Milde.

Brigitte Lindner, Flüchtlingskind aus dem ostpreußischen Kreis Johannisburg, fand 1945 mit Mutter und Tante Zuflucht bei Verwandten in der am Nordrand des Ruhrgebiets gelegenen Stadt Recklinghausen. Das gesundheitlich geschwächte Kind kam am 20. Februar 1947 mit dem fast 500 Jungen und Mädchen zählenden Recklinghäuser Kinderzug in Basel an und wurde von der Familie Schelling in Dettighofen im Kanton Thurgau aufgenommen (siehe Seite 46 bis 49). Die Aufnahme zeigt sie, rechts, mit der aus Herten im Kreis Recklinghausen stammenden vierjährigen Helga. Beide Mädchen tragen bereits neue Stiefel.

Das Mädchen aus Recklinghausen, Dritte von links, gehört zur Vielzahl jener Schweizerkinder, die seit dem ersten Aufenthalt den Kontakt zu den Pflegeeltern und zu deren Kindern nie haben abreißen lassen. Rechts im Bild sind Ernst Schelling und seine Ehefrau Anna Schelling-Büchler, die Pflegeeltern, zu sehen, links deren Tochter Dora, genannt Tante Spengler, mit ihrem Neffen Kurt. Das Foto stammt von 1956. „Noch viele Jahre erreichten uns Pakete und Päckchen aus der Schweiz, die uns über die schlimmste Zeit der Entbehrungen hinweghalfen. Nie werden wir vergessen, was Familie Schelling für uns getan hat", bekennt Brigitte Lindner.

„Miralago – das ist mein Heim. Dort war ich als Elfjährige von Januar bis Mai 1948 und habe viel Schönes erlebt. Allein das Haus und die herrliche Umgebung waren etwas ganz Besonderes. Wir alle, die wir das Glück hatten, in die Schweiz reisen zu können, waren krank, unterernährt und viele litten an Tuberkulose. Wir machten jeden Tag Liegekuren und bekamen sehr gutes Essen. Zugenommen hatte ich ganze 17,5 Pfund. Auch hatten wir sehr liebe Betreuerinnen, vor allem Tante Ruth. Sie besaß die Geduld und die richtige Art, mit uns Kindern umzugehen. Den Schweizern und allen Helfern sei heute noch herzlichst gedankt", schreibt Christiane Schorb aus Kaiserslautern, die mit einem Transport von etwa 500 Jungen und Mädchen aus Pirmasens, Kaiserslautern, Neustadt/W., Worms, Ludwigshafen und Zweibrücken in Basel ankam. Die 73 prätuberkulösen Kinder unter ihnen bezogen danach für vier Monate das Heim „Miralgo". Auf dem Foto ist Christiane Schorb in der oberen Reihe als Dritte von rechts mit der großen Haarschleife zu sehen. Die Aufnahme stammt aus einem kleinen Album mit Impressionen vom Lago Maggiore, das die deutsche Kinderschwester Ruth Widmaier (sie steht links), die oben erwähnte Tante Ruth, Christiane Schorb schenkte. „Was vergangen, kehrt nicht wieder, aber ging es leuchtend nieder, leuchtet's lang noch zurück", schrieb sie unter das Gruppenbild.

Die von allen Kindern heiß geliebte Tante Ruth – Ruth Widmaier aus Württemberg, die Betreuerin der deutschen tuberkulosekranken Kinder in „Miralago" (siehe Seite 67 bis 69).

Der 1939 in Trier geborene Arnold Lanser war am 17. April 1946 mit dem ersten Kinderzug, der fast 500 Jungen und Mädchen aus Saarbrücken, Trier und Ludwigshafen in die Schweiz brachte, in Basel angekommen. „Manches Kind trug im dürftigen Gepäck einen Brief mit von den Eltern an die Pflegeeltern fern in der Schweiz als Gruß und Dank und Verständigungsbrücke ... Das Begleit- und Pflegepersonal ... das auf seinem Samariterweg durch unsere zerbombten Städte ... fuhr, dürfte mit dazu beitragen, uns draußen einige Anteilnahme zu sichern. Unsere besten Wünsche begleiten die Kinder", heißt es in der Lokalpresse. Drei Monate lebte Arnold Lanser, wie das eigene Kind umsorgt, bei der Zürcher Familie Fischli (siehe Seite 35 bis 36).

Wehmütiger Abschied Arnold Lansers aus der Schweiz am 22. Juli 1946 im Zürcher Hauptbahnhof. Die dem Bild beigefügte Widmung spricht aber auch vom Schmerz der Schweizer Pflegefamilie, den liebgewonnenen Jungen wieder ziehen zu lassen.

168

„Nach insgesamt sechs Monaten kam dann der
große Abschied ... Auf dem Luzerner Bahnhof haben Tante Christen und ich uns ganz fest gedrückt,
wie man es auf dem Foto sieht. Ich weiß, dass ich
sehr aufgeregt war, weil ich mit einem riesengroßen Koffer auf die Reise geschickt wurde, in dem
sich ganz viele Sachen für mich und meine Familie
befanden. Durch die Verlängerung meines Aufenthalts gab es keinen gemeinschaftlichen Kindertransport mehr. Ich weiß noch, dass ich von
Schaffner zu Schaffner weitergereicht wurde ... Mit
einem großen Schild um den Hals, eine sehr traurige Tante Christen zurücklassend, wurde ich wieder in den Zug gesetzt", erinnert sich Bärbel Sojka,
die im Januar 1952 mit einem Transport nieder-
sächsischer Flüchtlingskinder in die Schweiz kam
(siehe Seite 56 bis 59).

„Zu meiner Erstkommunion schenkte mir
Familie Christen die ganze Ausstattung in
Weiß", berichtete Bärbel Sojka, wahrlich kein
Einzelfall. Auch die hier zu Wort kommende
Sigrid Thiele aus Mannheim erzählt davon.
„Sogar mein weißes Kommunionkleid war
ein Geschenk meiner Pflegefamilie. Später
färbte meine Mutter dieses Kleid grün, damit
ich es weitertragen konnte", bemerkt Hanne-
lore Scheithauer aus Recklinghausen.

169

Gunter und Trude Wieden aus Berlin waren mit dem fünften Kinderzug aus der Stadt am 11. Juni 1948 in Basel angekommen. Sie kehrten Mitte September in ihre Heimat zurück und gehörten damit dem ersten Transport an, der trotz der Abriegelung Berlins die Stadt auf dem Landweg erreichte. „In den acht Monaten, in denen wir die Berlin-Blockade miterlebten, hatten wir aber alle Pfunde, die wir in der Schweiz angefuttert hatten, verloren, aber wir hatten überlebt!", schreibt Gunter Wieden. Das Bild zeigt ihn im neuen, in der Schweiz erhaltenen Anzug, der noch viele Jahre halten sollte. Auch Trude wurde neu eingekleidet (siehe Seite 53 bis 55).

„Vier Wochen nach meiner Rückkehr aus der Schweiz begleitete mich meine Mutti zum ersten Schultag. Das Bild zeigt mich mit Pappschulranzen und einer vom Fotografen geborgten leeren Zuckertüte", erinnert sich Ursula Heilig aus Dresden, die aufgrund ihrer geschwächten Gesundheit im Frühjahr 1948 vier Monate im Erholungsheim „Miralago" am Lago Maggiore verbracht hatte. Sie habe sich danach wie neugeboren gefühlt. „Damals und auch all die Jahre danach erzählte und schwärmte ich von der Schweiz. So zieht sich diese Reise voll Dankbarkeit und Glück durch mein gesamtes Leben." (siehe Seite 49 bis 51).

Sigrid Thiele kam am 16. Januar 1947 mit dem ersten Zug aus der amerikanischen Zone, aus Mannheim, in die Schweiz. Drei Monate war sie Gast auf dem Bauernhof der Familie Maier in Eschenz bei Stein am Rhein. „Als die Zeit vorbei war, bot man ihr an, noch zu bleiben. Aber da war kein Halten mehr. Bei der Ankunft in Mannheim erkannte mich meine Mutter nicht gleich wieder. Ich war fein herausgeputzt mit einem hellgrauen Flauschmantel mit rot gefütterter Kapuze", erinnert sie sich noch sehr gut. Das Passbild der Schweizer Kinderhilfe zeigt sie in einem aus einer Wehrmachtsdecke geschneiderten „Skianzug" (siehe Seite 37 bis 38).

Edith Lang war am 25. April 1947 mit dem ersten Kinderzug aus Frankfurt am Main in die Schweiz gereist. In Büren zum Hof im Kanton Bern ging sie auch zur Schule. Das Bild zeigt sie, ganz rechts, im Kreis ihrer Klasse. Die Kinder haben sich nach einem Ausflug in die Berner Alpen noch vor der heimischen Bahnhofstation zu einem Gruppenbild aufgestellt. In ihren Händen halten sie zur Erinnerung an diesen Tag Alpenrosensträuße.

In der Familie Günter-Schürch in Büren zum Hof verbrachte Edith Lang sogar eine sechsmonatige Erholungszeit. Die Aufnahme zeigt, von links, ihre Pflegemutter Rosa, Willi, Margret, Hermann und Pflegevater Hermann. „Ich werde die ‚Schweiz-Zeit' mit all ihren lieben Erinnerungen nie vergessen. Ich bin sehr dankbar für die großartige humanitäre Hilfe für mich und die vielen kranken und unterernährten deutschen Kinder durch die Schweizer Bürger", betont Edith Lang (siehe Seite 39 bis 42).

Eine der ausdrucksvollsten Aufnahmen der Kinderhilfe: Strahlende
Mädchen bei der Rückkehr nach Berlin. Am späten Nachmittag
des 19. August 1947 kamen die meisten der 524 Kinder des ersten
Transports wieder in der Heimat an. Aufgrund ihres schlechten
Gesundheitszustandes waren 50 noch in der Schweiz geblieben.
Ausführlich berichteten die Berliner Zeitungen über die Ankunft
des Zugs, aus dem schon von weitem die vielen roten Fähnchen
mit weißen Kreuzen zu sehen gewesen seien. In Berlin-Grunewald
durften die Jungen und Mädchen wegen der späten Ankunftszeit
den Zug aber nur kurz verlassen und mussten darin noch übernachten, weil sie nicht mehr geschlossen ihren Eltern übergeben
werden konnten. Tags darauf gab es dann das fröhliche Wiedersehen, und alle erzählten mit hörbar schweizerdeutschem Akzent
von ihren Pflegeeltern, die jetzt noch Pakete schicken wollten, von
Milch und Schokolade, von neuer Kleidung und Schuhen, auch
für die Angehörigen, und vor allem von der Gewichtszunahme.

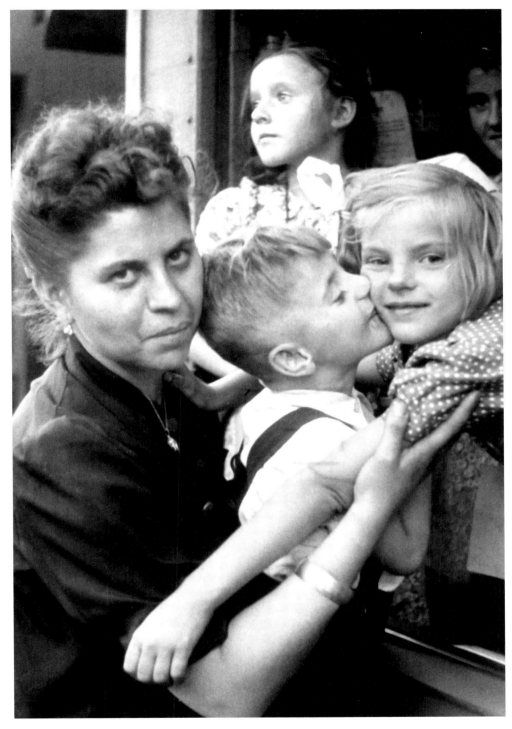

Große Freude herrscht über die
Rückkehr der Schwester auf dem
Berliner Bahnhof Grunewald am
19. August 1947.

Ankunft des Schweizer Sonderzugs aus Basel am 15. Januar 1947 in Düsseldorf.
Im Vordergrund sind Frau Zwicky, Ehefrau des Leiters der Schweizer Konsular-
vertretung in Hannover, Johann Zwicky, und Major General Gill, der Chef der
„Wohlfahrt" der britischen Militärregierung in Nordrhein-Westfalen, zu sehen.
Es war ungewöhnlich, dass sich bei der Rückkehr, im Gegensatz zur Abfahrt,
Prominenz auf den Bahnhöfen einfand. Briten und Amerikaner, die erst nach
längeren Verhandlungen die Kinderzüge erlaubten, nahmen von den Aktivitäten
der Schweizer nur wenig Notiz.

Eine deutsche Rotkreuz-Schwester begrüßt die Kinder des Düsseldorfer Transports. „... Vor dem grauen Zerrbild unserer Tage hebt sich leuchtend all das
Gute ab, das an unseren leidenden Kindern getan wird. Den Kleinen ... werden
die gastlichen Tage ein unvergeßliches Erlebnis sein ...", schrieb die „Rheinische
Post" nach der Rückkehr der Düsseldorfer Kinder. Neben der Schweiz hatte
auch Schweden Kinder aus Nordrhein-Westfalen aufgenommen. 500 hielten
sich ein Dreivierteljahr in Stockholm und Malmö auf. Am 10. September 1948
waren sie zurückgekehrt.

175

„... Freude und Erwartung spiegelt sich auf den Gesichtern der Mütter wider, die an der Sperre die Rückkehr ihrer Kinder aus der Schweiz erwarten ...", berichtete die „Rheinische Post" am 18. Januar 1947. „... Doch schon bald mischt sich Staunen und Rührung drein, denn keine findet ihr Kind so wieder, wie sie es weggeschickt hat ... Eine alte Frau sucht verzweifelt unter den strahlenden Kindern: ‚Wo bleibt nur Friedel? Hoffentlich ist ihm nichts passiert', sagt sie immer wieder und sie sagt es noch, als der Junge schon zwei Schritte vor ihr steht und ‚Grüetzi Oma' ruft. Fast erschrocken schaut sie in das lachende Jungengesicht mit den dicken Pausbacken ...", hieß es in der Zeitung weiter.

„... Die Schweiz, über die in den Zeitungen der britischen Zone im allgemeinen nur
selten berichtet wird, hat dieser Tage durch die Rückkehr von 450 deutschen Kindern nach Wuppertal, Duisburg und Düsseldorf eine ausserordentlich freundliche
Erwähnung gefunden ...", teilte der in Köln ansässige Schweizer Generalkonsul
Franz-Rudolf von Weiss am 22. Januar 1947 dem Außenministerium in Bern mit.
„... Viele Zeitungen haben Bilder der gut erholten Kinder gebracht, die am Mittwoch der vorigen Woche mit einem Sonderzug auf dem Düsseldorfer Hbf. eintrafen." In der „Welt" sei von gastfreundlichen Schweizer Privatfamilien, von Gewichtszunahme bis zu 12 Pfund, von neuen Schuhen, neuen Kleidern und riesengroßen Paketen die Rede gewesen, so der Diplomat weiter. Kuriosum am Rande:
Auch die Puppe des Mädchens war mit der Identifikationskarte des Roten Kreuzes
ausgestattet.

Düsseldorfer Hauptbahnhof am 15. Januar 1947:
Der Bahnsteig ist vergleichsweise leer. Grundsätzlich wollte man ein heilloses Durcheinander
auf den Bahnsteigen nach der Einfahrt der
Schweizer Sonderzüge vermeiden und die zurückgekehrten Kinder ihren Angehörigen kontrolliert
wieder anvertrauen.

Unübersehbar große Freude nach der Rückkehr des Bremer Kinderzugs am 22. Oktober 1947. Dass die Jungen und Mädchen
aus der Hansestadt überhaupt in die Schweiz reisen konnten,
verdankten sie, wie bereits erwähnt, ihrem Bürgermeister Wilhelm Kaisen. „Die Schweiz hat durch ihr großes Hilfswerk vor
allem den deutschen Kindern, den Krankenhäusern und Hilfsbedürftigen Beistand geleistet", schrieb er am 26. Februar 1948 an
den Schweizer Bundesrat, die Regierung der Eidgenossenschaft.
„Die schweizerischen caritativen Organisationen sind die ersten
gewesen, die den Wall der Ablehnung durchbrochen haben, den
Deutschland durch sein vergangenes Regime und den Krieg
selbst um sich aufgerichtet hatte. Dafür der Schweiz zu danken
ist uns eine Pflicht des Gewissens ... Möge diese Gabe (die Rückgabe der St. Galler Traditionsurkunden, Anm. d. Verf.) aufgenommen werden als Ausdruck dankbarer Anerkennung für all
das Große und Gute, das die Schweiz für Deutschland getan hat.
Sie haben uns mehr gegeben inmitten unseres Trümmerfeldes als
nur ihre materielle Hilfe und ihren Helferwillen. Sie gaben vielen
von uns den Glauben wieder an die Solidarität der Völker, diese
große Quelle der Kraft, die nie versiegen darf um der Menschheit
willen." (siehe Seite 28 bis 29)

179

Die Abbildungen auf den Seiten 180 bis 184: Die meisten Kinderzüge, neun an der Zahl, kamen von Mitte 1947 bis Mitte 1949 aus Berlin. Es gab aber selbst noch nach dem offiziellen Ende der Kinderhilfe im Sommer 1949 zahlreiche Fahrten Berliner Kinder in die Schweiz. Diese reisten nun nicht mehr mit Wagen der Schweizerischen Bundesbahnen, sondern mit solchen der Reichsbahn bzw. der Deutschen Bundesbahn. Mangels näherer Ausweisung der Aufnahmen ist eine genaue Datierung dieser und der folgenden Fotos nicht möglich, es dürfte sich dabei, an der Kleidung erkennbar, schon um die beginnenden 1950er-Jahre handeln. Die auf dem Schlesischen Bahnhof in Berlin entstandenen Bilder dienten vermutlich der Illustrierung eines Zeitschriftenartikels in der Schweiz.

„Wo sind wohl meine Angehörigen", mag dieses traurig
aussehende Mädchen denken.

Eine sehr typische Szene, die sich bei der Rückkehr aus der Schweiz oft auf deutschen Bahnhöfen abspielte. Kaum ausgestiegen, präsentierten die Kinder ihren Eltern mit großem Stolz neue Kleidung oder Schuhe. „... S. K., ein achtjähriges Mädchen, zieht ihre Mutter ganz atemlos zu einem leeren Gepäckkarren. Aufgeregt löst sie das Band vom Karton und zieht die Sachen heraus: ein Paar Schuhe, Strümpfe, Unterkleider, einen Mantel, eine Puppe und einen Ball. Die Mutter umschlang ihre Tochter mit dem rechten Arm und tupfte sich mit der linken Hand die Tränen aus den Augen ...“, berichtete beispielsweise die „Welt“ nach der Rückkehr des zweiten Hamburger Kindertransports am 25. Januar 1947. Die Schweizer Pflegeeltern hatten ihren kleinen deutschen Gästen fast ausnahmslos solche Kleidungsstücke mit auf den Weg gegeben, die gebraucht waren und deshalb nicht vom Zoll beanstandet werden konnten. Abgesehen davon berichtete keines der Schweizerkinder von irgendwelchen unliebsamen Kontrollen auf deutschem Gebiet. Mit ihren neuen Kleidern fielen sie allerdings in der Öffentlichkeit auf und sahen sich vielen, auch neidischen Fragen ausgesetzt. Derartiges war ihnen fremd, und sie sehnten sich nach den ruhigen und beschaulichen Verhältnissen in der Schweiz zurück. Viele Jungen und Mädchen hatten deshalb schon kurz nach der Ankunft in ihrer Heimat den Wunsch geäußert, wieder zu ihren Pflegeeltern fahren zu dürfen. Diese verschlossen sich der Bitte meistens nicht, trugen oftmals die nicht geringen Reisekosten und kümmerten sich um die Visaerteilung. Tatsächlich berichten viele Schweizerkinder vom wiederholten Ferienaufenthalt bei ihren einstigen Pflegeeltern. Auch diese Gesten haben zur Anbahnung vieler lebenslanger Freundschaften geführt.

Froh und glücklich in Berlin zurück: Die Jungen und Mädchen aus der Viermächtestadt erfreuten sich bis zum Ende der 1950er-Jahre neben ausländischer Hilfe auch großer Unterstützung seitens der westdeutschen Bevölkerung. Aber ohne die Großzügigkeit der Amerikaner wäre so manche Reise erst gar nicht gestartet. Bereits während der Luftbrücke 1948/49 waren viele Kinder mit den leeren Maschinen aus der eingeschlossenen Stadt ausgeflogen worden. Dabei war verschiedentlich schon der Begriff „Kinderluftbrücke" zu hören. Er fand auch 1953 Verwendung, als auf Initiative des späteren Chefredakteurs der „Bild-Zeitung", Peter Boenisch, eine „Kinderluftbrücke" ins Leben gerufen wurde. Flüchtlingskinder sowie Kinder von Heimatvertriebenen oder von bedürftigen Westberlinern wurden nach Frankfurt geflogen und hier auf deutsche und auch auf amerikanische Familien verteilt. Bis 1957 kamen auf diese Weise über 10.000 Jungen und Mädchen in den Genuß einer mehrwöchigen Erholung. Die Berliner Kinder hatten es selbst noch zehn Jahre nach Kriegsende bitter nötig. Mitte April 1955 war in vielen deutschen Tageszeitungen zu lesen, dass das „Hilfswerk Berlin" für rund 15.000 Jungen und Mädchen Erholungsfreistellen im Bundesgebiet suche. Mehr als 50.000 Kinder würden von den Amtsärzten als gesundheitsgefährdet eingestuft. Während in Berlin die Nachkriegszeit über Gebühr lange dauerte, erging es den großen Städten an Rhein und Ruhr besser. Sie hatten schon lange auf den deutschen Nordseeinseln Kinderheime erworben oder gepachtet und erholungsbedüftige, in ihrer Entwicklung zurückgebliebene Kinder dorthin eingeladen. Mehrere zehntausend Jungen und Mädchen verbinden daher mit Norderney, Borkum, Langeoog und Juist ihre ersten Ferienerlebnisse.

Erwartungsvoll werden Koffer und Pakete aus der Schweiz geöffnet, wie hier in der Familie des kleinen Rolf aus Bremen. Die „Südwestdeutsche Volkszeitung" schätzte, dass fast jedes der an Weihnachten 1946 aus der Schweiz zurückgekehrten Kinder aus Freiburg/Breisgau Gepäck von dreißig bis vierzig Pfund mit sich führte. Bilder auf allen Bahnhöfen zeigen bei der Rückkehr nicht selten Mitarbeiter der Bahn, die eine Vielzahl solcher Kartons auf den Bahnsteigen stapeln. „Auf der Rückfahrt hatten wir Hamburg statt wie geplant um 16 Uhr erst um 20 Uhr erreicht", erinnert sich der damals fünfjährige Kieler Uwe Schüder an die Rückreise aus der Schweiz Mitte Juli 1947, „so dass wir erst am späten Abend in Kiel eintrafen, dafür dort aber auch mit Blasmusik empfangen wurden. Trotzdem habe ich bei der Ankunft des Zugs geweint, und zwar deshalb, weil ich so schwer mit Geschenken beladen war, dass ich damit allein ohne Hilfe den Zug nicht verlassen konnte ..." Bei der einmaligen Geste beließen es die Pflegeeltern jedoch nicht. Viele Kinder wurden weiterhin mit Paketen versorgt, zum Teil jahrelang.

185

„... Der kleine Pappmachékoffer war prall gefüllt,
dazu kamen drei große Pappkartons, schwer und
fest verschnürt, denn ich bekam Kleidung für meine Mutter und Geschwister mit eingepackt, Kaffee,
Seife, Niveacremes und meine gesammelten 32
Tafeln Schokolade ...", berichtete Eva Splett, die
damals in Niedersachsen lebte. „... Mit kindlichem
Vertrauen sah ich den vielen Kontrollen und dem
häufigen Umsteigen entgegen. Der Abschied aus
der Schweiz war schmerzlich, allein die viele Freude, die ich in meinem Gepäck hatte, tröstete mich
etwas ... Zuhause packten wir bei Kerzenschein die
Schätze aus ...", hieß es in ihrem Bericht weiter.

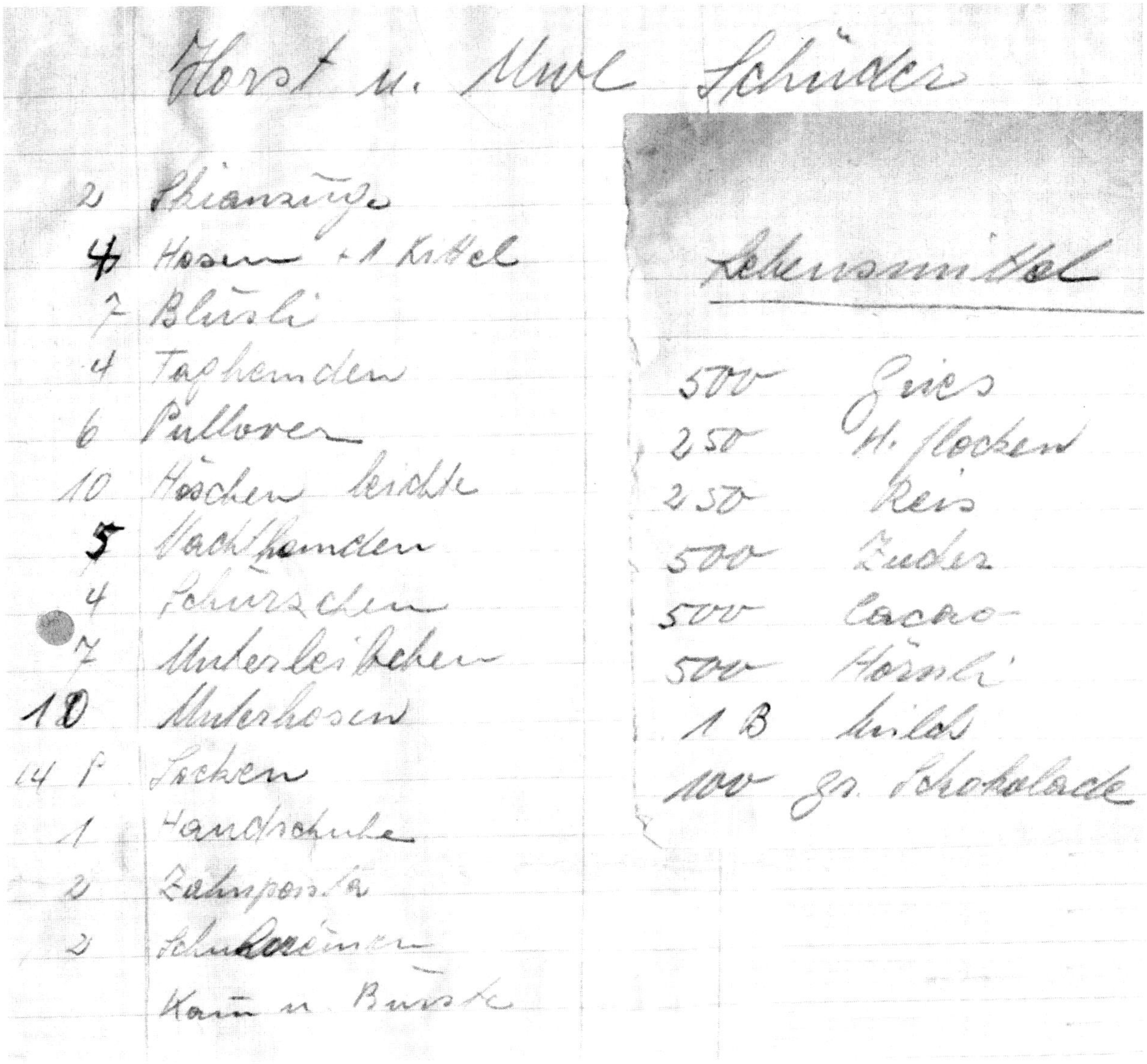

Horst u. Uwe Schüder

2 Thianzüge
4 Hosen + 1 Kittel
7 Blüsli
4 Taghemden
6 Pullover
10 Höschen leichte
5 Nachthemden
4 Schürzchen
7 Unterleibchen
10 Unterhosen
14 P Socken
1 Handschuhe
2 Zahnpasta
2 Schüdereimen
Kam u. Bürste

Lebensmittel

500 Gries
250 H. flocken
250 Reis
500 Zucker
500 Cacao
500 Hörnli
1 B Milch
100 gr. Schokolade

Mit dem zweiten Sonderzug des Schweizerischen Roten Kreuzes aus Kiel waren Horst und Uwe Schüder am 10. April 1947 in Basel angekommen. Zusammen mit vier weiteren Kindern verbrachten beide ihre dreimonatige Erholungszeit im Lindenhofspital in Bern. Die Gründe des Krankenhausaufenthalts sind nicht mehr bekannt. Uwe Schüder erinnert sich jedoch an seine gravierende Unterernährung. Mitte Juli kehrten die Brüder mit großem Gepäck nach Kiel zurück, wie die beiden hier abgebildeten, den Paketen beigelegten Packzettel über reichlich Kleidung und Nahrungsmittel vor Augen führen.

Croix-Rouge Suisse
Service Secours aux Enfants

Croce Rossa Svizzera
Servizio Soccorso ai Fanciulli

Schweiz. Rotes Kreuz
Abteilung Kinderhilfe

Carte de Légitimation
pour enfants

Documento di Legittimazione
per bambini

Kinderausweis

| *Timbre du poste-frontière à l'entrée*
Einreise-Grenzstempel
Timbro dell'ufficio d'entrata | *Pays*
Land
Paese ....

No. de l'enfant selon liste collective
Nr. des Kindes laut Kollektivliste ....
No. del fanciullo secondo lista collettiva

Convoi No.
Transport Nr. ....
Trasporto No. | *Timbre du poste-frontière à la sortie*
Ausreise-Grenzstempel
Timbro dell'ufficio d'uscita |

Enfant   Kind   Bambino

| *Nom*
Familienname
Cognome ....

Prénoms
Vornamen ....
Nomi

domicilié chez
wohnhaft bei ....
domiciliato presso

....

Adresse
Adresse ....
Indirizzo

.... | *né le*
geb. am ....
nato il | Photographie |

Famille hébergeante   Pflegeeltern in der Schweiz   •   Famiglia ospitaliera in Isvizzera

Nom, prénoms
Name, Vornamen
Cognome, nomi ....

Lieu
Wohnort ....
Luogo

Canton
Kanton ....
Cantone

Rue
Strasse ....
Strada

Observations / Bemerkungen / Osservazioni
Déplacement / Umplazierung / Spostamento
Prolongation de l'autorisation de séjour
Verlängerung der Aufenthaltsbewilligung
Prolungazione dell'autorizzazione di soggiorno

}   *voir au verso*
siehe Rückseite
vedi retro

Déclaration d'arrivée
Anmeldung
Notificazione di arrivo

Le séjour en Suisse est assuré, par visa collectif, pour une période de 3 mois.
Der Aufenthalt in der Schweiz ist laut Kollektivvisum für die Dauer von
3 Monaten zugesichert.
La dimora in Isvizzera è assicurata per 3 mesi, col visto collettivo.

BHL 3000 9.52

Kinderausweis des Schweizerischen Roten Kreuzes für die Einreise in die Eidgenossenschaft mit zahlreichen erforderlichen Angaben zur Person, zu den Pflegeeltern, aber auch zur Ein- und Ausreise und zu technischen Fragen, darunter die Kennzeichnung der Transportnummer des Zugs.

Gustav Adolf Bohny

Von 1946 bis 1954 war Dr. Gustav Adolf Bohny, wie auch schon sein Vater von 1919 bis 1928, Präsident des Schweizerischen Roten Kreuzes. In die Amtszeit des gebürtigen Baslers fiel 1946 die Einbeziehung Deutschlands in die Kinderhilfe. Der Rechtsanwalt und Notar, seit 1932 Direktionsmitglied des Roten Kreuzes, hatte sich nach 1945 auch intensiv für Hilfsleistungen zugunsten deutscher Flüchtlinge eingesetzt. Bohny, am 23. Oktober 1898 geboren, starb am 24. April 1977 im Alter von 79 Jahren.

Paul Dinichert

Von 1946 bis 1949 stand Paul Dinichert an der Spitze des Arbeitsausschusses der Kinderhilfe und war damit deren erster Repräsentant. Der am 6. August 1878 in Muntelier geborene Diplomat, unter anderem von 1932 bis 1938 Gesandter seines Landes in Berlin, wo er seine kritische Haltung dem Nationalsozialismus gegenüber nie verbarg, gehörte seit 1921 der Direktion des Schweizerischen Roten Kreuzes an. Er starb am 14. Februar 1954 in Genf.

Fritz Baumann

Den Vorsitz der Geschäftsleitung der Kinderhilfe des Schweizerischen Roten Kreuzes hatte von Juli 1946 bis Juli 1949 der Aargauer Oberrichter Fritz Baumann inne. Der am 9. April 1894 in Seon b. Lenzburg geborene Jurist, Journalist, Philanthrop und nicht zuletzt prominente Sozialdemokrat leitete einige Zeit auch die Kinderhilfe des Schweizerischen Arbeiter-Hilfswerks. Im Roten Kreuz koordinierte er die gesamten europaweiten Aktionen der Kinderhilfe und war auch für die Budgetierung verantwortlich. Baumann starb hochbetagt am 7. Oktober 1992 in Aarau.

Felix Schnyder

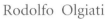

Der am 5. März 1910 in Burgdorf b. Bern geborene Diplomat Felix Schnyder war von 1949 bis 1954 Leiter der Schweizer Militärmission in Berlin und damit für die Einreise vieler Berliner Kinder in die Schweiz zuständig. Schnyder, später Präsident des Exekutivrats des UN-Kinderhilfswerks UNICEF und UN-Hochkommissar für Flüchtlinge, war zuletzt Botschafter in den USA. Seine Schwiegermutter Yvette Bucher-Hebler hatte nach 1946 etwa 40 Kinder, vorwiegend aus Berlin, gepflegt. Schnyder starb am 8. November 1992 in Minusio im Tessin.

Rodolfo Olgiati

Die operative Leitung der „Schweizer Spende" lag von 1944 bis 1948 in den Händen des am 30. Juni 1905 in Lugano geborenen Rodolfo Olgiati. Der Pädagoge, 1929 bis 1932 Lehrer an der Odenwaldschule in Heppenheim, hatte sich schon während des Spanischen Bürgerkriegs für die Rettung gefährdeter Kinder eingesetzt und wurde 1940 Zentralsekretär der „Schweizerischen Arbeitsgemeinschaft für kriegsgeschädigte Kinder". Entgegen weit verbreiteter Ansicht hatte er vorhergesagt, dass Deutschland für die Hilfe der Schweiz in erster Linie infrage käme. Olgiati, der wesentlich dazu beitrug, Vorbehalte dem nördlichen Nachbarn gegenüber abzubauen, starb er am 31. Mai 1986 in Bern.

Viele Länder, darunter auch Deutschland, haben sich zu Beginn der 1950er-Jahre beim Schweizer Bundesrat und bei den eidgenössischen Hilfswerken für die umfangreiche Unterstützung bedankt. Etwas besonderes ließ sich darüber hinaus die Republik Österreich einfallen. Sie überreichte den Schweizer Convoyeusen, den Zugbegleiterinnen, diese Medaille zum Abschied am 15. Juni 1949. Vor allem aus Wien waren tausende Kinder in die Schweiz gereist.

Literaturverzeichnis

Edwin Arnet, Eines „meiner" Kinder, in: Das Schweizerische Rote Kreuz, Nr. 9, Juli 1949.

ders., Der Menschenpferch, in: Das Schweizerische Rote Kreuz, Nr. 11/12, September/Oktober 1949.

Fritz Baumann, Politik der Hilfe, in: Das Schweizerische Rote Kreuz, Nr. 1, November 1948.

Bericht des Schweizerischen Roten Kreuzes über seine Tätigkeit von 1938 bis 1948, Bern [August] 1948.

Hugo Max von Burg, Patenschaften, in: Das Schweizerische Rote Kreuz, Nr. 4, Februar 1950.

Paul Dinichert, Die Kinderhilfe geht weiter, in: Das Schweizerische Rote Kreuz, Nr. 9, Juli 1949.

Charles A. Egger, Das Wirken von Rodolfo Olgiati in der Schweizer Spende, in: Schrift zur Erinnerung an Rodolfo Olgiati-Schneider, 30.6.1905 – 31.5.1986 [ohne bibliografische Angaben].

Konrad Elmshäuser, „Ein rostender Schatz". Die Restitution der St. Galler Traditionsurkunden, in: Veröffentlichungen aus dem Staatsarchiv der Freien Hansestadt Bremen, Bd. 62, 1998.

René Hugo Ernst (Hrsg.), Die Arbeit der Schweizer Spende an die Kriegsgeschädigten in Westdeutschland, [Bern] 1948.

Hans Rolf Gautschi, Wir verhandeln mit den Besatzungsmächten, in: Das Schweizerische Rote Kreuz, Nr. 9, Juli 1949.

Hans Haug, Sie warten auf unsere Hilfe, in: Das Schweizerische Rote Kreuz, Nr. 11/12, September/Oktober 1949.

ders., Grundsätzliches zur Mittelbeschaffung des Schweizerischen Roten Kreuzes, in: Das Schweizerische Rote Kreuz, Nr. 4, Mai 1952.

Bernd Haunfelder, Kinderzüge in die Schweiz – Die Deutschlandhilfe des Schweizerischen Roten Kreuzes 1946–1956, Münster 2007.

Wolfgang Jaenicke, Die Not der Heimatvertriebenen in Deutschland, in: Das Schweizerische Rote Kreuz, Nr. 11/12, September/Oktober 1949.

Jahresbericht des Schweizerischen Roten Kreuzes 1958, [Bern] 1958.

Marianne Jöhr, Kurze Entwicklungsgeschichte unserer Kinderhilfe, in: Das Schweizerische Rote Kreuz, Nr. 9, Juli 1949.

Regina Kägi-Fuchsmann, Das gute Herz genügt nicht. Mein Leben und meine Arbeit, Zürich 1968.

Helmut Kampmann, „Es war wie ein Wunder – Nach dem Kriegsende Hilfe aus der Schweiz und den USA", in: Koblenzer Beiträge zur Geschichte und Kultur. Neue Folge 6, Koblenz 1996, S. 169–178.

Jörg Kistler, Das politische Konzept der schweizerischen Nachkriegshilfe in den Jahren 1943–1948, Bern [Dissertation] 1980.

Georg Kreis, Humanitäre Ideale im Test des historischen Ernstfalls, in: Helene Kanyar Becker (Hrsg.), Die humanitäre Schweiz 1933–1945 – Kinder auf der Flucht, Basel/Bern 2004.

F. Magnenat, Noch leiden die Kinder, in: Das Schweizerische Rote Kreuz, Nr. 5, März 1949.

Erich Martin, Wird das Schweizerische Rote Kreuz im Vergleich mit anderen nationalen Rotkreuzgesellschaften von seinem Lande moralisch und materiell genügend unterstützt?, in: Das Schweizerische Rote Kreuz, Nr. 5, März 1949.

Heinrich Maurer, Die Schweiz und Westdeutschland 1945–1952. Aspekte der Beziehungen zweier Nachbarn in der ersten Nachkriegszeit [Lizentiatsarbeit], Bern 1987.

Käthe Naeff, Und die Flüchtlingskinder!, in: Das Schweizerische Rote Kreuz, Nr. 11/12, September/ Oktober 1949.

Hildegard Nagler, Das Wunder einer Reise, Friedrichshafen 2003.

dies. (Hrsg.), Die Schiffsbrücke – Drei Länder erinnern an Kinder in Not, Friedrichshafen 2007.

Suzanne Oswald, Schwierigkeiten der Unterbringung?, in: Das Schweizerische Rote Kreuz, Nr. 9, Juli 1949.

Maria Pfister, Die seelische Situation der Flüchtlinge, in: Das Schweizerische Rote Kreuz, Nr. 11/12, September/Oktober 1949.

Anton Partl/Walter Pohl, „Verschickt in die Schweiz – Kriegskinder entdecken eine bessere Welt", Wien 2005.

Heinz-Jürgen Priamus, Ruinenkinder – Kindheit und Jugend im Ruhrgebiet nach dem Zweiten Weltkrieg, 2. Aufl., Essen 2005.

Rapport d'activité de la Croix-Rouge 1948–1952, Bern 1952.

Rapport d'activité de la Croix-Rouge 1952–1956, Bern 1957.

Marguerite Reinhard, Unsere Kinderzüge hören auf, in: Das Schweizerische Rote Kreuz, Nr. 9, Juli 1949.

dies., Wir sahen die Flüchtlinge, in: Das Schweizerische Rote Kreuz, Nr. 11/12, September/Oktober 1949.

dies., Kinder einer eingeschlossenen Großstadt, in: Das Schweizerische Rote Kreuz, Nr. 7, Oktober 1952.

Walter Scherrer, Neue Aufgaben, in: Das Schweizerische Rote Kreuz, Nr. 1, November 1948.

Helmut Schilling, Patenschaften – warum?, in: Das Schweizerische Rote Kreuz, Nr. 10, August 1949.

Rebekka Schmid, Ferienkinder aus kriegsversehrten Ländern in der Schweiz [Facharbeit], 1990.

Markus Schmitz, Westdeutschland und die Schweiz nach dem Krieg – die Neuformierung der bilateralen Beziehungen 1945–1952, Zürich 2003.

ders., Die humanitäre und kulturelle Deutschlandhilfe der Schweiz nach dem Zweiten Weltkrieg, in: Antoine Fleury, Horst Möller u. Hans-Peter Schwarz (Hrsg.), Die Schweiz und Deutschland 1945–1961, München 2004.

Markus Schmitz/Bernd Haunfelder, Humanität und Diplomatie. Die Schweiz in Köln 1940–1949, Münster 2001.

Die Schweizer Spende 1944–1948 – Tätigkeitsbericht, (Hrsg.) Zentralstelle der Schweizer Spende, Zürich 1948.

René Springer, Die Hilfe der Schweiz für Saarbrücken und das Saarland nach dem Zweiten Weltkrieg, in: Saarbrücker Hefte 35/1972.

Hans-Josef Wollasch, Humanitäre Auslandshilfe für Deutschland nach dem Zweiten Weltkrieg. Darstellung und Dokumentation kirchlicher und nichtkirchlicher Hilfe, Freiburg/Br., 1976.

Paul Widmer, Die Schweizer Gesandtschaft in Berlin. Geschichte eines schwierigen diplomatischen Postens, 2. Aufl., Zürich 1998.

o. Vf., Ein Bunker – einmal anders erlebt, in: Das Schweizerische Rote Kreuz, Nr. 1, November 1948.

o. Vf., Wir kaufen ein!, in: Das Schweizerische Rote Kreuz, Nr. 5, März 1949.

o. Vf., Viel Liebes ist uns seitens der Kinder zuteil geworden, in: Das Schweizerische Rote Kreuz, Nr. 4, Februar 1950.

o. Vf., Paten! Was geschah 1949 mit Ihren monatlichen zehn Franken?, in: Das Schweizerische Rote Kreuz, Nr. 4, Februar 1950.

o. Vf., Flüchtlingskinder! Wie geht es Euch bei uns?, in: Das Schweizerische Rote Kreuz, Nr. 6, April 1950.

o. Vf., Dr. jur. Gustav Adolf Bohny 60 Jahre alt, in: National-Zeitung (Basel) vom 22. Oktober 1958.

Bildnachweis

Schweizerisches Bundesarchiv, Depositum des Schweizerischen Roten Kreuzes (SRK), Bern [Bestand J. 2. 15, 1969/7, Dossiers 442–446 bzw. 1969/7 Dossier 455, Deutschland bzw. Flüchtlinge Deutschland betreffend:* 21 (K. Ed. Schmidt, Bremen), 87 (unbekannt), 88 (Karl Fischer, Augsburg), 89 (Karl Fischer, Augsburg), 91 (Ernst Berger, Regensburg), 92 (Maria Penz, Dachau), 93 (Maria Penz, Dachau), 94 (unbekannt), 95 (Müller ?, Winsen/L.), 96 (unbekannt), 97 (unbekannt), 99 (unbekannt), 100 (unbekannt), 101 (unbekannt), 102 (unbekannt), 103 (Schmidhauser), 104 (Hauschild, Hannover), 105 (Hauschild, Hannover), 106 (Hauschild, Hannover), 109 (Hauschild, Hannover), 115 (unbekannt), 116 (Schmidhauser), 117 (unbekannt), 118 (A.T.P. Bilderdienst, Zürich), 119 (Meyerlist, Luzern), 120 (K. Ed. Schmidt, Bremen), 121 (K. Ed. Schmidt, Bremen), 122 (K. Ed. Schmidt, Bremen), 123 (unbekannt), 124 (Presse Diffusion, Lausanne), 125 (Presse Diffusion, Lausanne), 126 (K. Ed. Schmidt, Bremen), 127 (Presse Diffusion, Lausanne), 128 (Düwal, Hannover), 129 (Düwal, Hannover), 130 (unbekannt), 131 (Albert Brändli, Zürich), 132 (K. Ed. Schmidt, Bremen), 133 (K. Ed. Schmidt, Bremen), 134 (K. Ed. Schmidt, Bremen), 135 beide (unbekannt), 136 beide (unbekannt), 137 beide (unbekannt), 138 beide (unbekannt), 139 (K. Ed. Schmidt, Bremen), 140 (Presse Diffusion, Lausanne), 141 (Meyerlist, Luzern), 142 (Albert Brändli, Zürich), 143 (Presse Diffusion, Lausanne), 144 (K. Ed. Schmidt, Bremen), 145 (A.T.P. Bilderdienst, Zürich), 146 (unbekannt), 147 (unbekannt), 148 (unbekannt), 149 (unbekannt), 150 (unbekannt), 151 (Egger), 152 (Egger), 153 (Egger), 154 beide (Egger), 155 (Egger), 156 (Presse Diffusion, Lausanne), 157 (Presse Diffusion, Lausanne), 158 (Presse Diffusion, Lausanne), 159 (H. Escherin ?, Bern), 160 oben (H. Escherin ?, Bern), 172 (unbekannt), 173 (unbekannt), 174 (Carl Aug. Stachelscheid, Düsseldorf), 175 (Erie ?, Düsseldorf), 176 (Carl Aug. Stachelscheid, Düsseldorf), 177 (Carl Aug. Stachelscheid, Düsseldorf), 178 (Carl Aug. Stachelscheid, Düsseldorf), 179 (K. Ed. Schmidt, Bremen), 180 beide (unbekannt), 181 (unbekannt), 182 (unbekannt), 183 (unbekannt), 184 (unbekannt), 185 (K. Ed. Schmidt, Bremen), 186 (K. Ed. Schmidt, Bremen) – *Zeitschrift „Das Schweizerische Rote Kreuz", Bern 1948–1956:* 2, 6, 17, 19, 86, 90, 98, 161, 189 (Baumann, Bohny, Dinichert) – *Privat:* 10, 15, 30, 107, 108, 110, 111, 112, 113, 114 (beide), 160 (beide, unten), 162 (beide), 163 (beide), 164, 165, 166, 167 (beide), 168 (beide), 169 (beide), 170 (oben, Mitte, unten), 171 (beide), 187, 189 (Schnyder) – *Schweizerisches Sozialarchiv, Zürich:* 189 (Olgiati) – *Westfälische Nachrichten, Münster:* 11.

* Die Namen der Fotografen sind, soweit ermittelbar, in Klammern gesetzt. Die verwandten Fotobestände des Schweizerischen Bundesarchivs sind, unter Nennung der mitunter sehr knappen Bildlegenden, die später wohl oftmals nach der Veröffentlichung in der Zeitschrift des Schweizerischen Roten Kreuzes nachbereitet wurden, vermutlich um 1969/70 auf Pappe aufgezogen worden, so dass der jeweilige Stempel der Fotografen nicht sichtbar ist.